Petits plats d'été

312 recettes pour les beaux jours

Entrées

- Apéritifs 6
- Soupes, gaspachos 21
- Fajitas, crêpes..27
- Feuilletés, bricks 31
- Flans, clafoutis 36
- Tartes, quiches......................................43
- Terrines, cakes, pains 52
- Légumes 61
- Œufs 73
- Poissons, crustacés 79
- Salades 89
- Sandwichs, tartines..............................102

Plats

- Fruits de mer.......................................112
- Poissons 118
- Agneau 132
- Bœuf 140
- Porc...149
- Veau..158

- Lapin 164
- Volailles 168
- Légumes 178
- Pâtes 198
- Riz 208

Desserts

- Flans, crèmes, mousses 218
- Clafoutis, gratins, crumbles 229
- Beignets, crêpes, gaufres 242
- Desserts aux fruits 249
- Tartes 272
- Gâteaux 285
- Glaces, granités 299
- Petits gâteaux, biscuits 313

Sommaire

Le vin conseillé pour chaque recette ne correspond pas nécessairement à l'ensemble du menu suggéré. L'abus d'alcool est dangereux pour la santé.

Les entrées

Boulettes de chèvre aromatisées

Préparation : 15 min - Pas de cuisson - Difficulté : ★ - Budget : ★

Vin conseillé
Chablis à 9 °C

Pour 6 personnes

- 200 g de fromage de chèvre frais
- 10 brins de ciboulette
- 10 g de poivre moulu
- 6 abricots secs
- 1 cuill. à soupe d'huile de noix
- Sel

Astuce

Roulez les boulettes de chèvre frais dans toutes sortes d'ingrédients selon vos goûts : graines de pavot, persil haché, amandes effilées, noix concassées, abricots secs hachés, poivrons hachés, baies roses concassées, etc…

Valeurs nutritionnelles

(pour une personne)
- Valeur énergétique : 56 kcal (233 kJ)
- Protéines : 1,8 g
- Lipides : 3,7 g
- Glucides : 3,6 g

Menu

- Boulettes de chèvre aromatisées
- Côtelettes d'agneau caramélisées aux herbes
- Clafoutis aux abricots

1 Écrasez le fromage frais dans un grand bol avec l'huile de noix et du sel.

2 Lavez, séchez et ciselez très finement la ciboulette. Mettez-la dans une assiette. Mettez le poivre dans une autre assiette.

3 Coupez les abricots secs en tout petits dés et mettez-les dans une troisième assiette.

4 Prélevez une cuillère à café bombée de fromage frais. Faites-en une petite boulette et roulez-la dans l'un des ingrédients. Posez-la dans une assiette. Recommencez l'opération jusqu'à épuisement des ingrédients.

5 Réservez au frais, recouvert de film alimentaire, jusqu'au moment de servir.

Canapés de crevettes au guacamole

Préparation : 20 min - Pas de cuisson - Difficulté : ★★ - Budget : ★★

Astuce
Pour que le guacamole ne noircisse pas, en plus du jus de citron, placez le noyau au centre de la préparation pendant qu'elle est au frais. Et pour rehausser le goût des crevettes, faites les tremper quelques secondes dans un alcool de type vodka ou cognac.

Valeurs nutritionnelles
(pour une personne)
- Valeur énergétique : 257 kcal (1 077 kJ)
- Protéines : 16,9 g
- Lipides : 12,5 g
- Glucides : 18,6 g

Menu
- Canapés de crevettes au guacamole
- Brochettes de St-Jacques au lard fumé
- Bavarois à la fraise

Pour 6 personnes
- 24 crevettes roses cuites
- 12 tranches de pain de campagne
- 3 avocats bien mûrs
- 1 oignon blanc
- 1 cuill. à café de Tabasco
- Le jus d'un citron
- Sel

Vin conseillé
Cheverny blanc à 9 °C

1 Décortiquez les crevettes et réservez-les au frais sous film alimentaire.

2 Retirez la peau et les noyaux des avocats. Coupez-les en morceaux, mettez-les dans un plat et arrosez-les de jus de citron afin qu'ils ne noircissent pas. Pelez et hachez finement l'oignon.

3 Mettez les avocats, le jus de citron, l'oignon et le Tabasco dans le bol d'un mixeur. Salez et faites tourner jusqu'à obtention d'une purée grossière. Versez dans un bol, couvrez de film alimentaire et placez au frais.

4 Au moment de servir, faites griller les tartines de pain et garnissez-les de guacamole. Ajoutez les crevettes et servez bien frais.

Apéritifs

Canapés de saumon au chèvre frais

Préparation : 15 min - Pas de cuisson - Difficulté : ★ - Budget : ★★

Pour 6 personnes

- 24 mini-blinis
- 12 tranches de saumon fumé
- 150 g de fromage frais de type « Carré frais »
- 1 cuill. à café de baies roses
- 2 tiges d'aneth
- 1 cuill. à soupe de jus de citron vert
- Sel, poivre

Vin conseillé
Bandol blanc à 9 °C

Astuce
Pour des parfums plus corsés, remplacez le jus de citron vert par une cuillère à soupe de vodka.

Valeurs nutritionnelles
(pour une personne)
- Valeur énergétique : 405 kcal (1 696 kJ)
- Protéines : 26,7 g
- Lipides : 25,3 g
- Glucides : 16,5 g

Menu
- Canapés de saumon au chèvre frais
- Brochettes de porc haché
- Crumble aux pommes

1 Coupez les tranches de saumon fumé en deux. Écrasez le fromage frais à la fourchette dans un récipient.

2 Concassez les baies roses et ajoutez-les au fromage frais, ainsi que le jus de citron. Salez et poivrez, puis mélangez bien tous les ingrédients.

3 Faites réchauffer les blinis et disposez-les sur un plateau.

4 Déposez une demi-tranche de saumon fumé sur chaque blinis en l'enroulant pour qu'elle ne déborde pas. Déposez ensuite par-dessus une cuillère à café de fromage frais.

5 Décorez d'une pluche d'aneth et servez aussitôt.

Cocktail Morning

Préparation : 5 min - Pas de cuisson - Difficulté : ★ - Budget : ★★

Astuce

Pour bien mélanger les ingrédients, il est préférable de faire les cocktails les uns après les autres et de manière générale, pour réussir tous vos cocktails, d'incorporer d'abord les ingrédients dont la teneur en alcool est la plus faible.

Valeurs nutritionnelles
(pour une personne)
- Valeur énergétique : 347 kcal (1 454 kJ)
- Protéines : 0 g
- Lipides : 0 g
- Glucides : 5,2 g

Menu
- Cocktail Morning
- Couscous de la mer
- Billes de melon et sorbet au citron vert

Pour 6 personnes
- 60 cl de cognac
- 6 cuill. à soupe de Cointreau
- 6 cuill. à soupe d'Angostura
- 6 cuill. à soupe de pastis
- 3 cuill. à soupe de sirop de grenadine
- Eau gazeuse
- Glace pilée

1 Mettez la glace pilée dans un shaker. Versez dans l'ordre, le sirop de grenadine, le Cointreau, l'Angostura, le pastis et enfin le cognac.

2 Secouez vigoureusement pendant quelques secondes et versez dans des grands verres.

3 Complétez avec de l'eau gazeuse et servez aussitôt.

Apéritifs

Dips de crudités à la sauce aux anchois

Préparation : 15 min - Pas de cuisson - Difficulté : ★ - Budget : ★

Pour 6 personnes
- 250 g de tomates cerises
- 6 mini-poivrons jaunes
- 6 petits artichauts poivrades
- 6 bulbes de mini-fenouil
- 1 botte de petits oignons nouveaux

Pour la sauce :
- 150 g d'anchois à l'huile
- 150 g d'anchois au sel
- 5 gousses d'ail
- 1 figue sèche
- 2 cuill. à soupe d'huile d'olive
- 1 cuill. à café de vinaigre

Vin conseillé
Anjou blanc sec à 9 °C

Astuce
Ne préparez pas les légumes trop longtemps à l'avance pour qu'ils ne perdent pas de leur fraîcheur.

Valeurs nutritionnelles
(pour une personne)
- Valeur énergétique : 226 kcal (945 kJ)
- Protéines : 16,1 g
- Lipides : 9,5 g
- Glucides : 18,3 g

Menu
- Dips de crudités à la sauce aux anchois
- Blanquette de veau
- Salade de fruits

1 Lavez les tomates, les poivrons, les fenouils et les artichauts. Coupez les artichauts en quatre. Épépinez et coupez les poivrons en quatre. Épluchez et coupez les petits oignons en quatre. Coupez les fenouils en deux.

2 Disposez tous les légumes crus dans un grand plat de service et réservez-les au frais sous film alimentaire.

3 Égouttez les anchois à l'huile et les anchois au sel. Pelez les gousses d'ail. Coupez la figue en morceaux. Mettez tous ces ingrédients dans le bol d'un mixeur et mixez en ajoutant au fur et à mesure l'huile et le vinaigre. Quand le mélange est homogène, mettez-le dans un bol et gardez-le au frais couvert de film alimentaire.

4 Servez les légumes avec la sauce aux anchois.

Hoummos

Préparation : 10 min - Cuisson : 10 min - Difficulté : ★★ - Budget : ★

Astuce
Accompagnez le hoummos de fines rondelles de concombre et de tranches de pain au sésame et au cumin.

Pour 6 personnes
- 500 g de pois chiches en conserve
- 4 cuill. à soupe de tahiné (crème de sésame vendue en épicerie libanaise)
- 2 gousses d'ail
- 2 citrons
- Huile d'olive
- Sel

Valeurs nutritionnelles
(pour une personne)
- Valeur énergétique : 169 kcal (707 kJ)
- Protéines : 7 g
- Lipides : 7,1 g
- Glucides : 18,6 g

Menu
- Hoummos
- Tajine d'agneau aux fruits secs
- Glace à la lavande

Vin conseillé
Rosé de Provence à 9 °C

1 Pelez et écrasez l'ail. Pressez le jus des citrons.

2 Égouttez les pois chiches et faites-les cuire 10 minutes dans de l'eau bouillante. Égouttez-les et réservez 2 cl du jus de cuisson.

3 Mettez les pois chiches, les gousses d'ail, le tahiné, le jus de citron et une grosse pincée de sel dans le bol d'un mixer. Mixez jusqu'à obtention d'une purée épaisse.

4 Ajoutez alors le jus de cuisson des pois chiches et mixez quelques secondes supplémentaires.

5 Versez le hoummos dans un grand bol et versez par-dessus une fine couche d'huile d'olive. Servez bien frais.

Apéritifs

Jus de citron au gingembre

Préparation : 10 min - Cuisson : 2 min - Repos : 15 min - Difficulté : ★ - Budget : ★

Pour 6 personnes
- 6 citrons verts
- 1 morceau de gingembre frais
- 3 cuill. à soupe de sucre en poudre
- 1 l d'eau minérale
- Quelques glaçons

Astuce
Décorez les verres en les retournant dans un fond de jus de citron de manière à humidifier les bords, puis passez-les ensuite dans un fond de sucre coloré. Veillez à verser délicatement le jus de citron, sans mouiller le sucre.

Valeurs nutritionnelles
(pour une personne)
- Valeur énergétique : 40 kcal (170 kJ)
- Protéines : 0 g
- Lipides : 0 g
- Glucides : 10 g

Menu
- Jus de citron au gingembre
- Brochettes de poulet tandoori
- Gâteau aux amandes

1 Pelez et râpez le gingembre.

2 Pressez le jus des citrons. Versez le jus dans une casserole et portez-le à frémissements. Ajoutez alors le gingembre, retirez du feu et couvrez. Laissez infuser 15 minutes.

3 Filtrez le jus de citron et versez-le dans une carafe. Ajoutez l'eau minérale et le sucre en poudre. Mélangez bien et placez au frais.

4 Au moment de servir, ajoutez quelques glaçons.

Mini-cakes aux olives, au thym et au romarin

Préparation : 15 minutes - Cuisson : 25 minutes - Difficulté : ★ - Budget : ★

Astuce
Pour donner une touche de piquant à votre cake, ajoutez quelques gouttes de Tabasco dans la pâte.

Pour 6 personnes
- 200 g de farine
- 150 g d'olives noires dénoyautées
- 2 branches de thym frais
- 2 branches de romarin
- 3 œufs
- 10 cl d'huile d'olive
- 10 cl de crème liquide
- 1 sachet de levure
- 1 noisette de beurre pour les moules
- Sel, poivre

Valeurs nutritionnelles
(pour une personne)
- Valeur énergétique : 452 kcal (1 891 kJ)
- Protéines : 7,5 g
- Lipides : 34 g
- Glucides : 27,7 g

Menu
- Mini-cakes aux olives, au thym et au romarin
- Brochettes de lapin
- Figues rôties au caramel

Vin conseillé
Cassis blanc à 9 °C

1 Préchauffez le four th 6 (180 °C).

2 Versez la farine et la levure dans un saladier. Creusez un puits au centre et cassez-y les œufs. Mélangez au fouet en incorporant l'huile petit à petit, puis versez la crème liquide. Fouettez bien.

3 Coupez les olives en rondelles. Effeuillez le thym et le romarin. Ajoutez le thym, le romarin et les olives dans la pâte. Salez, poivrez et mélangez bien.

4 Chemisez des petits moules à cake de papier sulfurisé beurré. Répartissez-y la préparation. Enfournez et faites cuire 25 minutes. Vérifiez la cuisson avec la lame d'un couteau. Elle doit ressortir propre.

5 Sortez les cakes du four et laissez-les tiédir, puis démoulez-les dans un plat. Servez les mini-cakes tièdes ou froids.

Apéritifs

Omelette roulée au jambon

Préparation : 15 min - Cuisson : 6 min - Difficulté : ★★ - Budget : ★

Pour 6 personnes
- 10 œufs
- 12 grandes feuilles de laitue
- 6 tranches fines de jambon blanc
- 6 champignons de Paris
- 4 cuill. à soupe d'huile
- Sel, poivre

Vin conseillé
Anjou rouge à 12 °C

Astuce
Les omelettes doivent être fines pour pouvoir les rouler facilement sur elles-mêmes. Utilisez donc une grande poêle afin que les œufs battus s'étalent au maximum.

Valeurs nutritionnelles
(pour une personne)
- Valeur énergétique : 258 kcal (1 081 kJ)
- Protéines : 18,8 g
- Lipides : 18,2 g
- Glucides : 4,1 g

Menu
- Omelette roulée au jambon
- Mille-feuille de légumes croustillants
- Tartelettes au citron

1 Cassez les œufs dans un récipient et battez-les en omelette. Salez et poivrez. Lavez, essorez et séchez les feuilles de laitue. Épluchez et émincez les champignons de Paris.

2 Versez un peu d'huile dans une grande poêle. Versez-y un tiers des œufs battus et faites cuire jusqu'à ce que les bords de l'omelette soient bien cuits. Retournez délicatement l'omelette et poursuivez la cuisson 2 minutes.

3 Faites glisser l'omelette dans un plat. Recouvrez l'omelette d'un tiers des feuilles de laitue, de deux tranches de jambon et d'un tiers des champignons émincés. Roulez l'omelette sur elle-même et découpez-la en petits rouleaux. Maintenez-les fermés à l'aide de petits pics en bois. Recommencez l'opération deux fois.

4 Disposez les rouleaux d'omelette dans un plat et réservez-les au frais recouverts d'un film alimentaire.

Toasts à l'avocat et au crabe

Préparation : 10 min - Cuisson : 5 min - Difficulté : ★ - Budget : ★★

Astuce
Vous pouvez préparer la purée d'avocat et de crabe à l'avance et la réserver au frais sous film alimentaire. Par contre, attendez le dernier moment pour préparer les toasts.

Pour 6 personnes
- 400 g de chair de crabe
- 1 baguette de pain de campagne
- 5 avocats
- 2 citrons verts
- 2 oignons blancs
- 1 gousse d'ail
- ½ piment rouge
- Sel, poivre

Valeurs nutritionnelles
(pour une personne)
- Valeur énergétique : 375 kcal (1 569 kJ)
- Protéines : 19,8 g
- Lipides : 20,3 g
- Glucides : 27,2 g

Menu
- Toasts à l'avocat et au crabe
- Thon à la créole
- Granité de pêches

Vin conseillé
Santenay blanc à 13 °C

1 Pressez le jus des citrons.

2 Hachez finement le piment. Pelez et hachez les oignons et l'ail. Émiettez la chair de crabe.

3 Épluchez et hachez grossièrement les avocats avec le jus de citron. Ajoutez le crabe, le piment, l'ail et les oignons. Salez, poivrez, puis mélangez bien.

4 Coupez la baguette en tranches et faites griller les tranches de pain. Tartinez-les de la purée d'avocat et servez aussitôt.

Apéritifs

Toasts aux figues et au fromage frais

Préparation : 15 min - Pas de cuisson - Difficulté : ★ - Budget : ★★

Pour 6 personnes
- 12 tranches de pain de mie complet
- 12 figues fraîches
- 200 g de fromage frais de type « St Moret »
- 1 cuill. à soupe d'huile d'olive
- Sel, poivre

Vin conseillé
Cassis blanc à 9 °C

Astuce
Pour des toasts tièdes, ne faites pas griller les tranches de pain au début de la recette. Quand ils sont prêts, passez-les quelques secondes sous le gril pour faire très légèrement fondre le fromage et faire chauffer les figues.

Valeurs nutritionnelles
(pour une personne)
- Valeur énergétique : 268 kcal (1 121 kJ)
- Protéines : 8,2 g
- Lipides : 6,7 g
- Glucides : 42,8 g

Menu
- Toasts aux figues et au fromage frais
- Lapin au romarin
- Glace à l'huile d'olive

1 Écrasez le fromage frais à la fourchette dans un saladier. Ajoutez l'huile d'olive, salez et poivrez.

2 Essuyez les figues et coupez-les en deux. Coupez ensuite chaque moitié de figue en lamelles fines.

3 Retirez la croûte des tranches de pain de mie. Faites griller les tranches de pain de mie, puis coupez-les en deux.

4 Tartinez généreusement le pain de mie de fromage frais, puis disposez quelques lamelles de figues par-dessus et poivrez légèrement.

5 Réservez-les au frais sous film alimentaire jusqu'au moment de servir.

Tomates cerises farcies

Préparation : 30 min - Pas de cuisson - Difficulté : ★★ - Budget : ★

Astuce
Pour une farce plus légère, réduisez la quantité de fromage frais de moitié et ajoutez au fromage frais 10 cl de crème liquide fouettée.

Pour 6 personnes
- 12 tomates cerises jaunes
- 12 tomates cerises rouges
- 150 g de fromage de type « Carré frais »
- 30 g d'œufs de saumon
- 30 g d'œufs de lump
- 50 g de tapenade noire
- 1 branche de basilic
- Sel, poivre

Valeurs nutritionnelles
(pour une personne)
- Valeur énergétique : 86 kcal (361 kJ)
- Protéines : 6,1 g
- Lipides : 5,6 g
- Glucides : 2,4 g

Menu
- Tomates cerises farcies
- Onglet de veau au paprika
- Gâteau de sorbets

Vin conseillé
Bourgogne-Aligoté à 9 °C

1 Lavez, séchez et équeutez délicatement les tomates. Coupez les chapeaux avec un couteau à dents et réservez-les. Évidez très délicatement les tomates et retournez-les sur du papier absorbant.

2 Écrasez le fromage frais et divisez-le dans trois bols. Lavez, séchez et hachez finement le basilic.

3 Ajoutez la tapenade dans l'un des bols, le basilic et du sel dans un autre. Salez et poivrez légèrement le troisième. Mélangez bien les ingrédients dans chaque préparation.

4 Répartissez les trois préparations au fromage dans les tomates évidées. Ajoutez sur les tomates au fromage frais nature les œufs de lump et les œufs de saumon.

5 Remettez les chapeaux des tomates et gardez-les au frais, sous film alimentaire, jusqu'au moment de servir.

Apéritifs

Trio de cocktails

Préparation : 10 min - Pas de cuisson - Difficulté : ★ - Budget : ★★

Pour 6 personnes

Pour 6 Daiquiris :
- 55 cl de rhum blanc
- 30 cl de jus de citron
- 15 cl de sirop de sucre
- 2 cuill. à soupe de zeste de citron jaune

Pour 6 Vodkas Stinger :
- 50 cl de vodka
- 50 cl de crème de menthe blanche
- 2 tiges de menthe

Pour 6 cocktails de fruits :
- ½ l de jus d'orange frais
- ½ l de jus de pamplemousse frais
- 10 cl de sirop de grenadine

Astuce

Le cocktail de fruits peut être préparé à l'avance et placé au frais. Les deux autres, en revanche, ne supportent pas l'attente. Pour des cocktails très frais, ajoutez de la glace pilée dans les verres avant de servir.

Valeurs nutritionnelles
(pour une personne)
- Valeur énergétique : 801 kcal (3 352 kJ)
- Protéines : 1 g
- Lipides : 0 g
- Glucides : 93,1 g

Menu
- Trio de cocktails
- Colombo d'agneau à la fondue d'aubergines
- Soupe de melon

1 Pour les Daiquiris : répartissez le sirop de sucre dans six verres. Versez le rhum et le jus de citron dans un shaker. Secouez vivement, puis versez sur le sirop de sucre. Ajoutez le zeste de citron et servez sans attendre.

2 Pour les Vodkas Stinger : lavez, séchez, effeuillez et ciselez la menthe. Versez la vodka et la crème de menthe dans un shaker. Secouez vivement et versez dans six verres. Ajoutez la menthe ciselée, remuez et servez aussitôt.

3 Pour les cocktails sans alcool : mélangez le jus de pamplemousse et le jus d'orange. Versez le jus dans six verres, ajoutez un trait généreux de sirop de grenadine et servez.

Tuiles au parmesan

Préparation : 5 min - Cuisson : 10 min - Difficulté : ★ - Budget : ★

Astuce
Si vous n'avez pas de rouleau à pâtisserie, posez les tuiles sur une bouteille couchée pour leur donner leur forme arrondie.

Pour 6 personnes

Pour 20 tuiles
- 200 g de parmesan râpé
- 2 cuill. à soupe de farine
- 6 brins de ciboulette

Valeurs nutritionnelles
(pour une personne)
- Valeur énergétique : 141 kcal (591 kJ)
- Protéines : 12,3 g
- Lipides : 8,8 g
- Glucides : 2,6 g

Menu
- Tuiles au parmesan
- Nouvelle moussaka
- Pêches poêlées à la crème

Vin conseillé
Coteaux du Languedoc blanc à 11 °C

1 Lavez, séchez et ciselez très finement la ciboulette.

2 Mettez le parmesan et la ciboulette dans une jatte. Tamisez la farine par-dessus et mélangez.

3 Faites chauffer une poêle antiadhésive. Déposez dans la poêle chaude deux cuillères à café de préparation et laissez cuire doucement jusqu'à ce que la préparation soit dentelée et dorée.

4 Retirez les tuiles de la poêle et posez-les sur un rouleau à pâtisserie pour leur donner leur forme. Recommencez jusqu'à épuisement de la pâte et servez à l'apéritif.

Verrines de fruits frais

Préparation : 20 min - Pas de cuisson - Difficulté : ★ - Budget : ★★

Pour 6 personnes

Pour les verrines de fruits jaunes :
- 3 pêches jaunes
- 3 nectarines
- 3 abricots
- 2 citrons
- 2 cuill. à soupe de sucre en poudre

Pour les verrines de fruits rouges :
- 250 g de fraises
- 250 g de framboises
- 2 citrons jaunes
- 2 cuill. à soupe de sucre en poudre

Astuce

Pour éplucher facilement les pêches et les nectarines, plongez-les quelques secondes dans de l'eau bouillante.

Valeurs nutritionnelles
(pour une personne)
- Valeur énergétique : 158 kcal (661 kJ)
- Protéines : 2,2 g
- Lipides : 0,5 g
- Glucides : 35,6 g

Menu
- Verrines de fruits frais
- Tartare de bœuf au parmesan
- Sabayon aux nectarines

1 Pour les verrines de fruits jaunes : épluchez les pêches et les nectarines. Dénoyautez tous les fruits et coupez-les en morceaux. Pressez le jus des citrons.

2 Mettez les fruits dans le bol d'un mixeur, ajoutez le sucre en poudre et le jus de citron, puis mixez jusqu'à obtention d'un jus épais. Répartissez le jus dans des verrines et placez-les au frais.

3 Pour les verrines de fruits rouges : lavez et équeutez les fraises. Mettez-les dans un mixeur avec les framboises.

4 Pressez le jus des citrons et versez-le dans le mixeur. Ajoutez le sucre et mixez jusqu'à obtention d'un jus épais.

5 Répartissez le jus dans les verrines et placez-les au frais. Au moment de servir, piquez des fruits sur des pics en bois et décorez-en les verrines.

Consommé froid de roquette

Préparation : 15 min - Cuisson : 10 min - Réfrigération : 2 h - Difficulté : ★ - Budget : ★

Astuce
Montez en chantilly 10 cl de crème fraîche liquide. Salez et poivrez, puis ajoutez une cuillère à soupe de persil plat haché très finement. Déposez une quenelle de chantilly au persil dans chaque verre.

Pour 6 personnes
- 500 g de roquette
- 6 petits oignons blancs
- 90 cl de bouillon de volaille
- 20 cl de crème liquide
- 3 cuill. à soupe d'huile d'olive
- 6 brins de ciboulette
- Sel, poivre

Valeurs nutritionnelles
(pour une personne)
- Valeur énergétique : 256 kcal (1 073 kJ)
- Protéines : 6 g
- Lipides : 16,1 g
- Glucides : 21,2 g

Menu
- Consommé froid de roquette
- Gratin de la mer
- Tartelettes au chocolat blanc

Vin conseillé
Muscadet-Sèvre et Maine à 9 °C

1 Lavez et séchez la roquette. Réservez quelques feuilles pour la décoration. Épluchez et ciselez les oignons.

2 Faites chauffer l'huile dans une casserole et faites-y fondre les oignons. Ajoutez la roquette et la moitié du bouillon. Faites cuire 2 minutes environ. Retirez du feu et passez au mixeur.

3 Transvasez le potage dans une casserole, versez le reste de bouillon, salez et poivrez, puis portez à ébullition. Ajoutez la crème, mélangez et faites frémir 2 minutes sans ébullition.

4 Versez le potage dans un saladier et placez-le au frais pendant au moins 2 heures.

5 Répartissez le potage froid dans six grands verres, rectifiez l'assaisonnement, décorez de feuilles de roquette et de brins de ciboulette et servez aussitôt.

Crème de poivrons

Préparation : 20 min - Cuisson : 40 min - Réfrigération : 2 h - Difficulté : ★★ - Budget : ★

Pour 6 personnes
- 6 poivrons rouges
- 150 g de crème fraîche épaisse
- 50 cl de bouillon de volaille
- 2 oignons
- 2 cuill. à soupe d'huile
- Sel, poivre

Astuce
Si vous grillez des poivrons pour la première fois, sachez qu'il faut compter environ 15 minutes. Quand ils commencent à griller, restez près du four et tournez-les très régulièrement d'un quart de tour à chaque fois.

Valeurs nutritionnelles
(pour une personne)
- Valeur énergétique : 224 kcal (937 kJ)
- Protéines : 4,9 g
- Lipides : 12,7 g
- Glucides : 21,75 g

Vin conseillé
Coteaux du Languedoc blanc à 11 °C

Menu
- Crème de poivrons
- Côtelettes d'agneau caramélisées aux herbes
- Petits pots de crème au thé

1 Préchauffez le four en position gril. Lavez les poivrons et essuyez-les. Enfournez cinq poivrons et faites-les griller jusqu'à ce qu'ils soient complètement noirs. Sortez-les du four et laissez-les refroidir complètement.

2 Pendant ce temps, coupez le dernier poivron en tout petits dés et réservez-les au frais sous film alimentaire.

3 Pelez et épépinez les poivrons grillés. Coupez-les en lamelles. Pelez et émincez les oignons.

4 Faites chauffer l'huile dans une cocotte. Faites-y revenir les oignons sans coloration, en remuant. Ajoutez les lamelles de poivrons, salez et poivrez, puis versez le bouillon par-dessus. Portez à ébullition, puis mixez finement. Remettez sur feu doux et incorporez la crème fraîche en remuant. Retirez du feu dès les premiers frémissements. Laissez la crème de poivrons complètement refroidir, puis mettez-la au frais pendant 2 heures.

5 Répartissez la crème de poivrons dans des bols, ajoutez les dés de poivron cru et servez aussitôt.

Crème glacée de carottes et de tomates

Préparation : 30 min - Cuisson : 35 min - Réfrigération : 2 h - Difficulté : ★ - Budget : ★

Astuce

Pour peler facilement les tomates, retirez les pédoncules et plongez-les dans de l'eau bouillante. Quand la peau commence à se détacher, égouttez-les et rafraîchissez-les sous l'eau froide avant d'enlever la peau.

Valeurs nutritionnelles

(pour une personne)
- Valeur énergétique : 162 kcal (677 kJ)
- Protéines : 2,1 g
- Lipides : 10,3 g
- Glucides : 14,7 g

Menu

- Crème glacée de carottes et de tomates
- Lapin aux épices douces
- Gratin de fruits rouges vanillés

Pour 6 personnes

- 1 kg de carottes
- 3 tomates
- 1 oignon
- 2 tiges d'aneth
- 2 cuill. à soupe de crème fraîche
- 1 cuill. à café de gingembre moulu
- 4 cuill. à soupe d'huile d'arachide
- Sel

Vin conseillé

Rully blanc à 9 °C

1 Pelez et hachez l'oignon. Épluchez et râpez les carottes, sauf une. Pelez les tomates, coupez-les en quartiers et épépinez-les. Réservez quelques quartiers pour la décoration et hachez le reste.

2 Faites chauffer l'huile dans une cocotte. Faites-y revenir l'oignon en remuant. Ajoutez les carottes râpées et les tomates hachées et laissez cuire 5 minutes en mélangeant. Versez 1 l d'eau dans la cocotte, couvrez et poursuivez la cuisson 20 minutes.

3 Retirez la cocotte du feu et laissez tiédir. Mixez jusqu'à obtention d'une soupe veloutée. Incorporez le gingembre moulu et la crème fraîche, puis salez légèrement. Mélangez bien et faites réchauffer jusqu'aux premiers frémissements.

4 Retirez du feu et laissez refroidir. Répartissez la crème dans des bols et placez au frais pendant 2 heures minimum. Épluchez la dernière carotte et détaillez-la en fines lamelles avec un économe. Lavez, séchez et effeuillez l'aneth.

5 Au moment de servir, décorez les crèmes de quartiers de tomates, de lamelles de carottes et de pluches d'aneth.

Soupes, gaspachos

Gaspacho au chorizo

Préparation : 30 min - Cuisson : 5 min - Réfrigération : 2 h - Difficulté : ★★ - Budget : ★

Pour 6 personnes

- 18 tranches fines de chorizo
- 2 tranches de pain de mie
- 1 kg de tomates fraîches
- 1 branche de céleri
- 1 concombre
- Le jus d'un citron
- 4 cuill. à soupe d'huile d'olive
- 2 cuill. à soupe de vinaigre de vin
- 5 gouttes de Tabasco
- Sel, poivre

Vin conseillé
Tavel à 9 °C

Astuce

Pour un gaspacho plus goûté, mixez les tomates avec la peau. Pour un gaspacho plus coloré, mixez les tomates avec un demi-poivron rouge pelé et épépiné.

Valeurs nutritionnelles
(pour une personne)
- Valeur énergétique : 242 kcal (1 016 kJ)
- Protéines : 8,8 g
- Lipides : 20,8 g
- Glucides : 4,3 g

Menu
- Gaspacho au chorizo
- Petits farcis au bœuf
- Tulipes de chocolat aux fruits rouges

1 Lavez les tomates et retirez les pédoncules. Plongez-les quelques secondes dans de l'eau bouillante. Quand la peau commence à se détacher, égouttez-les, rafraîchissez-les et pelez-les.

2 Retirez la croûte des tranches de pain de mie. Pelez, puis coupez le concombre en tout petits dés. Lavez, épluchez et coupez la branche de céleri en tout petits dés.

3 Mettez les tomates, la moitié du concombre, la moitié du céleri et le pain dans le bol d'un mixeur. Ajoutez l'huile d'olive, le vinaigre, le jus de citron et le Tabasco. Mixez jusqu'à obtention d'une soupe épaisse. Rectifiez l'assaisonnement et versez la soupe dans un plat creux. Ajoutez les dés de céleri et de concombre restants, puis mélangez bien. Mettez au frais pendant au moins 2 heures.

4 5 minutes avant de servir, pliez les tranches de chorizo en deux et piquez-les sur des petits pics en bois.

5 Versez le gaspacho dans six verres transparents, ajoutez une petite brochette de chorizo et servez immédiatement.

Soupe de poisson

Préparation : 20 min - Cuisson : 25 min - Difficulté : ★★ - Budget : ★★

Astuce
Servez avec la soupe de poisson des petites tranches de baguette recouvertes de gruyère râpé et passées rapidement sous le gril.

Valeurs nutritionnelles
(pour une personne)
- Valeur énergétique : 452 kcal (1 891 kJ)
- Protéines : 46,7 g
- Lipides : 26,4 g
- Glucides : 5,5 g

Menu
- Soupe de poisson
- Fenouils braisés au lard fumé et à l'estragon
- Chichi frégi

Pour 6 personnes
- 1 kg de poissons vidés et écaillés (rougets, rascasses, girelles)
- 1 morceau de congre
- 4 étrilles
- 3 tomates
- 1 poireau
- 1 oignon
- 1 branche de fenouil
- 1 feuille de laurier
- 1 brin de sarriette
- 2 gousses d'ail
- 2 grosses pincées de safran
- 1 verre d'huile d'olive
- 1 cuill. à soupe de crème fraîche épaisse
- Sel, poivre

Vin conseillé
Côtes de Provence blanc à 9 °C

1 Épluchez et hachez l'oignon et le poireau. Pelez et écrasez les gousses d'ail. Hachez le fenouil. Après avoir retiré les pédoncules des tomates, plongez-les dans de l'eau bouillante. Quand la peau se détache, égouttez et rafraîchissez-les, pelez-les, puis concassez-les.

2 Faites chauffer l'huile dans une marmite. Ajoutez l'oignon, le poireau, les tomates, l'ail, le fenouil, la sarriette et le laurier. Faites revenir le tout en mélangeant.

3 Ajoutez les poissons dans la marmite, salez et poivrez. Versez 2 l d'eau et portez à ébullition rapidement. Ajoutez les étrilles et poursuivez la cuisson 15 minutes, à gros bouillons.

4 Retirez les étrilles de la marmite et passez la soupe au tamis, en pressant bien les ingrédients pour en faire ressortir tous les sucs.

5 Versez la soupe obtenue dans une casserole, ajoutez le safran et la crème fraîche, salez et poivrez légèrement, puis faites réchauffer doucement pendant 10 minutes, en remuant. Servez très chaud.

Velouté glacé de petits pois

Préparation : 20 min - Cuisson : 30 min - Réfrigération : 2 h - Difficulté : ★ - Budget : ★

Pour 6 personnes
- 1 kg de petits pois frais
- 1 oignon
- 6 feuilles de menthe
- 1 l de bouillon de volaille
- 2 cuill. à soupe de crème fraîche épaisse
- 25 g de beurre
- Sel, poivre

Vin conseillé
Bourgogne-Aligoté à 9 °C

Astuce
Juste avant de servir, faites griller de fines tranches de poitrine fumée dans une poêle sans matière grasse. Posez la poitrine croustillante sur les veloutés.

Valeurs nutritionnelles
(pour une personne)
- Valeur énergétique : 277 kcal (1 160 kJ)
- Protéines : 14,6 g
- Lipides : 5,4 g
- Glucides : 41,6 g

Menu
- Velouté glacé de petits pois
- Navarin d'agneau
- Fraisier

1 Écossez les petits pois. Pelez l'oignon et hachez-le.

2 Faites fondre le beurre dans une cocotte. Faites-y revenir l'oignon en remuant jusqu'à ce qu'il blondisse. Versez le bouillon et portez-le à ébullition. Quand il bout, baissez le feu et ajoutez les petits pois. Salez et poivrez. Faites-les cuire pendant 20 à 25 minutes.

3 Lorsque la cuisson des petits pois est terminée, mixez la soupe jusqu'à ce qu'elle soit lisse. Remettez-la sur feu doux et ajoutez la crème fraîche en remuant. Aux premiers bouillons, retirez du feu.

4 Laissez le velouté refroidir, puis versez-le dans des grands verres. Placez-les au frais pendant au moins 2 heures.

5 Au moment de servir, décorez de petites feuilles de menthe.

Fajitas

Préparation : 30 min - Cuisson : 1 h 05 - Repos : 12 h - Difficulté : ★★ - Budget : ★★

Astuce
Vous pouvez préparer les fajitas à l'avance en les réservant au four th 3 (90 °C) recouverts d'un papier aluminium.

Valeurs nutritionnelles
(pour une personne)
- Valeur énergétique : 494 kcal (2 029 kJ)
- Protéines : 26,7 g
- Lipides : 15,5 g
- Glucides : 57,8 g

Menu
- Fajitas
- Pois chiches au lard et aux poivrons
- Brochettes de pêches rôties

Pour 6 personnes
- 6 tortillas
- 350 g de viande de bœuf hachée
- 300 g de haricots rouges
- 1 boîte de tomates pelées
- 2 citrons verts coupés en quartiers
- 1 oignon
- 1 gousse d'ail
- 1 feuille de laurier
- 3 tiges de persil
- Quelques gouttes de Tabasco
- 2 cuill. à soupe d'huile
- Sel, poivre

Vin conseillé
Bordeaux rouge à 15 °C

1 La veille, faites tremper les haricots rouges dans de l'eau froide.

2 Le jour même, égouttez les haricots et mettez-les dans une casserole. Couvrez-les d'eau à fleur. Pelez et coupez l'oignon en quatre, écrasez la gousse d'ail non épluchée.

3 Ajoutez l'oignon, l'ail et le laurier dans la casserole de haricots. Salez et portez à ébullition. Faites cuire à petits bouillons pendant 45 minutes. Quand les haricots sont cuits, égouttez-les.

4 Faites chauffer l'huile dans une sauteuse. Faites-y revenir la viande de bœuf hachée 5 minutes en remuant, puis ajoutez les haricots, les tomates pelées avec leur jus et le Tabasco. Faites cuire le tout à feu doux pendant 15 minutes, en remuant de temps en temps.

5 Étalez les tortillas sur le plan de travail et garnissez-les de la préparation. Roulez-les ensuite sur elles-mêmes et mettez-les dans un plat. Ajoutez les tiges de persil et les quartiers de citrons verts et servez aussitôt.

Fajitas au tartare d'avocat

Préparation : **20 min** - Cuisson : **20 min** - Difficulté : ★ - Budget : ★

Pour 6 personnes
- 6 fajitas
- 3 pommes de terre
- 3 avocats
- 3 carottes
- 1 citron
- 100 g de crème fraîche épaisse
- 1 cuill. à café de curry en poudre
- Sel

Vin conseillé
Minervois blanc à 9 °C

Astuce
Il est préférable de préparer cette entrée au dernier moment car l'avocat ne supporte pas bien l'attente. Vous pouvez réserver les fajitas au frais au maximum une trentaine de minutes, mais pas davantage.

Valeurs nutritionnelles
(pour une personne)
- Valeur énergétique : 374 kcal (1 535 kJ)
- Protéines : 6,9 g
- Lipides : 19,5 g
- Glucides : 39,7 g

Menu
- Fajitas au tartare d'avocat
- Sardines en tempura
- Tartelettes aux pêches et au citron

1 Épluchez et coupez les pommes de terre en petits dés. Mettez-les dans le panier d'un cuit-vapeur, ajoutez de l'eau, couvrez et faites cuire 20 minutes.

2 Pendant ce temps, pressez le jus du citron. Épluchez et dénoyautez les avocats. Coupez-les en petits dés et mettez-les dans une assiette creuse. Arrosez-les de jus de citron, salez et mélangez bien.

3 Mettez les dés de pommes de terre dans un saladier et laissez-les refroidir complètement. Ajoutez alors les dés d'avocats et le jus de citron. Arrosez de crème, rectifiez l'assaisonnement et mélangez.

4 Épluchez et coupez les carottes en très fins bâtonnets. Plongez-les 1 minute dans de l'eau bouillante, puis égouttez-les.

5 Répartissez les bâtonnets de carottes dans six grands verres. Enfoncez ensuite les fajitas dans les verres en leur donnant une forme conique. Remplissez-les de tartare d'avocat à la pomme de terre et servez aussitôt.

Ricotta en rouleaux de printemps

Préparation : 35 min - Pas de cuisson - Difficulté : ★★ - Budget : ★

Astuce
Pour varier les plaisirs, testez aussi cette recette avec une vinaigrette à base de vinaigre de Xérès et d'huile de sésame.

Valeurs nutritionnelles
(pour une personne)
- Valeur énergétique : 426 kcal (1 750 kJ)
- Protéines : 17,2 g
- Lipides : 30,6 g
- Glucides : 17,3 g

Menu
- Ricotta en rouleaux de printemps
- Verrines de légumes d'été
- Crousti-fondant au chocolat

Pour 6 personnes
- 12 feuilles de pâte de riz
- 425 g de ricotta
- 3 carottes
- 2 branches de céleri
- 120 g d'olives noires dénoyautées
- 120 g de tomates confites
- 2 gousses d'ail
- 2 citrons
- 6 cuill. à soupe d'huile d'olive
- 2 cuill. à soupe d'huile de sésame
- Sel, poivre

Vin conseillé
Mâcon blanc à 11 °C

1 Épluchez et émincez finement les carottes et le céleri. Hachez grossièrement les olives noires. Coupez les tomates confites en petits morceaux. Pelez et hachez les gousses d'ail.

2 Mettez la ricotta dans un saladier. Ajoutez les carottes, le céleri, les olives noires, les tomates confites et l'ail haché. Salez et poivrez. Ajoutez l'huile de sésame et mélangez bien.

3 Posez une feuille de pâte de riz entre deux torchons humides pour la ramollir légèrement. Étalez-la ensuite horizontalement sur le plan de travail. Garnissez le tiers inférieur de la feuille de pâte de riz de préparation à la ricotta, en laissant une marge de 2 cm de chaque côté. Repliez les côtés de la feuille sur la garniture, puis roulez la feuille sur elle-même de manière à enfermer la garniture à l'intérieur.

4 Emballez le rouleau dans du film alimentaire et placez-le au frais. Recommencez l'opération jusqu'à épuisement des ingrédients.

5 Pressez le jus des citrons et mélangez-le à l'huile d'olive. Salez et poivrez. Servez les rouleaux de printemps accompagnés de la vinaigrette au citron.

Tacos

Préparation : 20 min - Cuisson : 20 min - Difficulté : ★ - Budget : ★★

Pour 6 personnes

- 12 tacos
- 500 g de viande de bœuf hachée
- 12 feuilles de cœur de laitue
- 5 tomates
- 3 oignons
- 1 petit piment rouge
- 4 cuill. à soupe d'huile
- Sel

Vin conseillé
St-Chinian rouge à 15 °C

Astuce
Si vous préférez les saveurs relevées, mais non pimentées, remplacez le piment par un demi-poivron et ajoutez quelques gouttes de Tabasco selon votre goût.

Valeurs nutritionnelles
(pour une personne)
- Valeur énergétique : 392 kcal (1 609 kJ)
- Protéines : 18,3 g
- Lipides : 25,2 g
- Glucides : 20 g

Menu
- Tacos
- Verrines de tomates séchées
- Gâteau au fromage blanc et aux pêches

1 Pelez et émincez les oignons. Épépinez et émincez le piment.

2 Retirez les pédoncules des tomates et plongez-les dans de l'eau bouillante. Quand la peau commence à se détacher, égouttez et rafraîchissez-les. Pelez et concassez-les.

3 Faites chauffer l'huile dans une sauteuse. Faites-y revenir les oignons et le piment. Ajoutez la viande, faites cuire 5 minutes en remuant, puis salez et poivrez. Ajoutez les tomates, mélangez et faites cuire doucement pendant 15 minutes.

4 Mettez les tacos dans un plat et remplissez-les de préparation à la viande. Ajoutez les cœurs de laitue par-dessus et servez aussitôt.

Brick à l'œuf

Préparation : **15 min** - Cuisson : **10 min** - Difficulté : ★★ - Budget : ★

Astuce
Variez les parfums en remplaçant l'œuf et la coriandre par des filets de sardines en boîte, du basilic et une pointe d'ail hachés.

Valeurs nutritionnelles
(pour une personne)
- Valeur énergétique : 183 kcal (768 kJ)
- Protéines : 9 g
- Lipides : 13,8 g
- Glucides : 5,2 g

Menu
- Brick à l'œuf
- Courgettes farcies aux légumes
- Biscuits aux fraises et crème à la rose

Pour 6 personnes
- 6 feuilles de brick
- 6 œufs
- 6 cuill. à café de concentré de tomate
- 3 tiges de coriandre
- 5 cl d'huile d'olive
- Sel, poivre

Vin conseillé
Touraine rouge à 15 °C

1 Préchauffez le four th 3 (90 °C). Lavez, séchez et effeuillez la coriandre.

2 Étalez une feuille de brick dans une assiette creuse en laissant les côtés de la feuille remonter sur les parois de l'assiette. Cassez un œuf dans la feuille de brick, puis ajoutez une cuillère à café de concentré de tomate et quelques feuilles de coriandre. Salez et poivrez. Repliez la feuille de brick en enfermant l'œuf à l'intérieur.

3 Préparez ainsi les six bricks.

4 Faites chauffer l'huile dans une grande poêle. Posez deux bricks dans la poêle et faites-les dorer 2 minutes de chaque côté.

5 Retirez les bricks de la poêle, posez-les sur une feuille de papier aluminium et réservez-les au four. Recommencez l'opération pour les autres bricks.

6 Servez bien chaud avec une salade de poivrons marinés.

Brick gratinée aux petits légumes

Préparation : 30 min - Cuisson : 40 min - Difficulté : ★★ - Budget : ★

Pour 6 personnes

- 6 feuilles de brick
- 4 carottes nouvelles
- 4 navets nouveaux
- 4 pommes de terre nouvelles
- 2 tiges de persil plat
- 30 g de beurre
- Sel, poivre

Pour la sauce :

- 40 g de beurre
- 40 g de farine
- 40 cl de lait
- 15 cl de crème fraîche épaisse
- 1 pointe de muscade
- Sel, poivre

Vin conseillé

Côtes du Rhône rouge à 15 °C

Astuce

Vous pouvez aussi faire des feuilletés individuels dans des petits moules. Dans ce cas-là, réduisez la taille des feuilles de brick et laissez-les dépasser de 2 cm environ autour du moule.

Valeurs nutritionnelles

(pour une personne)
- Valeur énergétique : 336 kcal (1 380 kJ)
- Protéines : 7,2 g
- Lipides : 19,5 g
- Glucides : 30,1 g

Menu

- Brick gratinée aux petits légumes
- Brochettes de kefta
- Abricots à la lavande

1 Épluchez tous les légumes et coupez-les en petits dés. Mettez-les dans le panier d'un cuit-vapeur. Ajoutez de l'eau, salez et poivrez, puis faites cuire 25 minutes.

2 Pendant ce temps, préparez la sauce : faites fondre le beurre dans une casserole. Ajoutez la farine d'un seul coup et faites cuire 2 minutes en fouettant. Versez le lait petit à petit, sans arrêter de fouetter, jusqu'à obtention d'une sauce un peu épaisse. Salez, poivrez, ajoutez la muscade et poursuivez la cuisson, sans cesser de fouetter, pendant 5 minutes. Retirez du feu et ajoutez la crème fraîche.

3 Mélangez les légumes et la sauce. Préchauffez le four th 7 (210 °C). Lavez, séchez et effeuillez le persil.

4 Faites fondre le beurre et badigeonnez-en les feuilles de brick. Mettez-les ensuite les unes sur les autres dans un moule à manqué. Remplissez-les de préparation aux légumes et enfournez. Faites cuire pendant environ 10 minutes, le temps de faire bien dorer les feuilles de brick.

5 Sortez du four, décorez de feuilles de persil et servez aussitôt.

Croustillants de saumon au gingembre

Préparation : 20 min - Cuisson : 15 min - Marinade : 30 min - Difficulté : ★ - Budget : ★★

Astuce
Préparez les bricks juste avant de les faire cuire, sinon l'humidité de la marinade les fera se déchirer.

Pour 6 personnes
- 6 feuilles de brick
- 1 kg de cœur de filet de saumon sans peau et sans arêtes
- 75 g de gingembre frais
- 1 pincée de coriandre moulue
- Huile d'olive
- Sel

Valeurs nutritionnelles
(pour une personne)
- Valeur énergétique : 359 kcal (1 475 kJ)
- Protéines : 35,2 g
- Lipides : 21,9 g
- Glucides : 2,5 g

Menu
- Croustillants de saumon au gingembre
- Carpaccio de bœuf
- Fruits rouges en gelée

Vin conseillé
Entre-deux-Mers à 9 °C

1 Coupez chaque feuille de brick en trois bandes. Coupez le filet de saumon en dix-huit tranches égales. Épluchez et râpez finement le gingembre. Mettez trois cuillères à soupe d'huile d'olive dans un saladier, ajoutez le gingembre râpé, puis le saumon. Mélangez bien et faites mariner pendant 30 minutes.

2 Posez une tranche de saumon au bout de chaque bande de brick. Salez, ajoutez une pincée de gingembre râpé et une touche de coriandre. Enroulez ensuite le saumon à l'intérieur de la feuille de brick.

3 Posez les croustillants sur une feuille de papier sulfurisé. Badigeonnez-les d'huile et enfournez.

4 Faites cuire 15 minutes environ, en les retournant à mi-cuisson. Les feuilles de brick doivent être dorées.

5 Servez dès la sortie du four avec une salade de roquette.

Mille-feuilles de tomate au chèvre frais

Préparation : 40 min - Cuisson : 40 min - Marinade : 1 h - Difficulté : ★★ - Budget : ★

Pour 6 personnes
- 450 g de pâte feuilletée
- 350 g de fromage de chèvre frais
- 3 tomates
- 1 botte d'asperges
- ½ concombre
- 2 tiges d'estragon
- 1 tige de cerfeuil
- 5 cl d'huile d'olive
- Fleur de sel
- Poivre blanc du moulin

Vin conseillé
Bordeaux blanc sec à 9 °C

Astuce
Pour plus de facilité, pensez à commander les feuilletés tout prêts chez votre boulanger.

Valeurs nutritionnelles
(pour une personne)
- Valeur énergétique : 487 kcal (1 997 kJ)
- Protéines : 9,2 g
- Lipides : 34 g
- Glucides : 32,1 g

Menu
- Mille-feuilles de tomate au chèvre frais
- Filets de poulet aux poivrons et aux tomates
- Rhubarbe confite au sirop

1 Pelez les tomates après les avoir plongées dans de l'eau bouillante. Coupez-les en quatre, épépinez-les et mettez-les dans un plat creux. Arrosez-les d'huile d'olive, salez et poivrez. Laissez mariner au frais pendant 1 heure.

2 Préchauffez le four th 7 (210 °C). Étalez la pâte sur le plan de travail fariné. Découpez six rectangles de 10 x 5 cm et posez-les sur la plaque du four recouverte de papier sulfurisé. Faites cuire 20 minutes.

3 Coupez les feuilletés en deux dans l'épaisseur. Laissez-les refroidir sur une grille.

4 Épluchez les asperges et faites-les cuire 10 minutes à la vapeur. Lavez et coupez le concombre en rondelles fines. Écrasez le fromage de chèvre à la fourchette, salez et poivrez. Effeuillez l'estragon et le cerfeuil.

5 Posez un feuilleté dans chaque assiette. Recouvrez-les de rondelles de concombre, salez et poivrez légèrement. Ajoutez une couche de fromage de chèvre, une couche de tomates, quelques feuilles d'estragon et trois pointes d'asperges. Arrosez de quelques gouttes d'huile de la marinade des tomates, puis posez un deuxième feuilleté. Recouvrez de fromage de chèvre et décorez de deux asperges et d'une pluche de cerfeuil avant de servir.

Nems

Préparation : 30 min - Cuisson : 20 min - Difficulté : ★★ - Budget : ★

Astuce

Les nems se servent accompagnés de feuilles de laitue et de menthe et d'une sauce Nuoc-mâm légèrement allongée à l'eau, à laquelle vous ajouterez un peu de vinaigre, une pointe de piment et une pincée de carotte finement râpée.

Valeurs nutritionnelles
(pour une personne)
- Valeur énergétique : 281 kcal (1 153 kJ)
- Protéines : 16,1 g
- Lipides : 17,3 g
- Glucides : 12,9 g

Menu
- Nems
- Magret de canard laqué
- Soupe de fraises

Pour 6 personnes
- 24 galettes de riz
- 300 g de jambon blanc
- 30 g de champignons noirs secs
- 75 g de vermicelles de riz
- 1 boîte de crabe au naturel
- 1 bouquet de ciboulette
- 3 jaunes d'œufs
- 1 laitue
- 1 bouquet de menthe
- Huile de friture
- Sel, poivre

Vin conseillé
Chardonnay à 9 °C

1 Faites tremper les champignons noirs dans de l'eau froide selon les indications du paquet. Égouttez-les et hachez-les. Faites tremper les vermicelles de riz dans de l'eau tiède pendant 5 minutes, puis égouttez-les et ciselez-les. Hachez grossièrement le jambon. Égouttez et émiettez le crabe. Ciselez la ciboulette. Battez les œufs en omelette, salez et poivrez. Lavez et essorez la salade, rincez et séchez bien les feuilles de menthe.

2 Mélangez les vermicelles de riz, le crabe, le jambon, les champignons, la ciboulette et les œufs battus. Travaillez jusqu'à obtention d'une farce homogène.

3 Trempez rapidement les galettes de riz dans de l'eau froide. Quand elles sont ramollies, étalez-les bien à plat sur un linge humide. Déposez un peu de farce sur le bord des galettes, rabattez la galette par-dessus, puis repliez les bords et roulez ensuite les nems sur eux-mêmes.

4 Préchauffez le four th 3 (90 °C). Faites chauffer l'huile. Plongez-y les nems deux par deux et laissez-les cuire jusqu'à ce qu'ils soient bien dorés, en les retournant sans arrêt avec une écumoire. Égouttez-les sur du papier absorbant. Réservez-les au four et servez-les bien chauds.

Clafoutis au saumon fumé et à l'aneth

Préparation : 20 min - Cuisson : 30 min - Difficulté : ★ - Budget : ★★

Pour 6 personnes

- 2 cœurs de saumon fumé
- 3 tiges d'aneth
- 15 g de Maïzena
- 35 cl de crème liquide
- 35 cl de lait
- 3 œufs
- 2 jaunes d'œufs
- 20 g de beurre
- Sel, poivre

Vin conseillé
Graves blanc à 9 °C

Astuce
Avant de servir, faites rapidement griller deux cuillères à soupe de graines de sésame dans une poêle chauffée à blanc et parsemez-en les clafoutis.

Valeurs nutritionnelles
(pour une personne)
- Valeur énergétique : 477 kcal (1 958 kJ)
- Protéines : 24,1 g
- Lipides : 37,7 g
- Glucides : 6,8 g

Menu
- Clafoutis au saumon fumé et à l'aneth
- Risotto aux petits légumes et au poivre rose
- Pamplemousses à la menthe

1 Préchauffez le four th 8 (240 °C). Dans un saladier, mélangez les œufs entiers, les jaunes d'œufs, le lait, la crème liquide et la Maïzena. Salez légèrement et poivrez.

2 Coupez les cœurs de saumon fumé en tranches. Lavez, séchez et effeuillez l'aneth. Réservez six pluches pour la décoration et hachez finement le reste. Ajoutez l'aneth haché dans la préparation et mélangez bien.

3 Beurrez six ramequins. Répartissez les tranches de saumon fumé dans les ramequins et versez la préparation par-dessus. Enfournez et faites cuire 30 minutes.

4 Servez dès la sortie du four décoré de pluches d'aneth.

Clafoutis aux courgettes

Préparation : 20 min - Cuisson : 35 min - Difficulté : ★★ - Budget : ★

Astuce
La peau des courgettes contient beaucoup de vitamines. Ne les pelez pas. Brossez-les plutôt sous l'eau froide. Pendant la cuisson des courgettes, ajoutez dans la poêle trois tiges de basilic effeuillées et finement ciselées.

Valeurs nutritionnelles
(pour une personne)
- Valeur énergétique : 397 kcal (1 628 kJ)
- Protéines : 11,4 g
- Lipides : 29,4 g
- Glucides : 18,6 g

Menu
- Clafoutis aux courgettes
- Papillotes de dinde
- Soupe de roses aux fruits d'été

Pour 6 personnes
- 6 courgettes
- 6 œufs
- 40 cl de lait
- 35 cl de crème liquide
- 6 cuill. à café de Maïzena
- 15 g de beurre
- 2 cuill. à soupe d'huile d'olive
- Sel, poivre

Vin conseillé
Corbières blanc à 13 °C

1 Préchauffez le four th 6 (180 °C). Lavez les courgettes et coupez-les en rondelles très fines. Réservez la moitié des rondelles au frais sous film alimentaire.

2 Faites chauffer l'huile d'olive dans une sauteuse et faites-y revenir les rondelles de courgettes, en remuant de temps en temps, pendant 10 minutes.

3 Beurrez six ramequins. Dans un saladier, fouettez les œufs avec la Maïzena, puis versez le lait et la crème en filet, sans cesser de fouetter. Ajoutez les courgettes revenues dans l'huile, salez et poivrez. Mélangez bien, puis versez la préparation dans les ramequins.

4 Enfoncez ensuite verticalement dans la pâte les rondelles de courgettes réservées. Enfournez et faites cuire 20 minutes.

5 Sortez les ramequins du four et servez aussitôt.

Clafoutis aux légumes

Préparation : **25 min** - Cuisson : **1 h 10** - Difficulté : ★ - Budget : ★

Pour 6 personnes
- 3 pommes de terre
- 3 courgettes
- 3 tomates
- 100 g de lardons allumettes
- 6 œufs
- 40 cl de lait
- 35 cl de crème liquide
- 6 cuill. à café de Maïzena
- 1 bouquet de ciboulette
- 20 g de beurre
- Sel, poivre

Vin conseillé
Bandol rosé à 9 °C

Astuce
Vous pouvez aussi couper tous les légumes en rondelles fines et les disposer dans le plat à gratin verticalement en les alternant. Faites-les cuire 30 minutes seuls, puis versez la pâte par-dessus et prolongez la cuisson 40 minutes.

Valeurs nutritionnelles
(pour une personne)
- Valeur énergétique : 450 kcal (1 850 kJ)
- Protéines : 14,9 g
- Lipides : 30,7 g
- Glucides : 25,3 g

Menu
- Clafoutis aux légumes
- Riz aux crevettes
- Mousses de fruits rouges

1 Épluchez et coupez les pommes de terre en petits cubes. Mettez-les dans le panier d'un cuit-vapeur, ajoutez de l'eau, salez et poivrez, puis couvrez et faites cuire 30 minutes.

2 Pendant ce temps, lavez et coupez les courgettes en rondelles. Lavez et coupez les tomates en petits quartiers. Préchauffez le four th 6 (180 °C).

3 Dans un saladier, fouettez les œufs avec la Maïzena. Versez le lait et la crème en filet, sans cesser de fouetter.

4 Beurrez un plat à gratin, puis étalez les cubes de pommes de terre dans le fond. Versez la pâte par-dessus, puis disposez les rondelles de courgettes et les quartiers de tomates par-dessus. Ajoutez les lardons et enfournez. Faites cuire 40 minutes.

5 Servez dès la sortie du four, parsemé de ciboulette et accompagné d'une salade verte.

Clafoutis aux olives et aux anchois

Préparation : 15 min - Cuisson : 20 min - Difficulté : ★ - Budget : ★

Astuce

Vous pouvez aussi faire un seul clafoutis dans un moule à tarte bien beurré. Prolongez le temps de cuisson de 10 minutes. Servez le clafoutis directement dans le moule.

Valeurs nutritionnelles
(pour une personne)
- Valeur énergétique : 398 kcal (1 634 kJ)
- Protéines : 10,2 g
- Lipides : 33,5 g
- Glucides : 11 g

Menu
- Clafoutis aux olives et aux anchois
- Pommes de terre parfumées
- Mousse au chocolat

Pour 6 personnes
- 250 g d'olives vertes dénoyautées
- 18 filets d'anchois à l'huile
- 40 cl de lait
- 35 cl de crème liquide
- 6 œufs
- 6 cuill. à café de Maïzena
- 35 g de beurre
- 1 petit bouquet de persil plat
- Sel, poivre

Vin conseillé
Minervois blanc à 9 °C

1 Préchauffez le four th 6 (180 °C).

2 Lavez, séchez et effeuillez le persil. Réservez six jolies feuilles pour la décoration et hachez le reste. Beurrez six ramequins.

3 Dans un saladier, fouettez les œufs avec la Maïzena. Versez le lait et la crème en filet, sans cesser de fouetter. Ajoutez les olives et le persil haché. Salez et poivrez. Mélangez délicatement.

4 Versez la préparation dans les ramequins. Ajoutez les filets d'anchois par-dessus. Enfournez et faites cuire 20 minutes.

5 Sortez les ramequins du four et servez aussitôt décoré de feuilles de persil.

Flan au parmesan et aux oignons confits

Préparation : 15 min - Cuisson : 1 h 05 - Difficulté : ★★ - Budget : ★

Pour 6 personnes
- 6 œufs
- 2 jaunes d'œufs
- 180 g de parmesan râpé
- 30 cl de crème liquide
- 15 g de beurre
- 1 botte de petits oignons blancs
- 2 feuilles de sauge
- 2 cuill. à soupe de vinaigre balsamique
- 1 cuill. à café de sucre en poudre
- 1 cuill. à soupe d'huile d'olive
- 1 cuill. à soupe de fleur de sel
- Sel, poivre

Vin conseillé
Anjou blanc sec à 9 °C

Astuce
Vous pouvez aussi faire cuire les oignons dans une sauteuse pendant la cuisson du flan. Mettez tous les ingrédients dans la sauteuse et faites cuire, à couvert et à feu très doux, pendant 30 minutes en remuant régulièrement.

Valeurs nutritionnelles
(pour une personne)
- Valeur énergétique : 261 kcal (1 072 kJ)
- Protéines : 18,4 g
- Lipides : 18,8 g
- Glucides : 2,5 g

Menu
- Flan au parmesan et aux oignons confits
- Piccatas de veau au fenouil
- Sorbet à la pêche et fromage blanc à la cannelle

1 Préchauffez le four th 4 (120 °C) après y avoir placé un grand plat rempli d'eau à mi-hauteur.

2 Beurrez un plat à gratin pouvant loger dans le bain-marie. Cassez les œufs dans un saladier. Ajoutez les jaunes, puis mélangez en ajoutant la crème et le parmesan en pluie. Salez et poivrez.

3 Versez la préparation dans le plat à gratin et enfournez. Faites cuire au bain-marie pendant 40 minutes. Sortez le flan du four et laissez-le refroidir. Augmentez le thermostat du four à 6/7 (190 °C).

4 Épluchez les oignons et mettez-les dans un plat à four. Arrosez-les d'huile d'olive, de vinaigre balsamique et saupoudrez-les de sucre et de fleur de sel. Ajoutez les feuilles de sauge ciselées. Enfournez et faites cuire 25 minutes en mélangeant régulièrement.

5 Découpez le flan de parmesan en petits carrés et disposez-les dans un plat. Ajoutez les oignons confits et servez aussitôt.

Flans aux poivrons et aux courgettes

Préparation : 30 min - Cuisson : 45 min - Difficulté : ★★ - Budget : ★

Astuce
Pour varier les plaisirs, remplacez le parmesan par des tout petits dés de mozzarella.

Valeurs nutritionnelles
(pour une personne)
- Valeur énergétique : 598 kcal (2 453 kJ)
- Protéines : 18,8 g
- Lipides : 40,3 g
- Glucides : 35,4 g

Menu
- Flans aux poivrons et aux courgettes
- Petits gâteaux de riz aux légumes
- Aspic de melon aux fraises

Pour 6 personnes
- 4 courgettes
- 1 poivron rouge
- 1 poivron vert
- 2 tranches épaisses de jambon blanc
- 1 branche de romarin
- 1 branche de thym
- 400 g de pâte brisée
- 200 g de crème fraîche épaisse
- 50 g de parmesan râpé
- 5 œufs
- 10 cl de lait
- 3 cuill. à soupe d'huile d'olive
- Beurre
- Sel, poivre
- 1 cuill. à soupe de farine pour le plan de travail

Vin conseillé
Bordeaux blanc sec à 9 °C

1 Lavez les légumes. Coupez les courgettes en tout petits dés. Épépinez les poivrons et coupez-les en tout petits dés. Lavez, séchez et effeuillez le romarin et le thym.

2 Faites chauffer l'huile dans une sauteuse. Ajoutez les dés de légumes et faites-les suer à feu doux, sans coloration, pendant 20 minutes.

3 Pendant ce temps, coupez le jambon en petits dés. Fouettez la crème fraîche avec le lait, les œufs entiers, le parmesan, le thym et le romarin. Salez et poivrez, puis ajoutez les dés de jambon et de légumes dans la préparation et mélangez bien.

4 Beurrez généreusement douze moules à tartelette. Étalez la pâte sur un plan de travail fariné et piquez-la avec une fourchette. Découpez-y des disques à la taille des moules et garnissez ces derniers de pâte. Remplissez-les de préparation aux légumes et enfournez. Faites cuire 25 minutes et servez dès la sortie du four.

Flans de légumes

Préparation : 40 min - Cuisson : 55 min - Difficulté : ★ - Budget : ★

Pour 6 personnes

Pour les flans de carottes :
- 800 g de carottes
- 5 œufs
- 45 g de beurre
- Sel, poivre

Pour les flans de courgettes :
- 8 courgettes
- 4 œufs
- 25 cl de crème fraîche
- 2 cuill. à soupe de lait
- 40 g de parmesan râpé
- 20 g de beurre
- Sel, poivre

Vin conseillé
Pouilly Fumé à 12 °C

Astuce
Pour plus de saveur, ajoutez une pointe de paprika dans la préparation aux carottes et une pointe de cumin moulu dans la préparation aux courgettes.

Valeurs nutritionnelles
(pour une personne)
- Valeur énergétique : 454 kcal (1 863 kJ)
- Protéines : 15,7 g
- Lipides : 31,7 g
- Glucides : 23,1 g

Menu
- Flans de légumes
- Souris d'agneau braisée au citron et au confit de tomates
- Tiramisu aux fraises

1 Pour les flans de carottes : épluchez et coupez les carottes en morceaux. Faites fondre le beurre dans une casserole. Ajoutez les carottes, salez et poivrez. Couvrez d'eau et faites cuire 15 minutes à feu doux. Battez les œufs, salez et poivrez-les. Écrasez les carottes égouttées à la fourchette. Ajoutez-les dans les œufs battus et mélangez.

2 Beurrez six ramequins. Versez-y la préparation et placez-les dans un plat à four. Remplissez le plat d'eau chaude à mi-hauteur des ramequins.

3 Pour les flans de courgettes : coupez les courgettes en rondelles très fines. Mettez-les dans le panier d'un cuit-vapeur, ajoutez de l'eau, salez et poivrez. Couvrez et faites cuire 10 minutes. Mixez les courgettes dès la fin de la cuisson.

4 Fouettez la crème fraîche avec les œufs, le lait, le parmesan, la purée de courgettes, puis salez et poivrez. Beurrez six ramequins. Versez la préparation dans les ramequins. Placez les ramequins dans un autre plat à four et ajoutez de l'eau chaude à mi-hauteur des ramequins.

5 Pour la cuisson : préchauffez le four th 6 (180 °C). Enfournez les deux plats et faites cuire 30 minutes. À la fin de la cuisson, démoulez les flans et servez-les chauds.

Mini-pizzas au chèvre frais

Préparation : 15 min - Cuisson : 10 min - Difficulté : ★ - Budget : ★★

Astuce

Réalisez la pâte à pizza en mélangeant 200 g de farine, 20 g de levure fraîche délayée dans un verre d'eau tiède et 5 cl d'huile d'olive. Travaillez vigoureusement en étirant et en abattant la pâte. Roulez-la en boule, recouvrez-la d'un linge et faites-la doubler de volume 2 heures dans un endroit tiède.

Valeurs nutritionnelles
(pour une personne)
- Valeur énergétique : 531 kcal (2 179 kJ)
- Protéines : 13,7 g
- Lipides : 23,5 g
- Glucides : 61,9 g

Menu
- Mini-pizzas au chèvre frais
- Cannellonis végétariens
- Crèmes aux œufs

Pour 6 personnes
- 3 boules de pâte à pizza
- 400 g de chèvre frais de type « Petit Billy »
- 40 g de tapenade noire
- 3 cuill. à soupe de mayonnaise
- 6 tomates confites
- 1 poignée de pousses d'épinards
- Poivre du moulin

Vin conseillé
Bourgogne blanc à 9 °C

1 Préchauffez le four th 7 (210 °C).

2 Étalez les pâtes à pizza sur le plan de travail et découpez-y des petits disques à l'aide d'un emporte-pièce Ø 6 cm environ. Recouvrez la plaque du four de papier sulfurisé et déposez-y les disques de pâte. Enfournez et faites cuire 10 minutes. Sortez-les du four et laissez-les refroidir sur une grille.

3 Mettez le fromage dans un saladier et écrasez-le à la fourchette. Ajoutez la mayonnaise et la tapenade, mélangez bien, puis poivrez. Garnissez chaque mini-pizza de préparation au fromage de chèvre.

4 Lavez, essorez et séchez les pousses d'épinards. Coupez les tomates confites en petites lamelles.

5 Servez les mini-pizzas après les avoir décorées de pousses d'épinards et de tomates confites.

Quiches aux légumes

Préparation : **30 min** - Cuisson : **1 h 10** - Difficulté : ★★ - Budget : ★★

Pour 6 personnes

- 500 g de pâte brisée
- 200 g de brocolis
- 200 g de courgettes
- 200 g de petits pois frais
- 200 g de tomates
- 20 cl de crème fraîche
- 50 g de parmesan
- 3 jaunes d'œufs
- 1 pincée de poivre de Cayenne
- 1 noix de beurre pour les moules
- 1 cuill. à soupe de farine pour le plan de travail
- Sel

Vin conseillé
Corbières rosé à 9 °C

Astuce
Pour une quiche plus consistante, ajoutez dans la préparation 50 g de roquefort émietté et 25 g de cerneaux de noix en poudre.

Valeurs nutritionnelles
(pour une personne)
- Valeur énergétique : 500 kcal (2 051 kJ)
- Protéines : 12,2 g
- Lipides : 35,8 g
- Glucides : 39,4 g

Menu
- Quiches aux légumes
- Galettes de poisson aux herbes
- Pastèque aux framboises

1 Préchauffez le four th 6 (180 °C). Lavez tous les légumes. Détaillez les brocolis en bouquets, épluchez les tiges et coupez-les en petites rondelles. Coupez les courgettes en petites rondelles et les tomates en petits cubes.

2 Plongez les petits pois dans de l'eau bouillante salée et faites-les cuire 20 minutes. Égouttez-les et réservez-les. Mettez les courgettes et les brocolis dans le panier d'un cuit-vapeur et faites-les cuire 15 minutes.

3 Beurrez six petits moules à tartelette. Étalez la pâte sur un plan de travail fariné et piquez-la avec une fourchette. Découpez dans la pâte six disques à la mesure des moules et garnissez-en les moules. Répartissez tous les légumes dans les fonds de tartelettes.

4 Fouettez la crème avec les jaunes d'œufs. Ajoutez le piment de Cayenne, salez et versez la préparation sur les légumes.

5 Râpez le parmesan avec une grosse râpe et recouvrez-en les tartelettes. Ajoutez quelques parcelles de beurre par-dessus, enfournez et faites cuire 35 minutes. Servez dès la sortie du four accompagné d'une salade verte.

Tarte à la brousse et aux herbes

Préparation : 15 min - Cuisson : 25 min - Difficulté : ★ - Budget : ★

Astuce
Afin que la pâte feuilletée soit bien croustillante, gardez-la au frais jusqu'au moment de l'utiliser. Accompagnez les tartelettes d'un coulis de tomates fraîches au basilic et à l'huile d'olive.

Valeurs nutritionnelles
(pour une personne)
- Valeur énergétique : 403 kcal (1 685 kJ)
- Protéines : 9 g
- Lipides : 29,2 g
- Glucides : 24,8 g

Menu
- Tarte à la brousse et aux herbes
- Beignets de fleurs de courgettes
- Parfait aux coquelicots

Pour 6 personnes
- 350 g de pâte feuilletée
- 500 g de brousse
- 5 cl de crème liquide
- 2 œufs
- 2 tiges de persil plat
- 2 tiges de cerfeuil
- 3 tiges de basilic
- 2 échalotes
- 1 cuill. à soupe de farine pour le plan de travail
- 1 noisette de beurre pour les moules
- Sel, poivre

Vin conseillé
Graves blanc à 9 °C

1 Préchauffez le four th 6 (180 °C). Étalez la pâte sur un plan de travail fariné. Beurrez six moules à tartelette et garnissez-les de pâte. Piquez les fonds avec une fourchette et placez au frais.

2 Lavez, séchez, effeuillez et hachez finement les herbes. Pelez et hachez l'échalote.

3 Fouettez la brousse avec les œufs entiers, les herbes, l'échalote, la crème liquide, du sel et du poivre. Versez la préparation dans les fonds de tartelettes. Enfournez et faites cuire 25 minutes.

4 Sortez les tartelettes du four et servez aussitôt.

Tarte au thon

Préparation : 15 min - Cuisson : 35 min - Difficulté : ★ - Budget : ★

Pour 6 personnes

- 1 rouleau de pâte brisée
- 1 grosse boîte de thon au naturel
- 3 œufs
- 1 jaune d'œuf
- 50 cl de crème liquide
- 3 tomates
- 2 branches de thym
- 1 branche de basilic
- 1 noisette de beurre pour le moule
- Sel, poivre

Vin conseillé
Côtes de Provence rosé à 9 °C

Astuce
Préparez la pâte vous-même en travaillant d'abord avec les doigts 250 g de farine, 100 g de beurre et une pincée de sel. Pétrissez ensuite avec la paume de la main en ajoutant petit à petit un demi-verre d'eau et laissez la pâte reposer 30 minutes.

Valeurs nutritionnelles
(pour une personne)
- Valeur énergétique : 539 kcal (2 012 kJ)
- Protéines : 19,4 g
- Lipides : 41,2 g
- Glucides : 18,5 g

Menu
- Tarte au thon
- Verrines de tomates séchées
- Glace au citron et au cassis

1 Préchauffez le four th 7 (210 °C). Lavez et coupez les tomates en petits morceaux. Lavez, séchez et effeuillez le thym. Lavez, séchez et effeuillez le basilic. Réservez deux ou trois jolies feuilles pour la décoration et hachez le reste. Émiettez le thon.

2 Fouettez la crème avec les œufs entiers et le jaune, puis salez et poivrez. Ajoutez le thon émietté, les morceaux de tomates, le thym et le basilic haché. Rectifiez l'assaisonnement si besoin et mélangez bien.

3 Beurrez un moule à tarte, garnissez-le de la pâte et piquez le fond avec une fourchette. Versez la préparation dans le fond de tarte, enfournez et faites cuire 35 minutes

4 Servez dès la sortie du four avec une salade verte après avoir décoré la tarte de feuilles de basilic.

Tarte aux légumes et à la ricotta

Préparation : 15 min - Cuisson : 30 min - Difficulté : ★ - Budget : ★

Astuce

Vous pouvez aussi faire revenir les courgettes coupées en dés dans une sauteuse, dans un peu d'huile d'olive avec une cuillère à soupe de basilic ciselé, avant de les ajouter dans la préparation au fromage.

Valeurs nutritionnelles
(pour une personne)
- Valeur énergétique : 303 kcal (1 269 kJ)
- Protéines : 12,4 g
- Lipides : 17,5 g
- Glucides : 23,1 g

Menu
- Tarte aux légumes et à la ricotta
- Grillades tex-mex
- Sabayon aux raisins

Pour 6 personnes
- 1 rouleau de pâte sablée
- 250 g de fromage de brebis frais de type « ricotta »
- 2 courgettes
- 2 œufs
- 15 cl de crème fraîche liquide
- 1 noisette de beurre pour le moule
- Sel, poivre

Vin conseillé
Alsace-Pinot blanc à 9 °C

1 Lavez et coupez les courgettes en rondelles très fines. Mettez-les dans le panier d'un cuit-vapeur, ajoutez de l'eau, couvrez et faites cuire 5 minutes.

2 Fouettez le fromage frais, la crème liquide et les œufs entiers dans un saladier. Salez et poivrez. Ajoutez les trois quarts des courgettes et mélangez délicatement.

3 Préchauffez le four th 6 (180 °C). Beurrez un moule à tarte et garnissez-le de pâte. Piquez-la avec une fourchette et versez la préparation dedans. Recouvrez la tarte du reste des rondelles de courgettes. Enfournez et faites cuire 25 minutes.

4 Sortez la tarte du four et servez aussitôt avec une salade verte.

Tarte Tatin aux courgettes

Préparation : 20 min - Cuisson : 35 min - Difficulté : ★★ - Budget : ★

Pour 6 personnes

- 450 g de pâte brisée
- 6 courgettes
- 1 échalote
- 4 cuill. à soupe d'huile d'olive
- 1 cuill. à café de paprika
- Quelques tiges de ciboulette
- 1 noisette de beurre pour les moules
- Sel, poivre

Vin conseillé
Bandol rosé à 9 °C

Astuce

Pour une recette plus consistante, ajoutez aux rondelles de courgettes quelques fines lanières de jambon cru avant de recouvrir de pâte.

Valeurs nutritionnelles
(pour une personne)
- Valeur énergétique : 379 kcal (1 587 kJ)
- Protéines : 4,7 g
- Lipides : 22,5 g
- Glucides : 38,4 g

Menu
- Tarte Tatin aux courgettes
- Brochettes de bœuf aux deux poivrons
- Gratin de fruits d'été

1 Préchauffez le four th 7 (210 °C). Beurrez six moules à tartelette. Découpez six disques de pâte à la mesure des moules. Lavez soigneusement les courgettes et séchez-les. Coupez-les en rondelles. Pelez et hachez l'échalote.

2 Faites chauffer l'huile dans une poêle. Faites-y revenir l'échalote hachée, puis ajoutez les rondelles de courgettes. Faites cuire à feu vif en remuant, jusqu'à ce que les rondelles soient dorées.

3 Versez les courgettes dans les moules et étalez-les bien. Saupoudrez de paprika. Recouvrez de pâte et enfoncez les bords de celle-ci entre les courgettes et les parois des moules à l'aide du manche d'une cuillère à soupe.

4 Enfournez et faites cuire 25 minutes.

5 Sortez les tartelettes du four et laissez reposer 5 minutes, puis démoulez dans des assiettes.

Tartelettes à la tomate et au thym

Préparation : **15 min** - Cuisson : **20 min** - Difficulté : ★ - Budget : ★

Astuce
Pour des saveurs plus relevées, recouvrez la pâte d'une très fine couche de moutarde forte avant de disposer les tomates et parsemez les tomates de pecorino (fromage italien).

Valeurs nutritionnelles
(pour une personne)
- Valeur énergétique : 409 kcal (1 679 kJ)
- Protéines : 5,4 g
- Lipides : 27,1 g
- Glucides : 32,6 g

Menu
- Tartelettes à la tomate et au thym
- Brochettes de lapin
- Crèmes à l'anis

Pour 6 personnes
- 450 g de pâte feuilletée
- 12 tomates
- 3 branches de thym
- 2 gousses d'ail
- Huile d'olive
- 1 cuill. à soupe de farine pour le plan de travail
- Fleur de sel
- Poivre du moulin

Vin conseillé
Sauvignon à 9 °C

1 Préchauffez le four th 7 (210 °C). Lavez les tomates et coupez-les en petits quartiers. Pelez et hachez l'ail. Effeuillez le thym.

2 Étalez la pâte sur un plan de travail fariné. Découpez-y des disques Ø 10 cm environ à l'aide d'un bol ou d'un emporte-pièce. Piquez la pâte avec une fourchette en laissant une marge d'un cm tout autour.

3 Répartissez les quartiers de tomates en rosace sur la pâte sans recouvrir la marge de pâte.

4 Posez les tartelettes sur une feuille de papier sulfurisé. Arrosez-les d'un filet d'huile d'olive, salez, poivrez et parsemez de thym et d'ail haché.

5 Enfournez et faites cuire 20 minutes. Servez dès la sortie du four.

Tartelettes aux aubergines

Préparation : 30 min - Cuisson : 45 min - Difficulté : ★ - Budget : ★

Pour 6 personnes
- 450 g de pâte brisée
- 4 aubergines
- 6 tomates
- 6 cuill. à soupe d'huile d'olive
- 75 g de parmesan râpé
- 1 noisette de beurre pour les moules
- 1 cuill. à soupe de farine pour le plan de travail
- Sel, poivre

Vin conseillé
Anjou rouge à 12 °C

Astuce
Pour que la pâte brisée soit plus malléable et qu'elle ne casse pas, sortez-la du réfrigérateur 10 minutes avant de l'utiliser. Et pour des saveurs méditerranéennes, disposez une couche fine de tapenade noire dans les fonds de tartes avant de les garnir de légumes.

Valeurs nutritionnelles
(pour une personne)
- Valeur énergétique : 464 kcal (1 942 kJ)
- Protéines : 10,9 g
- Lipides : 29,5 g
- Glucides : 37,4 g

Menu
- Tartelettes aux aubergines
- Brochettes de kefta
- Crèmes à la cardamome

1 Lavez et coupez les aubergines en rondelles de 3 mm d'épaisseur environ. Réservez six grandes rondelles entières, coupez les autres en quatre.

2 Retirez les pédoncules des tomates et plongez-les dans de l'eau bouillante. Quand la peau commence à se détacher, égouttez et rafraîchissez-les. Pelez-les et coupez-les en morceaux.

2 Faites chauffer cinq cuillères à soupe d'huile dans une cocotte. Faites-y revenir les aubergines détaillées en morceaux à feu moyen, en remuant, pendant 5 minutes, puis baissez le feu et ajoutez les tomates. Poursuivez la cuisson à feu très doux, en remuant régulièrement, pendant 15 minutes. Salez et poivrez.

3 Préchauffez le four th 6 (180 °C). Beurrez six moules à tartelette. Étalez la pâte sur un plan de travail fariné et découpez-y six disques à la mesure des moules. Garnissez les moules de pâte et piquez-la.

5 Remplissez les fonds de tartes de préparation aux aubergines et aux tomates, en tassant bien. Posez une rondelle d'aubergine par-dessus et arrosez d'un filet d'huile d'olive. Enfournez et faites cuire 20 minutes.

6 Sortez les tartelettes du four et saupoudrez-les de parmesan.

Tielles sétoises

Préparation : 40 min - Cuisson : 1 h 15 - Réfrigération : 2 h - Difficulté : ★★ - Budget : ★★

Astuce
Si vous manquez de temps, placez la pâte au congélateur au lieu du réfrigérateur et faites-la reposer 20 minutes.

Valeurs nutritionnelles
(pour une personne)
- Valeur énergétique : 521 kcal (2 140 kJ)
- Protéines : 27,2 g
- Lipides : 25,2 g
- Glucides : 36,8 g

Menu
- Tielles sétoises
- Assiette de la mer
- Pêches rôties au thym

Pour 6 personnes

Pour la pâte :
- 200 g de farine
- 100 g de beurre mou
- 10 cl de Frontignan
- 2 œufs
- 1,5 cuill. à café de sucre en poudre
- 1 noisette de beurre pour les moules
- Sel

Pour la garniture :
- 750 g de calamars
- 3 tomates
- 2 oignons
- 3 gousses d'ail
- 1 piment
- 1 jaune d'œuf
- 10 cl de Frontignan
- 2 cuill. à soupe de farine
- 2 cuill. à soupe d'huile
- Sel, poivre

Vin conseillé
Alsace-Riesling à 9 °C

---

1 Préparez la pâte : mélangez la farine, le beurre, les œufs, le sucre et une pincée de sel. Ajoutez le Frontignan et pétrissez à la main jusqu'à obtention d'une pâte homogène. Faites une boule, emballez-la dans du film alimentaire et placez-la 2 heures au frais.

2 Détaillez les calamars en lamelles. Ébouillantez-les quelques secondes dans de l'eau salée, puis égouttez-les. Hachez les tomates et le piment. Pelez et émincez l'ail et les oignons.

3 Faites revenir l'ail et l'oignon dans une poêle huilée, ajoutez les calamars, saupoudrez de farine et versez le Frontignan. Faites cuire 5 minutes en remuant sans cesse.

4 Ajoutez les tomates, salez et poivrez. Poursuivez la cuisson 40 minutes à feu doux, en remuant de temps en temps.

5 Préchauffez le four th 7/8 (220 °C). Beurrez six moules à tartelette. Étalez la pâte et découpez douze disques à la mesure des moules. Garnissez chaque moule d'un disque de pâte. Piquez le fond et remplissez-les de la préparation aux calamars. Recouvrez d'un deuxième disque de pâte, pincez les bords et faites une petite cheminée au centre de la pâte. Dorez la pâte au jaune d'œuf et enfournez pendant 30 minutes. Servez bien chaud.

Brioche de chorizo aux olives

Préparation : 40 min - Cuisson : 45 min - Repos : 2 h 15 - Difficulté : ★★★ - Budget : ★

Pour 6 personnes

- 325 g de farine
- 175 g de chorizo
- 150 g d'olives noires dénoyautées
- 2 œufs
- 1 jaune d'œuf
- 50 g de beurre
- 1,5 sachet de levure de boulanger
- 1 noisette de beurre pour les moules
- 1 cuill. à soupe de farine
- 5 g de sel

Vin conseillé
Cassis blanc à 9 °C

Astuce

Travaillez la pâte vigoureusement sur un plan de travail fariné, pendant au moins 5 minutes, en l'écrasant, en l'allongeant, puis en la rabattant. Ne réduisez pas le temps de repos : c'est en gonflant que la pâte va donner toute sa légèreté aux brioches.

Valeurs nutritionnelles
(pour une personne)
- Valeur énergétique : 528 kcal (2 169 kJ)
- Protéines : 14,3 g
- Lipides : 30,7 g
- Glucides : 44,5 g

Menu
- Brioche de chorizo aux olives
- Courgettes farcies au chèvre et à la sauge
- Trio de sorbets

1 Diluez la levure dans 2 cl d'eau tiède avec une cuillère à café de farine. Couvrez d'un linge et laissez reposer 15 minutes dans un endroit chaud.

2 Tamisez la farine et le sel. Creusez une fontaine au centre et versez-y la levure diluée, puis les œufs entiers. Mélangez au fouet en incorporant la farine petit à petit, puis pétrissez à la main jusqu'à obtention d'une pâte collante.

3 Après avoir bien travaillé la pâte, posez le beurre en morceaux au centre du pâton. Pétrissez à nouveau pour intégrer le beurre. Mettez la pâte en boule dans un saladier fariné, couvrez-la d'un linge humide et laissez-la gonfler 2 heures à température ambiante.

4 Préchauffez le four th 7 (210 °C). Coupez les olives en deux et le chorizo en petits morceaux. Travaillez de nouveau la pâte pendant 1 à 2 minutes en y incorporant le chorizo et les olives. Reformez une boule. Faites ensuite six boules de pâte.

5 Chemisez six moules individuels de papier sulfurisé beurré. Posez une boule de pâte dans chaque moule. Battez le jaune d'œuf avec un peu d'eau et badigeonnez-en les brioches au pinceau. Enfournez, baissez le four th 6/7 (200 °C) et faites cuire 45 minutes. Laissez les brioches refroidir complètement avant de les servir.

Cake à la feta et aux olives

Préparation : 15 min - Cuisson : 40 min - Difficulté : ★ - Budget : ★

Astuce

Pour accompagner le cake, mettez deux cuillères à soupe d'huile d'olive et 350 g de tomates cerises dans une sauteuse et faites-les revenir à feu vif 3 minutes. Arrosez d'un trait de vinaigre balsamique, salez et poivrez.

Valeurs nutritionnelles
(pour une personne)
- Valeur énergétique : 569 kcal (2 381 kJ)
- Protéines : 13,8 g
- Lipides : 43,2 g
- Glucides : 29,8 g

Menu
- Cake à la feta et aux olives
- Moules au curry
- Clafoutis aux cerises

Pour 6 personnes
- 200 g de farine
- 200 g de feta
- 150 g d'olives noires dénoyautées
- 3 tomates
- 1 sachet de levure
- 3 œufs
- 10 cl d'huile d'olive
- 10 cl de crème liquide
- 25 g de beurre
- Sel, poivre

Vin conseillé
St-Véran à 12 °C

1 Préchauffez le four th 6 (180 °C). Mélangez la farine et la levure, puis ajoutez les œufs entiers. Fouettez doucement en incorporant l'huile, puis la crème, petit à petit.

2 Coupez la feta en petits cubes et les olives en deux. Lavez et coupez les tomates en petits dés. Ajoutez la feta, les olives et les dés de tomates dans la pâte et mélangez bien. Salez et poivrez.

3 Beurrez un moule à cake et versez-y la préparation. Enfournez et faites cuire 40 minutes.

4 Sortez le cake du four et laissez-le tiédir. Démoulez-le sur une grille.

5 Servez tiède ou froid, en tranches épaisses, avec une salade de mesclun.

Cake au chèvre et à la courgette

Préparation : 20 min - Cuisson : 50 min - Difficulté : ★ - Budget : ★

Pour 6 personnes
- 250 g de farine
- 4 courgettes
- 2 fromages de chèvre
- 5 œufs
- 15 cl de lait
- 15 cl d'huile de tournesol
- 3 cuill. à soupe d'huile d'olive
- 1,5 sachet de levure
- 1 noisette de beurre pour le moule
- Sel, poivre

Vin conseillé
Cheverny blanc à 9 °C

Astuce
Si, à la vérification de la cuisson, la lame du couteau ne ressort pas propre, poursuivez la cuisson 5 à 7 minutes après avoir recouvert le cake de papier aluminium afin que le dessus ne brûle pas.

Valeurs nutritionnelles
(pour une personne)
- Valeur énergétique : 580 kcal (2 382 kJ)
- Protéines : 13,6 g
- Lipides : 38,4 g
- Glucides : 40,7 g

Menu
- Cake au chèvre et à la courgette
- Filets de rougets à la provençale
- Gratin de figues

1 Préchauffez le four th 6 (180 °C). Lavez les courgettes et râpez-les avec une grosse râpe. Coupez les fromages de chèvre en petits cubes.

2 Faites chauffer l'huile dans une sauteuse. Ajoutez les courgettes râpées. Faites-les revenir 5 minutes à feu doux en remuant, puis salez et poivrez. Retirez du feu et réservez.

3 Cassez les œufs dans une jatte et fouettez-les, puis incorporez la farine, la levure, l'huile et le lait. Mélangez bien et ajoutez les courgettes et les dés de fromage.

4 Chemisez un moule à cake de papier sulfurisé. Beurrez-le et versez-y la pâte. Enfournez et faites cuire 45 minutes.

5 Après avoir vérifié la cuisson avec la lame d'un couteau, sortez le cake du four, démoulez-le dans un plat et laissez-le tiédir. Servez le cake tiède ou froid accompagné d'une salade de mesclun.

Cake aux aubergines et aux poivrons rouges

Préparation : 45 min - Cuisson : 1 h 35 - Difficulté : ★★ - Budget : ★

Astuce

Pour peler plus facilement les poivrons, enfermez-les dans un sac en plastique à la sortie du four et laissez-les refroidir complètement. Servez le cake découpé en tranches épaisses accompagné de fines tranches de pain grillées et frottées à l'ail.

Valeurs nutritionnelles
(pour une personne)
- Valeur énergétique : 351 kcal (1 442 kJ)
- Protéines : 13,9 g
- Lipides : 23,3 g
- Glucides : 18,7 g

Menu
- Cake aux aubergines et aux poivrons rouges
- Colombo de poulet
- Figues au lait d'amande

Pour 6 personnes

Pour la préparation aux poivrons :
- 6 poivrons rouges
- 2 tomates
- 3 œufs
- 4 jaunes d'œufs
- 3 cuill. à soupe d'huile d'olive
- Sel, poivre

Pour la préparation aux aubergines :
- 4 aubergines
- 4 œufs
- 15 cl de crème fraîche
- Sel, poivre

Vin conseillé
Saumur-Champigny à 16 °C

1 Préchauffez le four en position gril. Emballez les aubergines dans du papier aluminium. Faites griller les poivrons et les aubergines pendant 30 minutes en retournant régulièrement les poivrons. Pelez les tomates après les avoir plongées dans de l'eau bouillante, épépinez-les, puis hachez grossièrement la chair. Versez l'huile dans une casserole, ajoutez la pulpe des tomates, couvrez et faites cuire à feu doux 20 minutes en remuant régulièrement.

2 Sortez les poivrons et les aubergines du four, ôtez le papier aluminium et laissez-les refroidir. Baissez le four sur th 5 (150 °C) et placez-y un bain-marie.

3 Ouvrez les aubergines en deux et prélevez la chair. Ajoutez les œufs entiers et la crème, salez, poivrez et mélangez bien. Pelez et épépinez les poivrons. Mettez les tomates et les poivrons dans le bol d'un mixeur et réduisez le tout en purée. Versez la purée dans un saladier et ajoutez les œufs entiers, ainsi que les jaunes. Salez, poivrez et mélangez.

4 Versez la préparation aux poivrons dans une terrine huilée. Versez par-dessus la préparation aux aubergines. Couvrez de papier aluminium, déposez dans le bain-marie et faites cuire 45 minutes.

5 Sortez du four et laissez refroidir avant de démouler.

Pain de poisson

Préparation : **35 min** - Cuisson : **55 min** - Difficulté : ★★ - Budget : ★★

Pour 6 personnes
- 500 g de filets de saumon sans peau et sans arêtes
- 300 g de queue de cabillaud
- 40 cl de crème fraîche
- 5 œufs
- 6 tiges de cerfeuil
- 16 cornichons
- Sel, poivre

Vin conseillé
Coteaux du Languedoc blanc à 11 °C

Astuce
Fouettez 15 cl de crème liquide en chantilly, salez et poivrez, puis ajoutez une cuillère à soupe d'herbes fraîches finement hachées. Servez cette sauce avec le pain de poisson.

Valeurs nutritionnelles
(pour une personne)
- Valeur énergétique : 471 kcal (1 934 kJ)
- Protéines : 32,7 g
- Lipides : 35,1 g
- Glucides : 2,4 g

Menu
- Pain de poisson
- Curry antillais aux fruits de mer
- Mousses d'amande à l'eau de rose

1 Coupez les poissons en cubes et mettez-les dans le panier d'un cuit-vapeur. Ajoutez de l'eau, couvrez et faites cuire 15 minutes. Lavez, séchez, effeuillez et hachez le cerfeuil.

2 Hachez grossièrement le saumon dans un saladier et le cabillaud dans un autre. Ajoutez au saumon 25 cl de crème fraîche, trois œufs et le cerfeuil haché. Ajoutez les deux œufs restants et les 15 cl de crème fraîche restants au cabillaud. Mélangez bien chaque préparation, salez et poivrez.

3 Préchauffez le four th 6 (180 °C) et placez un bain-marie à l'intérieur. Chemisez une terrine de papier sulfurisé. Mettez la moitié de la préparation au saumon dans le fond de la terrine et tassez bien. Disposez la moitié des cornichons par-dessus et recouvrez de la préparation au cabillaud, puis du reste des cornichons. Refaites une couche avec le reste de la préparation au saumon.

4 Tapez doucement le pain de poisson sur le plan de travail pour bien tasser la pâte et couvrez-le de papier aluminium. Placez-le dans le bain-marie et faites cuire 40 minutes.

5 À la fin de la cuisson, sortez le pain de poisson, laissez-le tiédir avant de le démouler dans un plat. Servez-le tiède.

Pâté en croûte

Préparation : 20 min - Cuisson : 40 min - Difficulté : ★★ - Budget : ★★

Astuce
Pour une recette plus festive, remplissez la terrine avec la moitié de la préparation. Placez un petit bloc de foie gras ou de mousse de canard et recouvrez du reste de préparation à la viande.

Valeurs nutritionnelles
(pour une personne)
- Valeur énergétique : 728 kcal (3 046 kJ)
- Protéines : 62,2 g
- Lipides : 39,9 g
- Glucides : 27,8 g

Menu
- Pâté en croûte
- Verrines de tomates séchées
- Charlotte aux fruits rouges

Pour 6 personnes
- 500 g d'échine de porc
- 350 g de magret de canard
- 200 g de jambon blanc en tranches épaisses
- 400 g de pâte brisée
- 2 cuill. à soupe d'armagnac
- 1 cuill. à soupe de cognac
- 2 échalotes
- 1 noix de beurre pour la terrine
- Sel, poivre

Vin conseillé
Cahors rouge à 15 °C

1 Retirez la graisse du magret de canard et coupez les deux viandes en morceaux. Hachez-les finement au mixeur. Pelez et hachez les échalotes. Coupez le jambon en cubes.

2 Dans un saladier, mélangez les viandes avec les échalotes hachées. Ajoutez le cognac et l'armagnac, salez, poivrez et pétrissez à la main.

3 Préchauffez le four th 6 (180 °C). Étalez la pâte en rectangle sur le plan de travail. Piquez-la avec une fourchette. Garnissez-en une terrine beurrée en laissant largement dépasser les bords de la pâte.

4 Remplissez la terrine de hachis de viande en tassant bien. Repliez la pâte par-dessus la viande.

5 Enfournez et faites cuire 20 minutes, puis couvrez de papier aluminium et poursuivez la cuisson 20 minutes.

6 Sortez la terrine du four et laissez-la refroidir complètement avant de la servir, coupée en tranches fines.

Terrine à la brousse et aux légumes

Préparation : 30 min - Cuisson : 15 min - Réfrigération : 2 h - Difficulté : ★★ - Budget : ★★

Pour 6 personnes

- 500 g de brousse
- 2 courgettes
- 2 carottes
- 100 g de fèves
- 75 g d'olives noires dénoyautées
- 10 cl de crème liquide
- 3 feuilles de gélatine
- 1 gousse d'ail
- 2 cuill. à soupe d'huile d'olive
- Sel, poivre

Vin conseillé
Muscadet-Sèvre et Maine à 9 °C

Astuce

Si vous possédez une terrine à fond amovible, vous pouvez l'utiliser sans la chemiser de film alimentaire. Humidifiez préalablement l'intérieur de la terrine et égouttez-la bien, sans l'essuyer, avant d'y mettre la préparation.

Valeurs nutritionnelles
(pour une personne)
- Valeur énergétique : 223 kcal (915 kJ)
- Protéines : 5,7 g
- Lipides : 17,1 g
- Glucides : 10 g

Menu
- Terrine à la brousse et aux légumes
- Petits farcis
- Tarte aux quetsches

1 Lavez les courgettes et épluchez les carottes. Plongez les fèves 1 minute dans de l'eau bouillante, égouttez-les, puis rafraîchissez-les dans de l'eau glacée. Retirez la fine peau les recouvrant. Réservez-les dans de l'eau froide. Coupez les courgettes et les carottes en tout petits dés. Mettez-les dans le panier d'un cuit-vapeur, salez, poivrez et arrosez-les d'huile d'olive. Couvrez et faites cuire 15 minutes.

2 Pendant ce temps, faites ramollir la gélatine dans de l'eau froide. Pelez et hachez l'ail, puis faites chauffer la crème liquide. Aux premiers frémissements, retirez-la du feu et faites-y fondre la gélatine bien essorée, en fouettant sans arrêt.

3 Mixez la brousse avec l'ail et la crème gélifiée. Versez la préparation dans un saladier, ajoutez tous les légumes, salez, poivrez et mélangez bien.

4 Chemisez un moule à manqué de film alimentaire et remplissez-le de préparation. Tapez doucement le moule sur le plan de travail pour tasser la préparation et lissez bien la surface. Placez au frais pendant au moins 2 heures.

5 Hachez grossièrement les olives. Démoulez la terrine dans un plat, décorez d'olives hachées et servez avec une salade.

Terrine d'artichaut au saumon

Préparation : 40 min - Cuisson : 30 min - Réfrigération : 2 h - Difficulté : ★★ - Budget : ★★

Astuce

Vous pouvez faire sauter rapidement les lamelles d'artichauts dans 25 g de beurre fondu et les saupoudrer d'une grosse pincée de piment de Cayenne avant de les répartir sur la terrine. Cette terrine peut se préparer la veille.

Valeurs nutritionnelles
(pour une personne)
- Valeur énergétique : 522 kcal (2 144 kJ)
- Protéines : 33,6 g
- Lipides : 37,1 g
- Glucides : 9,6 g

Menu
- Terrine d'artichaut au saumon
- Palourdes rôties aux amandes
- Petites verrines glacées de fraises au sirop

Pour 6 personnes
- 24 fonds d'artichauts surgelés ou en conserve
- 18 tranches de saumon fumé
- 30 cl de crème liquide
- 15 cl de lait
- 4 feuilles de gélatine
- 3 tiges de thym citron
- 1 pointe de cumin en poudre
- Sel, poivre

Vin conseillé
Alsace-Sylvaner à 9 °C

1 Portez le lait à ébullition avec ½ l d'eau. Faites-y cuire les fonds d'artichauts pendant 5 minutes. Égouttez-les et laissez-les refroidir.

2 Faites ramollir la gélatine dans de l'eau froide. Faites chauffer 5 cl de crème avec le cumin. Aux premiers frémissements, retirez du feu et faites-y fondre la gélatine bien essorée, en fouettant sans cesse.

3 Coupez six fonds d'artichauts en tranches et hachez grossièrement les autres. Ajoutez les fonds hachés à la crème gélifiée, salez, poivrez et mélangez bien. Montez la crème liquide restante en chantilly. Quand elle est bien ferme, assaisonnez-la et incorporez-la délicatement aux artichauts hachés.

4 Chemisez une terrine de film alimentaire. Recouvrez le fond et les parois des tranches de saumon fumé, puis remplissez de la préparation aux artichauts. Tapez doucement la terrine sur le plan de travail pour faire sortir les bulles d'air et lissez bien la surface. Recouvrez des tranches d'artichauts et placez au frais pendant au moins 2 heures.

5 Au moment de servir, démoulez la terrine dans un plat et décorez-la de brins de thym citron. Servez bien frais avec une salade de pousses d'épinards.

Terrines à la tomate et au chèvre frais

Préparation : 20 min - Pas de cuisson - Réfrigération : 1 h - Difficulté : ★★ - Budget : ★

Pour 6 personnes
- 6 tomates rondes
- 6 petits fromages de chèvre frais
- 8 cl de crème liquide
- 1 bouquet de basilic
- Huile d'olive
- Sel
- Poivre du moulin

Astuce
Une fois les terrines démoulées dans les assiettes, arrosez-les d'un filet d'huile d'olive et ajoutez une cuillère de tapenade noire par-dessus.

Valeurs nutritionnelles
(pour une personne)
- Valeur énergétique : 130 kcal (534 kJ)
- Protéines : 2,7 g
- Lipides : 11 g
- Glucides : 4,1 g

Vin conseillé
Chablis à 9 °C

Menu
- Terrines à la tomate et au chèvre frais
- Lapin aux poivrons rouges
- Tarte aux fraises et au thym citron

1 Écrasez les fromages de chèvre à la fourchette dans un saladier, ajoutez la crème et mélangez bien. Lavez, séchez, effeuillez et ciselez finement le basilic.

2 Ajoutez trois cuillères à soupe d'huile d'olive dans la préparation au fromage de chèvre, puis salez et poivrez généreusement.

3 Lavez et coupez les tomates en rondelles très fines.

4 Chemisez six petits ramequins de film alimentaire, puis de rondelles de tomates. Remplissez ensuite de préparation au fromage de chèvre en ajoutant au fur et à mesure quelques feuilles de basilic à la préparation. Tapez le fond des ramequins sur le plan de travail pour bien tasser la préparation. Placez au frais pendant 1 heure minimum.

5 Démoulez les terrines dans des assiettes et décorez-les de feuilles de basilic. Servez-les avec des fines tranches de pain de campagne toastées et frottées à l'ail.

Bavarois de poivrons aux gambas

Préparation : 30 min - Cuisson : 30 min - Réfrigération : 2 h - Difficulté : ★★ - Budget : ★★

Astuce
Si vous souhaitez adoucir le goût très prononcé du poivron, réduisez la proportion de poivrons de moitié et remplacez-la par des tomates. Vous pouvez réaliser les bavarois la veille afin qu'ils soient bien pris.

Valeurs nutritionnelles
(pour une personne)
- Valeur énergétique : 390 kcal (1 601 kJ)
- Protéines : 23,6 g
- Lipides : 28,4 g
- Glucides : 7,1 g

Menu
- Bavarois de poivrons aux gambas
- Filets de thon aux petits légumes
- Cigares aux abricots

Pour 6 personnes
- 500 g de poivrons rouges
- 12 gambas cuites
- 3 tiges de basilic
- 50 cl de crème fraîche liquide
- 4 feuilles de gélatine
- 1 cuill. à soupe d'huile d'olive
- Sel, poivre

Vin conseillé
Cassis blanc à 9 °C

1 Préchauffez le four en position gril. Enfournez les poivrons et faites-les griller. Quand ils sont complètement noirs, sortez-les du four et laissez-les refroidir. Pelez et épépinez-les. Mixez-les pour obtenir une purée fine. Ajoutez l'huile d'olive et salez.

2 Faites ramollir les feuilles de gélatine dans de l'eau froide. Décortiquez les gambas.

3 Faites chauffer 5 cl de crème. Aux premiers frémissements, retirez-la du feu. Essorez bien la gélatine et faites-la fondre dans la crème chaude en fouettant vigoureusement. Versez la crème dans la purée de poivrons et mélangez bien.

4 Montez la crème liquide restante en chantilly. Quand la chantilly est bien ferme, salez et poivrez-la, et incorporez-la délicatement à la purée de poivrons.

5 Répartissez la moitié de la préparation dans des ramequins, posez une gambas au centre et finissez de remplir les ramequins avec la préparation aux poivrons. Placez au frais pendant 2 heures.

6 Sortez les bavarois du réfrigérateur et démoulez-les dans des petites coupelles. Posez les gambas restantes sur les bavarois, parsemez de basilic ciselé et servez aussitôt.

Carpaccio de légumes

Préparation : 20 min - Pas de cuisson - Réfrigération : 30 min - Difficulté : ★★ - Budget : ★

Pour 6 personnes

- 4 tomates
- 6 champignons de Paris
- 1 poivron rouge
- 1 poivron vert
- 1 poivron jaune
- 1 concombre
- ½ citron
- 1 bouquet de coriandre fraîche
- 1 cuill. à soupe de graines de fenouil
- 3 cuill. à soupe d'huile d'olive
- Fleur de sel
- Poivre blanc du moulin

Vin conseillé
Anjou-Villages à 12 °C

Astuce
Vous pouvez aussi peler les poivrons après les avoir grillés au four, ils seront plus moelleux et plus digestes. Au moment de servir, ajoutez quelques gouttes de vinaigre balsamique et parsemez les carpaccios de copeaux de parmesan.

Valeurs nutritionnelles
(pour une personne)
- Valeur énergétique : 108 kcal (443 kJ)
- Protéines : 2,5 g
- Lipides : 5,6 g
- Glucides : 11 g

Menu
- Carpaccio de légumes
- Hachis de bœuf aux courgettes
- Duo de gelée et de mousse de cerises

1 Pressez le citron. Mélangez le jus obtenu avec l'huile d'olive.

2 Lavez tous les légumes, épluchez le concombre et les champignons de Paris.

3 Coupez les tomates, le concombre et les champignons de Paris en très fines lamelles. Épépinez les poivrons et émincez-les finement en lanières.

4 Disposez les légumes dans des assiettes. Arrosez-les d'huile d'olive au jus de citron. Salez et donnez deux tours de poivre. Placez au frais pendant 30 minutes.

5 Lavez, séchez et effeuillez la coriandre. Au moment de servir, ajoutez au centre des carpaccios un bouquet de feuilles de coriandre et des graines de fenouil.

Caviar de poivrons « del piquillo »

Préparation : 10 min - Pas de cuisson - Difficulté : ★ - Budget : ★

Astuce

Réalisez aussi cette recette avec trois poivrons frais : coupez-les en fines lamelles, faites-les revenir 15 minutes dans de l'huile d'olive et ajoutez une pincée de piment ou quelques gouttes de Tabasco.

Valeurs nutritionnelles
(pour une personne)
- Valeur énergétique : 73 kcal (299 kJ)
- Protéines : 1,7 g
- Lipides : 6,5 g
- Glucides : 1,3 g

Menu
- Caviar de poivrons "del piquillo"
- Brochettes de lotte au parmesan et aux artichauts
- Fruits d'été au chocolat

Pour 6 personnes
- 1 boîte de poivrons « del piquillo »
- 150 g de fromage de chèvre frais
- 3 tiges de basilic
- 3 cuill. à soupe d'huile d'olive
- Sel, poivre

Vin conseillé
Vin de pays d'Oc blanc à 9 °C

1 Égouttez les poivrons et détaillez-les en lanières fines. Lavez, séchez et effeuillez le basilic.

2 Mettez le fromage de chèvre et l'huile d'olive dans le bol d'un mixeur. Ajoutez la moitié des lanières de poivrons et mixez le tout rapidement.

3 Versez la préparation obtenue dans un bol. Salez et poivrez. Ajoutez les lanières de poivrons restantes et le basilic.

4 Mélangez et réservez au frais jusqu'au moment de servir. Dégustez froid avec des tranches de pain de campagne grillées et frottées à l'ail.

Légumes

Charlotte aux poireaux et au chèvre

Préparation : 30 min - Cuisson : 45 min - Réfrigération : 2 h - Difficulté : ★★ - Budget : ★

Pour 6 personnes

- 6 jeunes poireaux
- 6 fromages de chèvre frais
- 150 g d'olives noires dénoyautées
- 3 tiges de basilic
- 20 cl de crème liquide
- 6 cuill. à soupe d'huile d'olive
- Sel, poivre

Vin conseillé
Menetou-Salon blanc à 9 °C

Astuce

Servez les charlottes avec un coulis aux herbes fraîches : effeuillez une dizaine de tiges d'herbes variées. Faites chauffer 15 cl de crème liquide et ajoutez les herbes. Salez, poivrez, puis mixez finement. Entourez les charlottes du coulis refroidi.

Valeurs nutritionnelles
(pour une personne)
- Valeur énergétique : 337 kcal (1 384 kJ)
- Protéines : 7 g
- Lipides : 26,6 g
- Glucides : 15 g

Menu
- Charlotte aux poireaux et au chèvre
- Papillotes de saumon aux asperges
- Blancs-mangers coco pamplemousse

1 Nettoyez les poireaux, séparez le vert du blanc. Nouez les blancs ensemble. Plongez-les dans de l'eau bouillante salée et faites-les cuire 15 minutes. Après les avoir égouttés, séparez les feuilles les unes des autres.

2 Émincez finement les verts de poireaux. Faites chauffer la moitié de l'huile d'olive dans une poêle et faites-y revenir les verts de poireaux à feu doux pendant 20 minutes. Salez, poivrez et laissez refroidir.

3 Mixez le fromage de chèvre avec la crème liquide. Versez le mélange dans un saladier. Mettez de côté quelques olives pour la décoration et hachez grossièrement le reste. Ciselez le basilic après avoir mis de côté quelques feuilles pour la décoration. Ajoutez les verts des poireaux, le basilic ciselé, les olives hachées et les trois cuillères à soupe d'huile restantes dans le fromage de chèvre. Salez, poivrez et mélangez bien.

4 Chemisez six moules individuels de film alimentaire, puis des blancs de poireaux. Remplissez ensuite de préparation au fromage de chèvre. Tassez bien et placez au frais pendant au moins 2 heures.

5 Au moment de servir, démoulez dans des assiettes et décorez de feuilles de basilic fraîches et de rondelles d'olives.

Fèves mijotées au chorizo

Préparation : 20 min - Cuisson : 25 min - Difficulté : ★ - Budget : ★★

Astuce
Ajoutez en fin de cuisson des petits dés de tomates fraîches et une cuillère à soupe d'herbes fraîches ciselées. Ce plat peut aussi se déguster froid en accompagnement de grillades.

Valeurs nutritionnelles
(pour une personne)
- Valeur énergétique : 296 kcal (1 215 kJ)
- Protéines : 11,6 g
- Lipides : 20,3 g
- Glucides : 14,5 g

Menu
- Fèves mijotées au chorizo
- Riz au safran
- Petites charlottes à la rhubarbe et aux fraises

Pour 6 personnes
- 1 chorizo
- 500 g de fèves fraîches
- 1 botte de petits oignons blancs nouveaux
- 3 cuill. à soupe d'huile d'olive
- Poivre du moulin

Vin conseillé
Coteaux du Languedoc blanc à 11 °C

1 Plongez les fèves 30 secondes dans de l'eau bouillante. Égouttez et rafraîchissez-les. Retirez la fine peau les recouvrant.

2 Pelez et coupez les oignons en quatre. Coupez le chorizo en rondelles.

3 Faites chauffer l'huile dans une sauteuse. Faites-y revenir les oignons 15 minutes à feu doux, en remuant régulièrement.

4 Ajoutez les fèves, poivrez et continuez la cuisson 5 minutes. Ajoutez les rondelles de chorizo et poursuivez la cuisson 5 minutes supplémentaires.

5 Versez dans un plat et servez aussitôt.

Granité de poivron et de fenouil

Préparation : 30 min - Cuisson : 30 min - Congélation : 6 h - Difficulté : ★★ - Budget : ★

Pour 6 personnes

- 1 kg de poivrons rouges
- 500 g de fenouil
- 3 tiges de romarin
- 15 cl de muscat de type « Beaumes de Venise » ou « Rivesaltes »
- Le jus d'un citron et demi
- 1 morceau de parmesan
- 90 g de sucre en poudre

Vin conseillé
Rivesaltes tuilé à 15 °C

Astuce
Décorez les granités de petits cubes de fenouil et de poivrons et arrosez-les, juste avant de servir, d'un filet de Rivesaltes.

Valeurs nutritionnelles
(pour une personne)
- Valeur énergétique : 162 kcal (665 kJ)
- Protéines : 2,4 g
- Lipides : 0,8 g
- Glucides : 29,8 g

Menu
- Granité de poivron et de fenouil
- Épaule d'agneau farcie aux tomates et au fenouil
- Crèmes vanille à la réglisse

1 Préchauffez le four en position gril. Enfournez les poivrons et faites-les griller. Lavez, séchez, effeuillez et ciselez le romarin.

2 Versez 15 cl d'eau dans une casserole. Ajoutez le sucre et le romarin et portez à ébullition. Laissez bouillir 1 minute. Retirez du feu. Ajoutez le muscat et le jus de citron. Couvrez et laissez reposer.

3 Sortez les poivrons du four et laissez-les refroidir complètement. Coupez-les en deux et épépinez-les.

4 Épluchez le fenouil et coupez-le en petits morceaux. Hachez-le au mixeur. Pelez les poivrons et hachez-les grossièrement. Ajoutez-les au sirop refroidi, ainsi que le hachis de fenouil. Mélangez bien.

5 Versez la préparation dans un bac à glaçons et placez-la au congélateur pendant 6 heures en mélangeant à la fourchette régulièrement. Répartissez les granités dans des petits verres et servez aussitôt.

Mille-feuilles de tomates à la tome fraîche

Préparation : 15 min - Pas de cuisson - Difficulté : ★ - Budget : ★

Astuce
Pour varier les saveurs, remplacez la tome et la menthe par de la mozzarella et du basilic et arrosez d'un mélange d'huile et de vinaigre balsamique.

Pour 6 personnes
- 6 belles tomates
- 6 tomes fraîches de chèvre
- 9 tiges de cerfeuil
- 9 brins de ciboulette
- 4 tiges de menthe
- 6 cuill. à soupe d'huile d'olive
- Sel, poivre

Valeurs nutritionnelles
(pour une personne)
- Valeur énergétique : 165 kcal (677 kJ)
- Protéines : 4 g
- Lipides : 13,9 g
- Glucides : 4,7 g

Menu
- Mille-feuilles de tomates à la tome fraîche
- Porc à l'aigre-doux de poivrons
- Tarte à la gelée de sauge

Vin conseillé
Cheverny blanc à 9 °C

1 Lavez et séchez les herbes. Effeuillez et hachez finement trois tiges de cerfeuil, trois brins de ciboulette et une tige de menthe. Versez l'huile d'olive dans un bol, salez et poivrez, ajoutez les herbes hachées et mélangez. Réservez.

2 Lavez les tomates et coupez-les en cinq rondelles dans la hauteur.

3 Coupez chaque tome de chèvre en cinq tranches.

4 Montez les mille-feuilles dans des assiettes en alternant une rondelle de tomate et une tranche de tome.

5 Arrosez d'huile d'olive aux herbes. Décorez chaque mille-feuille d'une tige de cerfeuil, d'un brin de ciboulette et de feuilles de menthe et servez bien frais.

Légumes

Mousse de courgettes au pesto

Préparation : 20 min - Cuisson : 10 min - Réfrigération : 1 h - Difficulté : ★★ - Budget : ★

Pour 6 personnes

- 5 courgettes
- 3 cuill. à soupe de pesto
- 90 g de parmesan râpé
- 20 cl de crème liquide
- 30 g de pignons de pin
- Sel, poivre

Vin conseillé
Tavel à 9 °C

Astuce

La mousse de courgettes accompagne délicieusement les viandes froides (carpaccio de bœuf, rosbif, etc...). Pour des saveurs plus méditerranéennes, ajoutez deux gousses d'ail hachées avant de mixer les courgettes.

Valeurs nutritionnelles
(pour une personne)
- Valeur énergétique : 297 kcal (1 219 kJ)
- Protéines : 10,2 g
- Lipides : 19,2 g
- Glucides : 18,5 g

Menu
- Mousse de courgettes au pesto
- Rôti de veau farci au riz sauvage et aux myrtilles
- Mille-feuilles aux framboises

1 Lavez et coupez les courgettes en cubes. Mettez-les dans le panier d'un cuit-vapeur. Ajoutez de l'eau, couvrez et faites cuire 5 minutes. Égouttez-les ensuite soigneusement.

2 Mettez les dés de courgettes dans un mixeur et mixez-les avec le pesto et le parmesan. Salez, poivrez et réservez au frais.

3 Montez la crème liquide en chantilly. Salez-la et incorporez-la délicatement à la purée de courgettes. Répartissez la préparation dans des petits bols et placez-les au frais pendant 1 heure.

4 Juste avant de servir, faites dorer les pignons de pin dans une poêle chauffée à blanc. Répartissez les pignons sur les mousses et servez aussitôt.

Poivrons rôtis

Préparation : 15 min - Cuisson : 30 min - Difficulté : ★ - Budget : ★

Astuce
Ajoutez une cuillère à soupe de pignons de pin grillés et deux cuillères à soupe de basilic finement haché.

Valeurs nutritionnelles
(pour une personne)
- Valeur énergétique : 178 kcal (729 kJ)
- Protéines : 4,5 g
- Lipides : 13,1 g
- Glucides : 9,1 g

Menu
- Poivrons rôtis
- Cheeseburgers
- Compotée de rhubarbe aux framboises

Pour 6 personnes
- 12 filets d'anchois à l'huile
- 100 g d'olives noires
- 2 poivrons rouges
- 2 poivrons verts
- 2 poivrons jaunes
- 2 gousses d'ail
- 4 cuill. à soupe d'huile d'olive
- 5 cl de bouillon de légumes
- Fleur de sel
- Poivre du moulin

Vin conseillé
Minervois rosé à 9 °C

1 Préchauffez le four th 6 (180 °C).

2 Lavez, séchez et épépinez les poivrons. Coupez-les en larges tranches. Mettez-les dans un plat allant au four. Arrosez les poivrons d'huile d'olive et versez le bouillon dans le fond du plat. Salez et poivrez. Pelez et coupez les gousses d'ail en deux. Ajoutez-les dans le plat.

3 Enfournez et faites cuire 30 minutes en arrosant régulièrement les poivrons de jus de cuisson.

4 Pendant ce temps, enroulez les filets d'anchois sur eux-mêmes. Sortez les poivrons du four et laissez-les refroidir avant de les placer au frais.

5 Au moment de servir, ajoutez les anchois et les olives dans le plat de poivrons et servez bien frais.

Roulades de jambon cru aux légumes

Préparation : 20 min - Pas de cuisson - Réfrigération : 30 min - Difficulté : ★ - Budget : ★

Pour 6 personnes

- 12 tranches de jambon cru
- 3 courgettes
- 3 carottes
- 1 quartier de céleri-rave
- 3 tiges de coriandre
- 1 citron
- 2 cuill. à soupe d'huile d'olive
- Sel, poivre

Vin conseillé
Bellet rosé à 9 °C

Astuce
Accompagnez les roulades de jambon cru de sauce à base de crème fraîche épaisse fouettée avec du jus de citron, à laquelle vous ajouterez des herbes fraîches finement hachées.

Valeurs nutritionnelles
(pour une personne)
- Valeur énergétique : 337 kcal (1 384 kJ)
- Protéines : 25,2 g
- Lipides : 18,6 g
- Glucides : 14,7 g

Menu
- Roulades de jambon cru aux légumes
- Poulet tikka massala
- Tarte au chocolat et au caramel

1 Épluchez les carottes et le céleri. Lavez soigneusement les courgettes. Lavez, séchez bien et ciselez la coriandre.

2 Râpez les légumes avec une grosse râpe. Mettez-les dans un saladier.

3 Pressez le citron. Mélangez le jus obtenu avec l'huile. Arrosez les légumes râpés de la sauce au citron. Salez, poivrez et mélangez bien. Placez au frais 30 minutes.

4 Étalez les tranches de jambon cru sur le plan de travail. Garnissez-les de légumes et roulez-les ensuite en enfermant les légumes à l'intérieur.

5 Disposez les rouleaux de jambon dans des petits bols, parsemez de coriandre ciselée et servez.

Tagliatelles de courgettes au basilic

Préparation : 15 min - Cuisson : 5 min - Difficulté : ★ - Budget : ★

Astuce

Pour que les tagliatelles restent bien fermes, faites-les glacer ½ heure au congélateur dès qu'elles ont refroidi. Présentez-les avec une chiffonnade de jambon cru et pour une saveur exotique, ajoutez une grosse pincée de cumin moulu et des dés de tomates fraîches.

Valeurs nutritionnelles
(pour une personne)
- Valeur énergétique : 106 kcal (443 kJ)
- Protéines : 1,2 g
- Lipides : 6,9 g
- Glucides : 9,5 g

Menu
- Tagliatelles de courgettes au basilic
- Curry de poulet
- Financiers aux pistaches et aux amandes

Pour 6 personnes

- 6 courgettes
- 3 tiges de basilic
- 4 cuill. à soupe d'huile d'olive
- 3 cuill. à soupe de jus de citron
- Fleur de sel
- Poivre du moulin

Vin conseillé
St-Joseph blanc à 13 °C

1 Lavez soigneusement les courgettes. Séchez-les et détaillez-les en fines lamelles avec un économe.

2 Mettez les tagliatelles de courgettes dans le panier d'un cuit-vapeur, ajoutez de l'eau, couvrez et faites cuire 5 minutes à la vapeur. Égouttez-les bien et mettez-les dans un saladier.

3 Lavez, séchez, effeuillez et hachez le basilic.

4 Mélangez l'huile d'olive et le jus de citron, du sel et du poivre et ajoutez le basilic. Arrosez les tagliatelles de courgettes de sauce au citron et mélangez bien.

5 Réservez au frais jusqu'au moment de servir.

Tomates farcies au chèvre frais et au thym

Préparation : 10 min - Pas de cuisson - Difficulté : ★★ - Budget : ★

Pour 6 personnes

- 150 g de fromage de chèvre frais
- 6 tomates vertes
- 3 branches de thym frais
- 4 cuill. à soupe d'huile d'olive
- Sel, poivre

Vin conseillé
Montagny à 9 °C

Astuce

Si vous ne trouvez pas de tomates vertes, utilisez des tomates rouges, de préférence de la variété « cœur de bœuf ».

Valeurs nutritionnelles
(pour une personne)
- Valeur énergétique : 101 kcal (413 kJ)
- Protéines : 2,2 g
- Lipides : 8,3 g
- Glucides : 3,6 g

Menu
- Tomates farcies au chèvre frais et au thym
- Travers de porc marinés aux cinq épices
- Charlotte meringuée au sorbet à la poire

1 Lavez les tomates et séchez-les soigneusement.

2 Coupez les tomates en deux et évidez délicatement la partie inférieure à l'aide d'une petite cuillère.

3 Écrasez les fromages de chèvre dans un saladier avec l'huile d'olive. Salez légèrement et poivrez.

4 Lavez, séchez et effeuillez le thym frais. Ajoutez-le dans le fromage et mélangez bien.

5 Farcissez les tomates de préparation au fromage et servez bien frais.

Brouillade de tomates

Préparation : 10 min - Cuisson : 5 min - Difficulté : ★★ - Budget : ★

Astuce
Pour une note un peu exotique, saupoudrez la brouillade de tomates de paprika et servez avec des tartines de baguette grillées et frottées à l'ail.

Pour 6 personnes
- 12 œufs
- 3 tomates
- 2 branches de basilic
- 10 cl de crème fraîche
- 2 cuill. à soupe d'huile
- Sel, poivre

Valeurs nutritionnelles
(pour une personne)
- Valeur énergétique : 242 kcal (1 012 kJ)
- Protéines : 13,9 g
- Lipides : 19,5 g
- Glucides : 2,1 g

Menu
- Brouillade de tomates
- Fenouils braisés au lard fumé et à l'estragon
- Tartelettes briochées aux abricots et aux amandes

Vin conseillé
Anjou rouge à 12 °C

1 Cassez les œufs dans un saladier. Salez et poivrez.

2 Lavez, séchez, effeuillez et ciselez le basilic. Lavez et coupez les tomates en petits dés.

3 Remplissez à mi-hauteur une casserole d'eau chaude et portez-la à frémissements. Versez l'huile dans une casserole plus petite et placez-la dans le bain-marie. Quand l'huile est chaude, versez les œufs et faites cuire en remuant sans arrêt avec une spatule en bois.

4 Quand les œufs sont brouillés, incorporez la crème fraîche, les dés de tomates et le basilic. Poursuivez la cuisson 1 minute.

5 Répartissez les œufs brouillés dans six ramequins et servez aussitôt.

Frittata aux poivrons

Préparation : 20 min - Cuisson : 25 min - Difficulté : ★ - Budget : ★

Pour 6 personnes
- 12 œufs
- 3 poivrons rouges
- 2 oignons
- 6 brins de ciboulette
- 1 cuill. à soupe de crème fraîche
- 2 cuill. à soupe d'huile d'olive
- Sel, poivre

Vin conseillé
St-Chinian rouge à 15 °C

Astuce
Variez les parfums selon les saisons : remplacez les poivrons par des asperges vertes, par des tomates cerises ou par des courgettes. Adaptez le temps de cuisson à la sauteuse en fonction des légumes choisis.

Valeurs nutritionnelles
(pour une personne)
- Valeur énergétique : 234 kcal (978 kJ)
- Protéines : 14,4 g
- Lipides : 15,8 g
- Glucides : 7,6 g

Menu
- Frittata aux poivrons
- Gratin de pommes de terre au thym
- Soupe de fraises

1 Lavez les poivrons. Épépinez-les et coupez-les en lanières fines. Épluchez les oignons et émincez-les finement. Lavez, séchez et ciselez la ciboulette.

2 Faites chauffer l'huile dans une sauteuse et faites-y revenir les oignons et les poivrons sans coloration pendant 15 minutes. Salez et poivrez, puis réservez.

3 Préchauffez le four th 6 (180 °C). Huilez un moule rond. Cassez les œufs et battez-les en omelette avec la crème fraîche. Salez et poivrez, puis ajoutez la ciboulette.

4 Mettez les poivrons et les oignons au centre du moule, et versez les œufs battus par-dessus. Enfournez et faites cuire 10 minutes.

5 Sortez la frittata du four et retournez-la dans le moule. Enfournez à nouveau et poursuivez la cuisson 5 minutes. Servez dès la sortie du four avec une salade de roquette.

Œufs brouillés au comté

Préparation : 20 min - Cuisson : 5 min - Difficulté : ★★ - Budget : ★

Astuce
Découpez des mouillettes de comté et servez-les en accompagnement des œufs brouillés.

Pour 6 personnes
- 12 œufs
- 150 g de comté râpé
- 10 cl de crème fraîche
- 1 petit morceau tendre de céleri branche
- 1 petit oignon blanc nouveau
- 1 cuill. à café de baies roses
- 2 cuill. à soupe d'huile
- Sel, poivre

Valeurs nutritionnelles
(pour une personne)
- Valeur énergétique : 337 kcal (1 410 kJ)
- Protéines : 20,8 g
- Lipides : 27,2 g
- Glucides : 1,2 g

Menu
- Œufs brouillés au comté
- Tatin de tomates au romarin
- Fruits rouges en gelée

Vin conseillé
Alsace-Pinot blanc à 9 °C

1 Cassez les œufs dans un saladier en les ouvrant délicatement de manière à pouvoir récupérer les coquilles vides. Rincez les coquilles vides, égouttez-les sur du papier absorbant, puis placez-les dans des coquetiers. Salez et poivrez les œufs.

2 Concassez les baies roses. Lavez et émincez très finement le céleri branche, pelez et émincez très finement l'oignon blanc.

3 Remplissez à mi-hauteur une casserole d'eau chaude. Portez-la à frémissements. Versez l'huile dans une casserole plus petite et placez-la dans le bain-marie. Quand l'huile est chaude, versez les œufs et parsemez-les de comté râpé. Faites cuire en remuant sans arrêt avec une spatule en bois.

4 Quand les œufs sont brouillés, incorporez la crème fraîche pour stopper la cuisson.

5 Répartissez les œufs brouillés dans les coquilles vides. Parsemez de céleri et d'oignon émincés, ajoutez les baies roses concassées et servez aussitôt.

Omelette aux légumes grillés

Préparation : 20 min - Cuisson : 40 min - Difficulté : ★★ - Budget : ★★

Pour 6 personnes
- 10 œufs
- 2 courgettes
- 1 aubergine
- 1 poivron rouge
- 1 poivron jaune
- 4 cuill. à soupe d'huile d'olive
- 2 cuill. à soupe d'huile de tournesol
- Sel, poivre

Vin conseillé
Buzet rouge à 16 °C

Astuce
Vous pouvez aussi faire griller les poivrons directement avec les autres légumes, sans les peler. Ils resteront alors relativement fermes.

Valeurs nutritionnelles
(pour une personne)
- Valeur énergétique : 225 kcal (944 kJ)
- Protéines : 12,3 g
- Lipides : 19,1 g
- Glucides : 8 g

Menu
- Omelette aux légumes grillés
- Croquettes de jambon au fromage
- Esquimaux aux fruits

1 Préchauffez le four en position gril. Lavez les légumes et séchez-les. Placez les poivrons dans le four et faites-les griller, en les retournant régulièrement, jusqu'à ce que la peau soit complètement noircie.

2 Coupez l'aubergine et les courgettes en cubes et mettez-les dans un plat allant au four. Arrosez-les d'huile d'olive, salez et poivrez.

3 Quand les poivrons sont grillés, sortez-les du four. Enfournez les autres légumes et faites-les griller 15 minutes en remuant régulièrement. Pendant ce temps, pelez et épépinez les poivrons, puis coupez-les en lamelles fines.

4 Battez les œufs en omelette. Salez et poivrez-les, puis ajoutez tous les légumes et mélangez bien. Faites chauffer l'huile dans une grande poêle et versez-y les œufs battus avec les légumes. Faites cuire 5 minutes, puis retournez l'omelette et poursuivez la cuisson 3 minutes.

5 Glissez l'omelette dans un plat et servez aussitôt avec une salade de pousses d'épinards et de feuilles de moutarde.

Omelette roulée au jambon et aux herbes fraîches

Préparation : 10 min - Cuisson : 5 min - Difficulté : ★★ - Budget : ★

Astuce
Coupez l'omelette roulée en rondelles épaisses et piquez les petits rouleaux avec un pic en bois. Disposez-les dans un plat et servez-les tièdes ou froids à l'apéritif.

Pour 6 personnes
- 10 œufs
- 3 grandes tranches fines de jambon blanc
- 3 tiges de persil plat
- 2 tiges de cerfeuil
- 1 tige d'estragon
- 2 cuill. à soupe d'huile d'arachide
- Sel, poivre

Valeurs nutritionnelles
(pour une personne)
- Valeur énergétique : 188 kcal (786 kJ)
- Protéines : 15,4 g
- Lipides : 13,7 g
- Glucides : 0,2 g

Menu
- Omelette roulée au jambon et aux herbes fraîches
- Beignets de poivrons et d'aubergines
- Trio de sorbets

Vin conseillé
Côtes de Provence blanc à 9 °C

1 Lavez, séchez, effeuillez et hachez les herbes.

2 Cassez les œufs dans une jatte et battez-les vivement. Ajoutez les herbes hachées, puis salez et poivrez.

3 Faites chauffer l'huile d'arachide dans une grande poêle, puis versez-y les œufs battus. Faites cuire jusqu'à ce que l'omelette soit prise et retournez-la à mi-cuisson.

4 Glissez l'omelette dans un plat et recouvrez-la de tranches de jambon. Roulez l'omelette en serrant bien.

5 Posez l'omelette roulée dans un plat et servez avec une salade de mesclun.

Sandwich d'omelette au concombre et au curry

Préparation : 15 min - Cuisson : 15 min - Difficulté : ★ - Budget : ★

Pour 6 personnes

- 12 œufs
- ½ concombre
- 100 g de crème fraîche épaisse
- 1 cuill. à soupe de crème fraîche épaisse
- 1 cuill. à soupe de curry
- 1 cuill. à soupe d'huile
- Sel, poivre

Vin conseillé
Bergerac blanc à 9 °C

Astuce

Pour une recette plus festive, ajoutez dans les sandwichs de fines lanières de saumon fumé.

Valeurs nutritionnelles

(pour une personne)
- Valeur énergétique : 239 kcal (999 kJ)
- Protéines : 13,8 g
- Lipides : 19,4 g
- Glucides : 1,6 g

Menu

- Sandwich d'omelette au concombre et au curry
- Tian de tomates et de courgettes
- Soupe de melon

1 Préchauffez le four th 6 (180 °C). Huilez un moule carré, antiadhésif de préférence. Cassez les œufs et battez-les en omelette avec la cuillère à soupe de crème fraîche. Salez et poivrez.

2 Versez les œufs battus dans le moule et saupoudrez-les de la moitié du curry. Enfournez et faites cuire 15 minutes.

3 Pendant ce temps, mélangez la crème fraîche avec le reste du curry et du sel. Lavez et séchez le concombre, puis coupez-le en rondelles.

4 Sortez l'omelette du four, laissez-la tiédir, puis démoulez-la. Découpez-la en petits carrés.

5 Montez les sandwichs en alternant un carré d'omelette, une rondelle de concombre et un peu de sauce au curry. Servez aussitôt.

Coques au jambon et aux poivrons

Préparation : 15 min - Cuisson : 15 min - Difficulté : ★ - Budget : ★★

Astuce
Ne faites pas cuire les coques au-delà de 15 minutes car elles perdraient de leur saveur et de leur consistance.

Valeurs nutritionnelles
(pour une personne)
- Valeur énergétique : 177 kcal (728 kJ)
- Protéines : 17,7 g
- Lipides : 7,7 g
- Glucides : 4 g

Menu
- Coques au jambon et aux poivrons
- Travers de porc caramélisés
- Crumble aux fraises

Pour 6 personnes
- 3 l de coques
- 3 tranches de jambon cru
- 3 poivrons « del piquillo »
- 1 échalote
- 15 cl de vin blanc sec
- 2 cuill. à soupe d'huile
- Sel, poivre

Vin conseillé
Coteaux du Languedoc blanc à 11 °C

1 Nettoyez les coques en les brassant dans l'évier rempli d'eau froide. Renouvelez l'opération jusqu'à ce que l'eau soit claire et jetez les coquilles ouvertes, ainsi que celles qui restent à la surface. Pelez et hachez l'échalote. Coupez les poivrons en petits dés. Coupez les tranches de jambon en lanières.

2 Faites chauffer l'huile dans une cocotte. Faites-y revenir l'échalote et les poivrons. Versez le vin blanc, ajoutez les coques, salez et poivrez. Remuez bien et couvrez. Faites cuire 15 minutes.

3 En fin de cuisson, ajoutez les lanières de jambon.

4 Répartissez les coques dans des assiettes creuses. Arrosez du jus de cuisson et servez aussitôt.

Poissons, crustacés

Coquilles St-Jacques rôties au beurre salé

Préparation : 5 min - Cuisson : 7 min - Difficulté : ★ - Budget : ★★★

Pour 6 personnes
- 18 noix de St-Jacques avec leur corail
- 90 g de beurre salé
- 3 tiges de cerfeuil
- 1 paquet de gros sel
- Poivre blanc du moulin

Vin conseillé
Entre-deux-Mers à 9 °C

Astuce
Pour les déjeuners ou les dîners de fête, ajoutez une fine lamelle de truffe d'été dans chaque coquille St-Jacques.

Valeurs nutritionnelles
(pour une personne)
- Valeur énergétique : 185 kcal (773 kJ)
- Protéines : 13,5 g
- Lipides : 12,9 g
- Glucides : 3,1 g

Menu
- Coquilles St-Jacques rôties au beurre salé
- Mille-feuilles de légumes croustillants
- Barquettes de chocolat aux framboises

1 Faites préparer les coquilles St-Jacques par votre poissonnier et conservez six coquilles vides. Nettoyez bien les coquilles et séchez-les. Préchauffez le four th 6/7 (200 °C).

2 Disposez une couche de gros sel dans un plat pouvant contenir toutes les coquilles. Posez les coquilles dans le plat en les enfonçant légèrement dans le sel pour qu'elles soient bien à plat.

3 Répartissez les noix de St-Jacques dans les coquilles. Poivrez et ajoutez le beurre en parcelles.

4 Enfournez et faites cuire 7 minutes.

5 Sortez du four et servez aussitôt décorées de pluches de cerfeuil.

Gambas à la persillade

Préparation : 10 min - Cuisson : 7 min - Difficulté : ★ - Budget : ★★★

Astuce
Vous pouvez décortiquer les gambas avant de les faire cuire. Elles perdront un peu de volume au cours de la cuisson, mais la dégustation sera facilitée.

Valeurs nutritionnelles
(pour une personne)
- Valeur énergétique : 343 kcal (1 433 kJ)
- Protéines : 52,5 g
- Lipides : 13,7 g
- Glucides : 1,1 g

Menu
- Gambas à la persillade
- Côte de veau
- Tartelettes au chocolat noir et aux framboises

Pour 6 personnes
- 30 gambas crues
- 3 gousses d'ail
- 6 cuill. à soupe d'huile d'olive
- Le jus d'un gros citron
- 4 branches de persil plat
- Sel, poivre

Vin conseillé
Sancerre blanc à 11 °C

1 Préchauffez le four th 3 (90 °C). Lavez, séchez, effeuillez et hachez le persil. Pelez et hachez les gousses d'ail.

2 Faites chauffer l'huile dans une sauteuse. Faites-y sauter les gambas à feu vif pendant 5 minutes et mettez-les dans un plat. Réservez-les au four, recouvertes de papier aluminium.

3 Laissez la sauteuse sur le feu et faites-y revenir l'ail pendant 1 minute en remuant. Versez le jus de citron, ajoutez le persil et laissez frémir pendant 1 minute.

4 Versez la sauce sur les gambas et servez aussitôt.

Poissons, crustacés

Langoustines safranées aux pois gourmands

Préparation : 25 min - Cuisson : 35 min - Difficulté : ★★ - Budget : ★★★

Pour 6 personnes

- 24 langoustines
- 350 g de pois gourmands
- 2 poivrons jaunes
- 1 oignon
- 1 carotte
- 1 bouquet garni
- 15 cl de crème liquide
- 1 dose de safran en poudre
- 1 cuill. à soupe d'huile
- Sel, poivre

Vin conseillé
Pouilly Fumé à 12 °C

Astuce
Le temps de cuisson des langoustines peut varier en fonction de leur taille. Pour de très grosses langoustines, faites cuire 2 minutes.

Valeurs nutritionnelles
(pour une personne)
- Valeur énergétique : 289 kcal (1 209 kJ)
- Protéines : 30 g
- Lipides : 12,7 g
- Glucides : 12,8 g

Menu
- Langoustines safranées aux pois gourmands
- Petits farcis de veau à la coriandre
- Gâteau aux framboises et à la crème

1 Pelez et émincez l'oignon et la carotte. Faites chauffer l'huile dans une cocotte. Faites-y revenir l'oignon et la carotte 2 minutes en remuant. Versez 2 l d'eau, ajoutez le bouquet garni, salez et poivrez. Portez à ébullition et laissez bouillir 15 minutes.

2 Pendant ce temps, versez la crème dans une casserole, ajoutez le safran, une grosse pincée de sel et portez à ébullition. Aux premiers frémissements, retirez du feu et couvrez.

3 Effilez les pois gourmands et faites-les cuire 2 minutes dans de l'eau bouillante salée. Égouttez et réservez-les. Lavez, épépinez et coupez les poivrons en petits dés. Plongez-les dans de l'eau bouillante et faites-les cuire 10 minutes. Égouttez et réservez-les.

4 Plongez les langoustines dans le bouillon parfumé à l'oignon et à la carotte et faites-les cuire 1 minute. Égouttez-les et décortiquez-les.

5 Répartissez les pois gourmands et les poivrons dans des bols. Ajoutez les langoustines, arrosez de sauce safranée et dégustez sans attendre.

Moules gratinées à la tomate et au basilic

Préparation : 25 min - Cuisson : 20 min - Difficulté : ★★ - Budget : ★★

Astuce

Nettoyez les moules sans les laisser tremper dans l'eau et éliminez les coquilles ouvertes. Choisissez des moules espagnoles plus grosses que les moules françaises et donc plus faciles à farcir.

Valeurs nutritionnelles
(pour une personne)
- Valeur énergétique : 252 kcal (1 055 kJ)
- Protéines : 24,5 g
- Lipides : 8,8 g
- Glucides : 15,4 g

Menu
- Moules gratinées à la tomate et au basilic
- Fettuccini à la crème d'ail
- Mousses de fruits rouges

Pour 6 personnes
- 5 l de moules
- 4 tomates
- 1 échalote
- 1 bouquet garni
- 1 bouquet de basilic
- 10 cl de vin blanc sec
- 1 paquet de gros sel
- 3 cuill. à soupe de chapelure
- 3 cuill. à soupe d'huile d'olive
- Sel, poivre

Vin conseillé
Graves blanc à 9 °C

1 Nettoyez les moules. Pelez et hachez l'échalote. Faites chauffer deux cuillères à soupe d'huile dans une cocotte. Faites-y revenir l'échalote 1 minute en remuant. Versez le vin blanc, ajoutez le bouquet garni et les moules. Salez et couvrez. Faites cuire jusqu'à ce que les moules soient bien ouvertes.

2 Pendant ce temps, retirez les pédoncules des tomates et plongez les tomates dans de l'eau bouillante. Quand la peau commence à se détacher, égouttez et rafraîchissez-les. Pelez et concassez-les. Lavez, séchez, effeuillez et hachez le basilic.

3 Mélangez les tomates concassées et le basilic. Salez et poivrez. Préchauffez le four en position gril.

4 Égouttez les moules et décortiquez-les. Posez les demi-coquilles vides dans un plat à four rempli de gros sel pour maintenir les coquilles.

5 Mélangez les moules aux tomates concassées, puis remplissez les coquilles vides de cette préparation. Saupoudrez de chapelure et arrosez d'un filet d'huile d'olive. Enfournez haut dans le four et faites gratiner en laissant la porte du four entrouverte. Servez dès la sortie du four.

Salade de la mer

Préparation : 15 min - Pas de cuisson - Réfrigération : 20 min - Difficulté : ★ - Budget : ★★★

Pour 6 personnes

- 350 g de filets de saumon sans peau et sans arêtes
- 350 g de filets de daurade sans peau et sans arêtes
- 3 citrons verts
- 2 oignons blancs
- 2 branches de persil
- 1 cuill. à café de baies roses
- 4 cuill. à soupe d'huile d'olive
- Fleur de sel
- Poivre blanc du moulin

Vin conseillé
Chablis à 9 °C

Astuce
En saison, remplacez le saumon par du bar, plus fin et plus original et ajoutez deux langoustines décortiquées dans chaque assiette.

Valeurs nutritionnelles
(pour une personne)
- Valeur énergétique : 218 kcal (913 kJ)
- Protéines : 21,9 g
- Lipides : 13,1 g
- Glucides : 2,5 g

Menu
- Salade de la mer
- Calamars à la plancha
- Clafoutis aux amandes et aux cassis

1 Râpez finement le zeste d'un des citrons. Pressez le jus des trois citrons. Fouettez le jus de citron avec l'huile d'olive.

2 Pelez et émincez finement les oignons. Lavez, séchez, effeuillez et hachez le persil.

3 Coupez les filets de saumon et de daurade en cubes et mettez-les dans un saladier. Ajoutez les oignons émincés. Salez et donnez trois tours de poivre. Ajoutez le zeste de citron vert, les baies roses concassées et le persil.

4 Arrosez de sauce au jus de citron et mélangez bien.

5 Placez au frais pendant 20 minutes minimum avant de servir bien frais accompagné d'une salade de cœurs de laitue.

Salade de poulpes

Préparation : 20 min - Cuisson : 20 min - Réfrigération : 1 h - Difficulté : ★★ - Budget : ★★

Astuce
Pour plus de saveurs, ajoutez un filet de citron dans la sauce, ainsi qu'un bulbe de fenouil finement émincé dans la salade.

Pour 6 personnes
- 400 g de petits poulpes
- 4 branches de céleri
- 1 oignon
- 4 gousses d'ail
- 5 cuill. à soupe d'huile d'olive
- 5 cl de vin blanc sec
- Sel, poivre

Valeurs nutritionnelles
(pour une personne)
- Valeur énergétique : 146 kcal (612 kJ)
- Protéines : 11,5 g
- Lipides : 9 g
- Glucides : 3 g

Menu
- Salade de poulpes
- Risotto à l'encre de seiche
- Blancs-mangers coco pamplemousse

Vin conseillé
Bordeaux blanc sec à 9 °C

1 Faites nettoyer les poulpes par votre poissonnier. Pelez et hachez les gousses d'ail. Pelez et émincez finement l'oignon.

2 Faites chauffer deux cuillères à soupe d'huile dans une poêle. Faites-y revenir l'ail et l'oignon 1 minute à feu doux, en remuant. Ajoutez les poulpes, salez et poivrez, versez le vin blanc et mélangez. Couvrez et faites cuire 20 minutes.

3 Pendant ce temps, épluchez, lavez et émincez les branches de céleri. Mettez le céleri dans un saladier.

4 Retirez les poulpes de la poêle avec une écumoire et ajoutez-les dans le saladier. Mélangez. Faites réduire leur jus de cuisson, puis laissez-le refroidir.

5 Dans un bol, mélangez le jus de cuisson des poulpes refroidi, l'huile d'olive restante, du sel et du poivre. Versez cette sauce sur la salade, mélangez et placez au frais pendant au moins 1 heure. Servez bien frais.

Sushis

Préparation : **30 min** - Cuisson : **15 min** - Difficulté : **★★★** - Budget : **★★**

Pour 6 personnes
- 200 g de filets de daurade très frais
- 200 g de filets de thon rouge très frais
- 200 g de filets de saumon très frais
- 350 g de riz rond
- 35 cl d'eau
- 4 cuill. à soupe de vinaigre de riz
- 3 cuill. à soupe de sucre en poudre
- 2,5 cuill. à café de sel
- 2 cuill. à soupe de Xérès
- 2 cuill. à café de wasabi en poudre

Vin conseillé
Anjou blanc sec à 9 °C

Astuce
Servez les sushis avec de la sauce soja dans laquelle vous ajouterez une pointe de wasabi, ainsi que des lamelles de gingembre mariné au vinaigre.

Valeurs nutritionnelles
(pour une personne)
- Valeur énergétique : 374 kcal (1 565 kJ)
- Protéines : 24,2 g
- Lipides : 5,7 g
- Glucides : 55,2 g

Menu
- Sushis
- Nouilles sautées à la ciboule
- Mini-babas au rhum

1 Lavez le riz plusieurs fois sous l'eau froide. Mettez-le dans une casserole, ajoutez l'eau, couvrez et portez à ébullition. Laissez cuire à couvert pendant 15 minutes, puis retirez du feu et laissez en attente, à couvert, pendant 10 minutes.

2 Dans un bol, mélangez le vinaigre de riz, le sucre, le sel et le Xérès. Versez cette préparation sur le riz et mélangez bien. Laissez refroidir à température ambiante.

3 Pendant ce temps, taillez les filets de poissons en fines lamelles. Mélangez la poudre de wasabi avec un peu d'eau pour obtenir une pâte ayant la consistance de la moutarde.

4 Humidifiez vos mains et formez des petits pâtés de riz de forme ovale, de la longueur des lamelles de poissons. Tartinez-les légèrement de wasabi et posez une lamelle de poisson sur chaque boulette de riz.

5 Disposez les sushis dans un plat, recouvrez-les de film alimentaire et réservez-les au frais jusqu'au moment de servir.

Tartare de daurade et de saumon

Préparation : 20 min - Pas de cuisson - Réfrigération : 20 min - Difficulté : ★ - Budget : ★★★

Astuce
Accompagnez les tartares de fines tartines de pain grillées et légèrement frottées au piment.

Pour 6 personnes
- 600 g de daurade sans peau et sans arêtes
- 300 g de saumon sans peau et sans arêtes
- 4 citrons verts
- 6 tiges de ciboulette
- 1 pot d'œufs de saumon
- Fleur de sel
- Poivre du moulin

Valeurs nutritionnelles
(pour une personne)
- Valeur énergétique : 201 kcal (840 kJ)
- Protéines : 30,3 g
- Lipides : 7 g
- Glucides : 3,6 g

Menu
- Tartare de daurade et de saumon
- Risotto aux asperges
- Profruiteroles

Vin conseillé
Alsace-Riesling à 9 °C

1 Pressez le jus de trois des citrons. Ciselez la ciboulette.

2 Coupez la daurade et le saumon en tout petits dés. Mettez-les séparément dans deux récipients creux. Ajoutez la ciboulette, salez et poivrez, arrosez du jus de citron et mélangez bien.

3 Répartissez le tartare de saumon dans six petits verres, recouvrez de tartare de daurade et placez au frais pendant 20 minutes.

4 Brossez le dernier citron vert sous l'eau froide et coupez-le en rondelles très fines. Piquez une rondelle de citron sur des petits pics en bois et posez-les sur les tartares. Ajoutez quelques œufs de saumon et servez très frais.

Poissons, crustacés

Verrines de saumon au guacamole

Préparation : 20 min - Pas de cuisson - Réfrigération : 20 min - Difficulté : ★★ - Budget : ★★

Pour 6 personnes

Pour le guacamole :
- 3 avocats bien mûrs
- 1 oignon blanc
- Le jus d'un citron
- 1 cuill. à café de Tabasco
- Sel, poivre

Pour le tartare de saumon :
- 500 g de filets de saumon sans peau et sans arêtes
- 1 orange à jus
- 1 orange de table
- Sel, poivre

Vin conseillé
Touraine blanc à 9 °C

Astuce
Le guacamole ne supporte pas une trop longue attente, le tartare de saumon non plus. Ne préparez donc pas cette recette plus d'une heure avant de la servir.

Valeurs nutritionnelles
(pour une personne)
- Valeur énergétique : 275 kcal (1 150 kJ)
- Protéines : 18,5 g
- Lipides : 19,6 g
- Glucides : 5,3 g

Menu
- Verrines de saumon au guacamole
- Hachis de pommes de terre aux poivrons
- Petits pots de crème au thé

1 Préparez le guacamole : retirez la peau et les noyaux des avocats. Coupez-les en morceaux, mettez-les dans un plat et arrosez-les de jus de citron. Pelez et hachez finement l'oignon blanc.

2 Mettez l'avocat, le jus de citron, l'oignon blanc et le Tabasco dans le bol d'un mixeur. Salez et faites tourner jusqu'à obtention d'une purée fine. Versez dans un bol, couvrez de film alimentaire et placez au frais.

3 Préparez le tartare : prélevez le zeste, puis pressez le jus de l'orange à jus. Pelez à vif l'orange de table. Détachez les quartiers les uns des autres. Ôtez les membranes à l'aide d'un couteau à dents et coupez ensuite chaque quartier en petits morceaux.

4 Coupez le saumon en petits dés. Mettez-les dans un plat creux. Ajoutez les dés d'orange. Salez et poivrez, arrosez de jus d'orange, ajoutez le zeste et mélangez bien. Placez au frais 20 minutes.

5 Répartissez le guacamole dans six verres. Recouvrez-le de tartare de saumon à l'orange et donnez un tour de poivre. Servez immédiatement.

Méli-mélo de melons

Préparation : 15 min - Pas de cuisson - Difficulté : ★ - Budget : ★

Astuce
Vous pouvez aussi ajoutez des billes de pastèque qui amèneront une touche de couleur rouge à cette recette.

Pour 6 personnes
- 1 melon charentais
- 1 melon d'eau
- 1 melon jaune
- 200 g de feta
- 3 tiges de menthe
- 3 cuill. à soupe d'huile d'olive
- 1 trait de vinaigre balsamique
- Poivre du moulin

Valeurs nutritionnelles
(pour une personne)
- Valeur énergétique : 255 kcal (1 069 kJ)
- Protéines : 8,1 g
- Lipides : 12,3 g
- Glucides : 27,1 g

Menu
- Méli-mélo de melons
- Brochettes de saumon aux courgettes et à l'ananas
- Quatre-quarts aux fruits rouges

Vin conseillé
Monbazillac à 7 °C

1 Ouvrez et épépinez les melons. À l'aide d'une cuillère parisienne, faites des petites billes de chair dans les trois melons et mettez-les dans un saladier. Réservez au frais.

2 Lavez, séchez, effeuillez et ciselez la menthe. Coupez la feta en tout petits dés.

3 Ajoutez la menthe et la feta dans le saladier. Poivrez, arrosez d'huile d'olive et de vinaigre balsamique et mélangez.

4 Réservez au frais jusqu'au moment de servir.

Salades

Salade aux tomates séchées

Préparation : 10 min - Pas de cuisson - Difficulté : ★ - Budget : ★

Pour 6 personnes

- 18 tomates séchées
- 225 g de roquette
- 6 tranches très fines de jambon cru
- 2 poivrons jaunes
- 125 g de petites olives noires de Nice
- 75 g de parmesan jeune

Pour la sauce :
- 4 cuill. à soupe d'huile d'olive
- 1 cuill. à soupe de vinaigre balsamique
- Fleur de sel
- Poivre du moulin

Vin conseillé
Côtes du Rhône rouge à 15 °C

Astuce
Préchauffez le four th 8 (240 °C). Badigeonnez de beurre fondu douze feuilles de brick et enfoncez-les deux par deux dans des bols allant au four. Faites cuire le temps que les feuilles soient croustillantes. Disposez les coques de brick dans des assiettes et utilisez-les pour servir la salade.

Valeurs nutritionnelles
(pour une personne)
- Valeur énergétique : 303 kcal (1 269 kJ)
- Protéines : 12,4 g
- Lipides : 17,5 g
- Glucides : 23,2 g

Menu
- Salade aux tomates séchées
- Porc au miel et au gingembre
- Gâteau à la mousse au chocolat et à la vanille

1 Coupez les tomates séchées en deux. Lavez et épépinez les poivrons, puis coupez-les en tout petits dés.

2 Lavez, essorez et séchez la roquette. Cassez le parmesan en petits morceaux.

3 Mettez la roquette, les tomates, les poivrons, le parmesan et les olives dans un saladier. Mélangez et répartissez dans des assiettes.

4 Émulsionnez le vinaigre et l'huile, salez, poivrez et versez la sauce sur la salade.

5 Ajoutez les tranches de jambon cru avant de servir.

Salade créole

Préparation : 25 min - Cuisson : 10 min - Difficulté : ★ - Budget : ★

Astuce
Pour un peu plus d'exotisme et de piquant, ajoutez un demi piment oiseau épépiné et finement haché dans la salade.

Pour 6 personnes
- 1 grosse boîte de chair de crabe
- 1 boîte de maïs
- 150 g de riz
- ½ ananas
- 6 tiges de coriandre
- 5 cuill. à soupe d'huile d'arachide
- Le jus d'un citron
- Sel, poivre

Valeurs nutritionnelles
(pour une personne)
- Valeur énergétique : 296 kcal (1 216 kJ)
- Protéines : 11,4 g
- Lipides : 9,7 g
- Glucides : 38,5 g

Menu
- Salade créole
- Jambalaya
- Pastèque aux framboises

Vin conseillé
Graves blanc à 9 °C

1 Faites cuire le riz selon les indications du paquet. Égouttez et rafraîchissez-le, mettez-le dans un saladier, puis réservez-le.

2 Égouttez et émiettez la chair de crabe. Égouttez et rincez bien le maïs. Épluchez l'ananas, coupez-le en quatre et retirez le cœur. Coupez les quartiers en petits morceaux.

3 Ajoutez l'ananas, la chair de crabe et le maïs dans le saladier de riz.

4 Émulsionnez l'huile et le jus de citron. Salez et poivrez généreusement. Versez la sauce sur la salade et mélangez bien.

5 Lavez, séchez et effeuillez la coriandre.

6 Répartissez la salade dans des assiettes, parsemez de feuilles de coriandre et servez aussitôt ou gardez au frais jusqu'au moment de servir.

Salade croquante au magret

Préparation : 20 min - Cuisson : 25 min - Difficulté : ★ - Budget : ★★

Pour 6 personnes
- 180 g de magret de canard fumé tranché
- 1 blanc de dinde
- 250 g de pois gourmands
- 3 carottes
- 3 oranges de table
- 1 orange à jus
- 4 cuill. à soupe d'huile de tournesol
- Sel, poivre

Vin conseillé
Madiran à 16 °C

Astuce
Vous pouvez aussi faire cuire le blanc de dinde à la poêle dans un peu d'huile pendant 15 minutes, et le couper en tout petits dés une fois refroidi.

Valeurs nutritionnelles
(pour une personne)
- Valeur énergétique : 223 kcal (916 kJ)
- Protéines : 13,8 g
- Lipides : 10,7 g
- Glucides : 16,2 g

Menu
- Salade croquante au magret
- Côte de veau
- Gratin à la rhubarbe

1 Faites cuire le blanc de dinde à la vapeur pendant 20 minutes. Laissez-le refroidir, puis coupez-le en tranches fines. Retirez le gras des tranches de magret fumé.

2 Effilez les pois gourmands et faites-les cuire 3 minutes dans de l'eau bouillante salée. Égouttez-les et rafraîchissez-les.

3 Pelez les oranges de table à vif, puis détachez les quartiers les uns des autres. Ôtez les membranes avec la lame d'un couteau à dents. Travaillez au-dessus d'un saladier pour récupérer le jus.

4 Épluchez et râpez les carottes avec une grosse râpe. Pressez l'orange à jus, ajoutez le jus récupéré et fouettez-le avec l'huile. Salez et poivrez.

5 Mettez les morceaux de dinde, les quartiers d'oranges, les pois gourmands et les carottes râpées dans un saladier. Arrosez-les de sauce et mélangez. Répartissez la salade dans des coupes, ajoutez les tranches de magret et servez sans attendre.

Salade de crudités

Préparation : 25 min - Cuisson : 30 min - Difficulté : ★ - Budget : ★

Astuce
Profitez de tous les légumes frais de saison et ajoutez dans la salade, en réduisant légèrement la quantité des autres ingrédients, de la courgette crue finement râpée, des haricots plats juste blanchis, des fèves fraîches....

Valeurs nutritionnelles
(pour une personne)
- Valeur énergétique : 200 kcal (823 kJ)
- Protéines : 4 g
- Lipides : 10,7 g
- Glucides : 20,5 g

Menu
- Salade de crudités
- Lasagnes
- Abricots à la lavande

Pour 6 personnes
- 3 tomates
- 3 pommes de terre
- 3 carottes
- 2 bulbes de fenouil
- 1 botte de radis
- 150 g de petits pois frais écossés
- Sel

Pour la sauce :
- 6 cuill. à soupe d'huile d'olive
- 3 cuill. à soupe de jus de citron
- 2 tiges de persil plat
- 2 tiges d'aneth
- Sel, poivre

Vin conseillé
Les Baux de Provence rosé à 9 °C

1 Pelez et coupez les pommes de terre en petits cubes. Mettez-les dans le panier d'un cuit-vapeur et ajoutez les petits pois. Ajoutez de l'eau, couvrez et faites cuire 30 minutes, puis laissez-les refroidir.

2 Pelez et râpez les carottes avec une grosse râpe. Épluchez, lavez et coupez les radis en rondelles. Lavez et coupez les tomates en petits dés.

3 Coupez la base des bulbes de fenouil, retirez les feuilles abîmées, puis coupez les bulbes en tranches.

4 Lavez, séchez bien, puis ciselez l'aneth et le persil. Préparez la sauce au citron en mélangeant l'huile, le citron, le persil et l'aneth, du sel et du poivre.

5 Mettez tous les légumes dans un saladier et arrosez-les de sauce au citron. Mélangez et réservez au frais jusqu'au moment de servir.

Salade de figues et de melon

Préparation : 10 min - Pas de cuisson - Difficulté : ★ - Budget : ★★

Pour 6 personnes

- 3 cœurs de laitues
- 6 figues fraîches
- 1 melon
- 3 cuill. à soupe d'huile d'argan (huile du Maroc)
- Fleur de sel
- Poivre du moulin

Vin conseillé
Cabernet d'Anjou demi-sec à 11 °C

Astuce
L'huile d'argan possède une saveur très particulière qui rappelle la noisette et l'amande. Elle ne supporte pas le mélange avec le vinaigre. Si vous souhaitez amener une touche d'acidité à votre salade, ajoutez quelques de gouttes de jus de citron.

Valeurs nutritionnelles
(pour une personne)
- Valeur énergétique : 153 kcal (630 kJ)
- Protéines : 2,2 g
- Lipides : 5,3 g
- Glucides : 23 g

Menu
- Salade de figues et de melon
- Porc sauté aux légumes
- Tartelettes aux abricots

1 Épluchez, lavez et essorez les cœurs de laitues.

2 Lavez et séchez délicatement les figues. Coupez-les en quartiers.

3 Ouvrez le melon en deux et épépinez-le. Prélevez des billes à l'aide d'une cuillère parisienne.

4 Répartissez les feuilles de laitue, les billes de melon et les quartiers de figues dans des coupelles. Salez, poivrez et arrosez d'huile d'argan avant de servir.

Salade de penne au thon

Préparation : 15 min - Cuisson : 10 min - Difficulté : ★ - Budget : ★

Astuce
Si vous souhaitez préparer la salade à l'avance, ne la mélangez pas. Recouvrez-la de film alimentaire et placez-la au frais. Assaisonnez et mélangez juste avant de servir.

Valeurs nutritionnelles
(pour une personne)
- Valeur énergétique : 413 kcal (1694 kJ)
- Protéines : 23,6 g
- Lipides : 10,7 g
- Glucides : 52 g

Menu
- Salade de penne au thon
- Nuggets de colin
- Esquimaux aux fruits

Pour 6 personnes
- 400 g de penne
- 1 grosse boîte de thon au naturel
- 3 cuill. à soupe de maïs
- 2 tomates
- 2 poignées de mâche
- 75 g de copeaux de parmesan
- 3 cuill. à soupe d'huile de noisette
- Sel, poivre

Vin conseillé
Côtes du Roussillon rosé à 9 °C

1 Faites cuire les pâtes comme indiqué sur le paquet. Égouttez et rafraîchissez-les, mettez-les dans un saladier et arrosez-les d'huile. Réservez-les au frais.

2 Lavez et coupez les tomates en tout petits dés.

3 Émiettez grossièrement le thon. Lavez, essorez et séchez la mâche.

4 Ajoutez le thon, les dés de tomates, le maïs et la mâche dans le saladier. Salez, poivrez et mélangez bien.

5 Répartissez dans les assiettes, ajoutez les copeaux de parmesan et servez aussitôt.

Salade de thon aux olives

Préparation : 20 min - Cuisson : 3 min - Réfrigération : 1 h - Difficulté : ★ - Budget : ★

Pour 6 personnes

- 1 grosse boîte de thon au naturel
- 100 g d'olives vertes dénoyautées
- 100 g d'olives noires dénoyautées
- 5 tomates
- 3 tiges de basilic
- 1 échalote
- 1 gousse d'ail
- 6 cuill. à soupe d'huile d'olive
- 3 cuill. à soupe de jus de citron
- Sel, poivre

Vin conseillé
Lirac rosé à 10 °C

Astuce
Profitez de l'été pour achetez du thon frais. Faites-le griller au barbecue ou pocher dans un bouillon. Laissez-le refroidir avant de l'émietter grossièrement et de l'ajouter dans la salade.

Valeurs nutritionnelles
(pour une personne)
- Valeur énergétique : 239 kcal (980 kJ)
- Protéines : 11,5 g
- Lipides : 18,9 g
- Glucides : 3,9 g

Menu
- Salade de thon aux olives
- Gratin d'aubergines à l'italienne
- Tiramisu aux fraises

1 Versez l'huile et le jus de citron dans un bol. Pelez et hachez l'ail. Lavez, séchez, effeuillez et ciselez le basilic. Ajoutez le basilic et l'ail dans l'huile au citron. Salez, poivrez et réservez.

2 Après en avoir retiré les pédoncules, plongez les tomates dans de l'eau bouillante. Quand la peau commence à se détacher, égouttez et rafraîchissez-les. Pelez et coupez-les en petits quartiers.

3 Mettez les quartiers de tomates dans un saladier. Pelez et émincez l'échalote.

4 Égouttez et détaillez le thon en morceaux. Égouttez les olives. Ajoutez le thon dans le saladier, ainsi que les olives et l'échalote. Arrosez de sauce au citron et mélangez. Couvrez de film alimentaire et placez au frais pendant au moins 1 heure avant de servir

Salade italienne

Préparation : 10 min - Cuisson : 5 min - Réfrigération : 1 h - Difficulté : ★ - Budget : ★

Astuce
Ajoutez à la salade de fines lanières de jambon cru de type Serrano.

Valeurs nutritionnelles
(pour une personne)
- Valeur énergétique : 195 kcal (798 kJ)
- Protéines : 4,9 g
- Lipides : 7,3 g
- Glucides : 25,7 g

Menu
- Salade italienne
- Tomates farcies à l'agneau confit
- Tarte aux raisins

Pour 6 personnes
- ½ pain de campagne
- 6 tomates
- 2 oignons rouges
- 4 petits oignons blancs nouveaux
- 3 gousses d'ail
- 4 cuill. à soupe d'huile d'olive
- 3 tiges de basilic
- Sel, poivre

Vin conseillé
Saumur-Champigny à 16 °C

1 Retirez la croûte du pain de campagne et coupez la mie en cubes. Lavez, séchez et effeuillez le basilic.

2 Lavez et coupez les tomates en gros morceaux. Pelez et émincez les oignons rouges et les oignons blancs. Pelez et hachez les gousses d'ail.

3 Versez l'huile dans une sauteuse. Ajoutez les morceaux de tomates, les cubes de mie de pain et l'ail haché. Mettez sur feu vif et faites revenir 5 minutes en remuant.

4 Versez la préparation dans un saladier, ajoutez les deux oignons et le basilic, puis salez et poivrez. Mélangez bien et réservez au frais pendant au moins 1 heure avant de servir.

Salade Mississipi

Préparation : 15 min - Cuisson : 20 min - Difficulté : ★ - Budget : ★

Pour 6 personnes
- 3 blancs de poulet
- 3 cœurs de laitue
- 1 ananas victoria
- 1 bocal de mini-maïs
- 2 poivrons rouges
- 2 cuill. à soupe de raisins secs

Pour la sauce :
- 1 cuill. à soupe d'huile de noisette
- 3 cuill. à soupe d'huile de tournesol
- 1 cuill. à soupe de vinaigre de vin
- Sel, poivre

Vin conseillé
Morgon à 13 °C

Astuce
Multipliez les plaisirs en variant les sauces : fouettez vivement trois cuillères à soupe de mayonnaise avec le jus d'un citron, salez et poivrez.

Valeurs nutritionnelles
(pour une personne)
- Valeur énergétique : 249 kcal (1 022 kJ)
- Protéines : 16 g
- Lipides : 10,7 g
- Glucides : 20,2 g

Menu
- Salade Mississipi
- Pâtes au jambon et au fenouil
- Moelleux au chocolat

1 Faites cuire les blancs de poulet à la vapeur pendant 20 minutes. Faites tremper les raisins secs dans un peu d'eau pour les faire gonfler.

2 Pendant ce temps, épluchez l'ananas et coupez-le en quatre. Retirez le cœur et coupez les quartiers en petits dés. Lavez, essorez et ciselez les cœurs de laitue. Égouttez les mini-maïs. Lavez, épépinez et coupez les poivrons en tout petits dés.

3 Laissez refroidir les blancs de poulet, puis coupez-les en tranches fines. Égouttez et séchez bien les raisins secs.

4 Mettez la laitue, les poivrons, les blancs de poulet, les mini-maïs, les raisins secs et les morceaux d'ananas dans un saladier.

5 Fouettez à la fourchette les deux huiles, le vinaigre, du sel et du poivre. Versez la sauce sur la salade et mélangez bien. Réservez au frais jusqu'au moment de servir.

Salade niçoise

Préparation : 15 min - Cuisson : 25 min - Difficulté : ★ - Budget : ★

Astuce
Pour une vinaigrette provençale, ajoutez dans la vinaigrette une gousse d'ail pelée et finement hachée, ainsi que quelques feuilles de thym.

Valeurs nutritionnelles
(pour une personne)
- Valeur énergétique : 366 kcal (1 502 kJ)
- Protéines : 10,1 g
- Lipides : 19 g
- Glucides : 35,8 g

Menu
- Salade niçoise
- Rigatonis au chèvre frais
- Tartelettes aux pêches et au citron

Pour 6 personnes
- 200 g de riz
- 350 g de tomates cerises
- 250 g de haricots verts
- 100 g d'olives noires de Nice
- 2 gros oignons blancs
- 2 petits poivrons verts
- 3 branches de persil plat
- 3 œufs
- 12 filets d'anchois à l'huile
- 1 cuill. à soupe de câpres
- 6 cuill. à soupe d'huile d'olive
- 2 cuill. à soupe de vinaigre de vin
- Sel, poivre

Vin conseillé
Palette rosé à 9 °C

1 Effilez les haricots verts et faites-les cuire 15 minutes dans de l'eau bouillante salée. Égouttez et rafraîchissez-les. Faites cuire les œufs 10 minutes.

2 Faites cuire le riz comme indiqué sur le paquet. Égouttez et rafraîchissez-le.

3 Lavez et coupez les tomates cerises en quatre. Lavez, épépinez et coupez les poivrons en rondelles fines. Pelez et émincez les oignons.

4 Écalez et coupez les œufs en quatre. Égouttez les filets d'anchois. Lavez, séchez, effeuillez et ciselez le persil.

5 Dans un saladier, mélangez le riz, les tomates, les poivrons, les oignons, les olives, les câpres et le persil. Émulsionnez l'huile et le vinaigre. Salez et poivrez. Versez la sauce sur la salade et mélangez délicatement.

6 Répartissez la salade dans des assiettes, puis ajoutez les haricots verts, les quartiers d'œufs durs et les filets d'anchois. Servez aussitôt.

Salade Shangaï

Préparation : 20 min - Cuisson : 15 min - Difficulté : ★★ - Budget : ★★

Pour 6 personnes
- 250 g de soja
- 3 carottes
- ¼ de boule de céleri-rave
- 150 g de champignons noirs
- 18 crevettes roses crues
- 1 cuill. à soupe d'huile de sésame

Pour la sauce :
- 3 cuill. à soupe d'huile de sésame
- 1 cuill. à soupe de vinaigre de Xérès
- 1 trait de sauce soja
- Sel, poivre

Vin conseillé
Sauvignon à 9 °C

Astuce
Pour rehausser les parfums, ajoutez dans la salade deux ciboules finement ciselées et une cuillère à soupe de menthe fraîche hachée.

Valeurs nutritionnelles
(pour une personne)
- Valeur énergétique : 148 kcal (618 kJ)
- Protéines : 11,2 g
- Lipides : 7,5 g
- Glucides : 8,3 g

Menu
- Salade Shangaï
- Brochettes de bœuf à la sauce tzatziki
- Sabayon aux raisins

---

1 Faites tremper les champignons noirs dans de l'eau tiède selon les indications du paquet. Égouttez-les bien.

2 Lavez le soja et séchez-le bien. Épluchez les carottes et le céleri et coupez-les en très fins bâtonnets.

3 Faites cuire les carottes et le céleri 10 minutes dans de l'eau bouillante, égouttez et rafraîchissez-les.

4 Décortiquez les crevettes. Faites chauffer l'huile dans une sauteuse et jetez-y les crevettes et les champignons noirs. Faites-les sauter 5 minutes.

5 Mettez le soja, les carottes, le céleri, les champignons noirs et les crevettes dans un saladier. Arrosez d'huile de sésame, de vinaigre de Xérès et de sauce soja. Salez légèrement et poivrez.

6 Mélangez bien et réservez au frais sous film alimentaire jusqu'au moment de servir.

Taboulé

Préparation : 20 min - Cuisson : 10 min - Réfrigération : 1 h - Difficulté : ★ - Budget : ★

Astuce
Pour relever le taboulé, ajoutez un demi-piment rouge épépiné et haché finement ou quelques gouttes de Tabasco.

Valeurs nutritionnelles
(pour une personne)
- Valeur énergétique : 487 kcal (1 999 kJ)
- Protéines : 9,1 g
- Lipides : 26,4 g
- Glucides : 49,5 g

Menu
- Taboulé
- Thon caramélisé aux épices
- Tartelettes aux mûres et à la cannelle

Pour 6 personnes
- 350 g de semoule de blé
- 5 tomates
- 1 poivron rouge
- 4 petits oignons blancs
- 2 citrons
- 1 bouquet de menthe
- 15 cl d'huile d'olive
- Sel, poivre

Vin conseillé
Bandol rosé à 9 °C

1 Préparez la semoule comme indiqué sur le paquet.

2 Lavez les tomates et coupez-les en tout petits dés. Pelez et émincez très finement les oignons. Lavez et épépinez le poivron. Coupez-le en tout petits dés.

3 Pressez le jus des citrons. Mélangez-le à la fourchette avec l'huile d'olive. Salez et poivrez. Lavez, séchez, effeuillez et ciselez finement la menthe.

4 Dans un saladier, mélangez la semoule, les tomates, le poivron, la menthe et les oignons. Arrosez le tout de vinaigrette au citron. Mélangez à nouveau et placez au frais, couvert de film alimentaire, pendant 1 heure avant de servir.

Club sandwich au poulet

Préparation : 20 min - Cuisson : 25 min - Difficulté : ★ - Budget : ★

Pour 6 personnes

- 12 tranches de pain de mie
- 2 blancs de poulet
- 6 figues fraîches
- 1 botte de radis
- 1 bouquet d'estragon
- 4 cuill. à soupe de mayonnaise
- Sel, poivre

Vin conseillé
Bordeaux rouge à 15 °C

Astuce

Pour que les clubs sandwichs tiennent bien, enfoncez un pic en bois au centre de chacun d'entre eux. Pour des sandwichs allégés, remplacez la mayonnaise par de la crème fraîche fouettée ou du fromage de chèvre frais.

Valeurs nutritionnelles
(pour une personne)
- Valeur énergétique : 393 kcal (1 645 kJ)
- Protéines : 15,7 g
- Lipides : 18,5 g
- Glucides : 39,7 g

Menu
- Club sandwich au poulet
- Timbale de haricots verts et de fèves
- Petits sablés à la lavande

1 Mettez les blancs de poulet dans le panier d'un cuit-vapeur. Salez et poivrez. Ajoutez de l'eau, couvrez et faites cuire 25 minutes.

2 Pendant ce temps, épluchez et lavez les radis. Coupez-les en grosses rondelles. Coupez les figues en rondelles. Lavez, séchez et effeuillez l'estragon.

3 Tartinez généreusement les tranches de pain de mie de mayonnaise. Coupez-les ensuite en deux dans la diagonale. Émincez les blancs de poulet.

4 Montez les sandwichs en alternant une tranche de pain, une couche de poulet, quelques rondelles de radis et quelques rondelles de figues. Ajoutez des feuilles d'estragon entre chaque couche et recommencez l'opération deux fois.

5 Servez les sandwichs immédiatement ou réservez-les au frais bien emballés dans du film alimentaire.

Kefta kebab

Préparation : 40 min - Cuisson : 50 min - Difficulté : ★★ - Budget : ★★

Astuce

Pour un goût plus corsé, ajoutez avant de servir une pointe d'harissa et présentez avec une sauce : mélangez trois cuill à soupe de crème fraîche épaisse, une gousse d'ail haché, de la ciboulette, de la menthe et du persil hachés, un filet de jus de citron, du sel et du poivre.

Valeurs nutritionnelles
(pour une personne)
- Valeur énergétique : 729 kcal (3 053 kJ)
- Protéines : 41 g
- Lipides : 38,7 g
- Glucides : 52,1 g

Menu
- Kefta kebab
- Pois chiches au lard et aux poivrons
- Crèmes à la cardamome

Pour 6 personnes
- 6 petits pains ronds aux graines de pavot
- 1 kg de bœuf haché
- 1 kg de tomates
- 3 pommes de terre
- 2 oignons
- 6 cuill. à soupe d'huile d'olive
- 6 tiges de coriandre
- 3 œufs
- 1 cuill. café de graines de cumin
- 1 cuill. à café rase de cannelle en poudre
- Sel, poivre

Vin conseillé
Bergerac rouge à 16 °C

1 Épluchez les pommes de terre et faites-les cuire 30 minutes dans de l'eau salée. Épluchez et émincez les oignons, hachez la coriandre. Faites chauffer deux cuillères à soupe d'huile dans une poêle et faites-y revenir doucement les oignons sans coloration. Réservez-les.

2 Égouttez les pommes de terre et écrasez-les à la fourchette. Ajoutez la viande, la coriandre, les oignons, les œufs, la cannelle et les graines de cumin. Salez, poivrez et mélangez. Formez des petites boulettes. Piquez les boulettes deux par deux sur des brochettes en bois et gardez-les au frais.

3 Préchauffez le four th 7 (210 °C).

4 Coupez les tomates en quartiers. Mettez-les sur la plaque du four recouverte de papier aluminium. Salez, poivrez et arrosez de deux cuillères à soupe d'huile d'olive. Posez les brochettes sur la plaque à côté des tomates et enfournez. Faites cuire 15 minutes en retournant régulièrement les brochettes.

5 Coupez les petits pains en deux dans l'épaisseur et arrosez la mie avec les deux cuillères à soupe d'huile d'olive restantes. Répartissez les tomates et les brochettes sur les petits pains et servez aussitôt.

Pita à la ratatouille

Préparation : 20 min - Cuisson : 1 h - Difficulté : ★ - Budget : ★

Pour 6 personnes
- 6 pains pita
- 6 courgettes
- 5 tomates
- 3 aubergines
- 2 poivrons rouges
- 6 branches d'estragon
- 6 cuill. à soupe d'huile d'olive
- Sel, poivre

Vin conseillé
Côtes de Provence rosé à 9 °C

Astuce
Une fois les pains garnis, vous pouvez les faire réchauffer au four th 4 (120 °C) pendant 10 minutes.

Valeurs nutritionnelles
(pour une personne)
- Valeur énergétique : 380 kcal (1590 kJ)
- Protéines : 10,2 g
- Lipides : 11,7 g
- Glucides : 57,3 g

Menu
- Pita à la ratatouille
- Bœuf pimenté
- Granité à la grenadine et à l'orgeat

1 Épluchez les aubergines et les courgettes. Épépinez les poivrons. Coupez tous les légumes en morceaux.

2 Faites chauffer l'huile dans une cocotte. Ajoutez les poivrons et les aubergines et faites-les revenir à feu doux pendant 5 minutes, en remuant régulièrement. Ajoutez les courgettes et poursuivez la cuisson 10 minutes à feu moyen, en remuant.

3 Incorporez enfin les tomates, baissez le feu, puis salez et poivrez. Couvrez et faites mijoter pendant 45 minutes, en remuant souvent.

4 Ouvrez les pains pita en deux sans séparer les deux moitiés et mettez-les dans des assiettes. Garnissez-les de ratatouille et servez-les décorés de branches d'estragon.

Sandwich au saumon

Préparation : 10 min - Pas de cuisson - Difficulté : ★ - Budget : ★★

Astuce
Pour une recette plus festive, ajoutez deux cuillères à soupe d'œufs de saumon dans le fromage frais.

Pour 6 personnes
- 6 petits pains ronds
- 12 tranches de saumon fumé
- 150 g de fromage frais
- 3 branches d'aneth
- 1 poignée de roquette
- 1 cuill. à café de baies roses
- Sel, poivre

Valeurs nutritionnelles
(pour une personne)
- Valeur énergétique : 462 kcal (1 934 kJ)
- Protéines : 27,3 g
- Lipides : 23 g
- Glucides : 35 g

Menu
- Sandwich au saumon
- Verrines de tomates séchées
- Cake au citron et aux myrtilles

Vin conseillé
Anjou blanc sec à 9 °C

1 Lavez, séchez et effeuillez l'aneth. Lavez, essorez et séchez les feuilles de roquette.

2 Écrasez le fromage frais à la fourchette dans un saladier. Salez et poivrez généreusement.

3 Coupez les pains en deux dans l'épaisseur et tartinez la partie inférieure de fromage frais. Recouvrez-le de tranches de saumon fumé. Parsemez de baies roses et de pluches d'aneth. Ajoutez quelques feuilles de roquette.

4 Recouvrez de la partie supérieure des petits pains et servez aussitôt.

Sandwich au thon

Préparation : 20 min - Pas de cuisson - Difficulté : ★ - Budget : ★

Pour 6 personnes

- 6 petits pains longs
- 1 grosse boîte de thon au naturel
- 2 poignées de feuilles de salade frisée
- 3 tomates
- 2 carottes
- 1 poivron rouge
- 3 cuill. à soupe d'huile
- 1 cuill. à soupe de vinaigre de vin
- 1 cuill. à café de moutarde
- 50 g de beurre
- Sel, poivre

Vin conseillé
Bourgogne-Aligoté à 9 °C

Astuce
Si vous souhaitez emporter votre sandwich et lui conserver le maximum de fraîcheur, emballez-le dans du papier absorbant, puis dans du papier aluminium avant de le placer au frais.

Valeurs nutritionnelles
(pour une personne)
- Valeur énergétique : 357 kcal (1 454 kJ)
- Protéines : 16,3 g
- Lipides : 12,3 g
- Glucides : 40,3 g

Menu
- Sandwich au thon
- Crumble de tomates
- Flan à la vanille

1 Lavez, essorez et séchez les feuilles de salade. Lavez et coupez les tomates en rondelles fines. Lavez, épépinez et coupez le poivron en lanières. Émiettez le thon. Pelez et râpez les carottes avec une grosse râpe.

2 Mélangez la moutarde avec du sel et du poivre. Ajoutez le vinaigre, puis l'huile sans cesser de fouetter.

3 Dans un saladier, mélangez la salade, les tomates, le poivron, les carottes et la sauce.

4 Coupez les pains en deux dans l'épaisseur et beurrez-les. Garnissez-les de salade et de légumes et parsemez-les de thon émietté.

5 Refermez les sandwichs et servez-les bien frais.

Sandwich aux figues et à la mortadelle

Préparation : 10 min - Pas de cuisson - Difficulté : ★ - Budget : ★

Astuce

Choisissez des figues violettes bien mûres, dont la saveur sucrée se mariera parfaitement avec celle de la mortadelle, et ne les mettez surtout pas au réfrigérateur car elles perdraient leur saveur.

Valeurs nutritionnelles
(pour une personne)
- Valeur énergétique : 769 kcal (3218 kJ)
- Protéines : 23,5 g
- Lipides : 40,4 g
- Glucides : 75,5 g

Menu
- Sandwich aux figues et à la mortadelle
- Beignets de fleurs de courgettes
- Tartelettes au chocolat blanc

Pour 6 personnes
- 6 petits pains ronds
- 18 tranches fines de mortadelle
- 12 figues fraîches
- 2 tiges de coriandre fraîche
- 50 g de pistaches salées
- 3 cuill. à soupe d'huile de noix
- Poivre du moulin

Vin conseillé
Bourgogne-Passe-Tout-Grains rouge à 15 °C

1 Coupez les figues en rondelles.

2 Lavez, séchez et effeuillez la coriandre.

3 Coupez les pains en deux dans l'épaisseur et arrosez la mie d'un filet d'huile de noix.

4 Garnissez les parties inférieures des pains de tranches de mortadelle, puis de rondelles de figues. Poivrez et ajoutez quelques feuilles de coriandre et quelques pistaches.

5 Recouvrez de l'autre moitié du pain et servez bien frais.

Tartines à la dinde et aux légumes grillés

Préparation : **40 min** - Cuisson : **20 min** - Marinade : **1 h** - Difficulté : ★★ - Budget : ★

Pour 6 personnes

- 12 grandes tranches de pain de campagne
- 2 blancs de dinde cuits
- 3 courgettes
- 2 aubergines
- 1 poivron rouge
- 1 poivron jaune
- 2 gousses d'ail
- 2 branches de basilic
- 80 g de copeaux de parmesan
- Huile d'olive
- Poivre du moulin
- Fleur de sel

Vin conseillé
Minervois blanc à 9 °C

Astuce

Utilisez les restes d'une volaille cuite la veille. Si vous n'en avez pas, faites cuire des blancs de dinde ou de poulet à la poêle dans un peu d'huile d'olive pendant 25 minutes, en les retournant régulièrement, ou faites-les cuire à la vapeur pour une recette allégée.

Valeurs nutritionnelles
(pour une personne)
- Valeur énergétique : 431 kcal (1 803 kJ)
- Protéines : 23,9 g
- Lipides : 17,3 g
- Glucides : 43,5 g

Menu
- Tartines à la dinde et aux légumes grillés
- Tian de tomates et de courgettes
- Parfait aux coquelicots

1 Préchauffez le four en position gril. Lavez les légumes. Faites griller les poivrons dans le four en les retournant régulièrement, jusqu'à ce que la peau soit complètement noircie.

2 Taillez les aubergines et les courgettes en lamelles fines dans la longueur, puis recoupez-les en trois. Effeuillez le basilic. Réservez quelques belles feuilles pour la décoration et ciselez le reste. Pelez et hachez l'ail.

3 Pelez et épépinez les poivrons, puis coupez-les en lamelles fines. Posez les lamelles de courgettes et d'aubergines sur la grille du four. Salez et poivrez. Arrosez d'un filet d'huile d'olive et enfournez en plaçant la lèchefrite sous la grille. Faites griller 5 à 6 minutes de chaque côté.

4 Mettez les légumes dans un plat, ainsi que les lamelles de poivrons. Arrosez-les d'huile d'olive et parsemez-les d'ail haché et de basilic. Salez et poivrez et laissez mariner 1 heure au frais.

5 Émincez les blancs de dinde en lamelles fines. Faites griller les tranches de pain. Arrosez-les légèrement d'huile de la marinade, puis répartissez les légumes sur les tranches de pain. Ajoutez les lamelles de dinde, les copeaux de parmesan et décorez de feuilles de basilic.

Tartines au fromage de chèvre et à la coppa

Préparation : 5 min - Pas de cuisson - Difficulté : ★ - Budget : ★

Astuce
Pour plus de saveurs, remplacez le fromage de chèvre par du brocciu frais (fromage corse) ou par de la brousse de brebis.

Pour 6 personnes
- 6 grandes tranches de pain de campagne
- 18 tranches fines de coppa
- 200 g de fromage de chèvre frais
- 1 gousse d'ail
- 1 tomate
- 1 tige de basilic
- Huile d'olive
- Sel, poivre

Valeurs nutritionnelles
(pour une personne)
- Valeur énergétique : 424 kcal (1 776 kJ)
- Protéines : 35,2 g
- Lipides : 15,9 g
- Glucides : 33,7 g

Menu
- Tartines au fromage de chèvre et à la coppa
- Verrines de légumes d'été
- Madeleines à la fleur d'oranger

Vin conseillé
Chablis à 9 °C

1 Lavez, séchez, effeuillez et ciselez le basilic. Écrasez le fromage de chèvre à la fourchette, arrosez-le d'un filet d'huile d'olive, salez et poivrez, puis mélangez bien.

2 Faites griller les tranches de pain de campagne. Coupez la gousse d'ail et la tomate en deux et frottez-en les tranches de pain.-

3 Tartinez le pain grillé de fromage de chèvre, parsemez de basilic et recouvrez de tranches de coppa. Servez aussitôt.

Les plats

Brochettes de St-Jacques au lard fumé

Préparation : 15 min - Cuisson : 10 min - Difficulté : ★★ - Budget : ★★★

Pour 6 personnes
- 30 noix de St-Jacques
- 15 tranches de poitrine fumée très fines
- 50 g d'œufs de lump
- Sel, poivre

Astuce
Faites mariner les noix de St-Jacques pendant 30 minutes après les avoir arrosées de 5 cl d'huile d'olive additionnée d'une grosse pincée de paprika, d'une cuillère à café de baies roses concassées et de poivre.

Valeurs nutritionnelles
(pour une personne)
- Valeur énergétique : 248 kcal (1037 kJ)
- Protéines : 30,4 g
- Lipides : 11,2 g
- Glucides : 5,6 g

Vin conseillé
Alsace-Tokay-Pinot gris à 11 °C

Menu
- Flans de légumes
- Brochettes de St-Jacques au lard fumé
- Duo de gelée et de mousse de cerises

1 Coupez les tranches de poitrine fumée en deux dans la longueur. Salez très légèrement les noix de St-Jacques.

2 Enroulez chaque noix de St-Jacques dans une tranche de poitrine fumée. Piquez-les ensuite sur des petites brochettes en bois.

3 Préchauffez le four th 7 (210 °C).

4 Posez les brochettes sur la plaque du four recouverte de papier aluminium et poivrez. Enfournez et faites cuire 10 minutes, en retournant les brochettes à mi-cuisson.

5 Disposez les brochettes dans un plat, parsemez-les d'œufs de lump et servez-les accompagnées d'endives braisées.

Couscous de la mer

Préparation : 45 min - Cuisson : 1 h - Difficulté : ★★ - Budget : ★★★

Astuce
Accompagnez le couscous de petits bols d'harissa, de petits piments doux à l'huile et de coriandre fraîche hachée.

Valeurs nutritionnelles
(pour une personne)
- Valeur énergétique : 534 kcal (2235 kJ)
- Protéines : 43,7 g
- Lipides : 15,5 g
- Glucides : 53,1 g

Menu
- Dips de crudités à la sauce aux anchois
- Couscous de la mer
- Aspic de melon aux fraises

Pour 6 personnes
- 350 g de semoule de blé fine
- 750 g de queue de lotte
- 12 crevettes roses crues
- 1 l de moules
- 3 tomates
- 1 branche de céleri
- 1 poivron rouge
- 1 carotte
- 2 gousses d'ail
- 2 branches de persil
- 150 g de pois chiches
- 100 g d'olives noires dénoyautées
- 4 cuill. à soupe d'huile d'olive
- Sel, poivre

Vin conseillé
Coteaux du Languedoc blanc à 11 °C

1 Coupez les tomates et le céleri en morceaux et la carotte en rondelles. Épépinez et coupez le poivron en petits dés. Pelez les gousses d'ail. Faites chauffer l'huile dans une cocotte. Faites-y revenir l'ail, le poivron, le céleri et la carotte. Versez 3 l d'eau, salez et poivrez, ajoutez le persil et portez à ébullition. Laissez cuire le bouillon 20 minutes à petits frémissements.

2 Nettoyez les moules et coupez la lotte en cubes. Coupez les olives en rondelles. Préparez la semoule, versez-la dans un grand plat et ajoutez les olives et les tomates. Ajoutez les pois chiches après les avoir fait réchauffer.

3 Mettez les moules dans une cocotte, couvrez et faites cuire jusqu'à ce qu'elles soient bien ouvertes. Réservez-les au chaud. Plongez la lotte dans le bouillon de légumes et faites-la pocher 15 minutes. 5 minutes avant la fin de la cuisson, ajoutez les crevettes.

4 Retirez les crevettes et la lotte du bouillon, filtrez-le, puis versez-le dans une casserole et faites-le réduire de moitié à feu vif.

5 Mélangez les légumes à la semoule. Ajoutez ensuite les morceaux de lotte, les crevettes et les moules. Arrosez de bouillon et servez aussitôt.

Curry antillais aux fruits de mer

Préparation : 30 min - Cuisson : 25 min - Marinade : 30 min - Difficulté : ★★ - Budget : ★★★

Pour 6 personnes

- 12 noix de St-Jacques
- 18 noix de pétoncles
- 18 crevettes roses crues
- 6 pommes de terre
- 1 oignon
- 2 tiges de coriandre fraîche
- 3 yaourts nature
- 2 cuill. à soupe rases de curry en poudre
- 1 cuill. à café de piment de Cayenne
- 2 cuill. à soupe d'huile d'arachide
- Sel

Vin conseillé
Condrieu à 11 °C

Astuce
Si vous aimez les recettes très épicées, remplacez le piment de Cayenne par un petit piment oiseau épépiné et finement haché.

Valeurs nutritionnelles
(pour une personne)
- Valeur énergétique : 266 kcal (1112 kJ)
- Protéines : 27 g
- Lipides : 5,3 g
- Glucides : 26,6 g

Menu
- Trio de cocktails
- Curry antillais aux fruits de mer
- Petits pots de crème au thé

1 Décortiquez les crevettes. Nettoyez les noix de pétoncles et les St-Jacques. Mettez les crevettes, les St-Jacques et les pétoncles dans un plat creux. Pelez et hachez l'oignon.

2 Dans un bol, mélangez les yaourts avec le curry, le piment de Cayenne, l'oignon haché et une grosse pincée de sel.

3 Versez la préparation sur les fruits de mer et mélangez. Faites mariner au frais 30 minutes.

4 Pendant ce temps, épluchez et coupez les pommes de terre en cubes. Faites-les cuire dans de l'eau salée pendant 10 minutes. Égouttez-les et réservez-les.

5 Faites chauffer l'huile dans une cocotte. Égouttez les fruits de mer et faites-les revenir 2 minutes en remuant, puis ajoutez la marinade et les pommes de terre et poursuivez la cuisson 10 minutes.

6 Lavez, séchez, effeuillez et ciselez la coriandre. Parsemez le curry de coriandre et servez aussitôt avec du riz blanc.

Gratin de la mer

Préparation : 45 min - Cuisson : 50 min - Difficulté : ★★ - Budget : ★★

Astuce

Pour un repas plus festif, ajoutez des crevettes décortiquées, des coques et des langoustines. Pour gagner du temps, utilisez un mélange de fruits de mer surgelés. Faites-les décongeler à température ambiante sur du papier absorbant et séchez-les bien.

Valeurs nutritionnelles

(pour une personne)
- Valeur énergétique : 382 kcal (1598 kJ)
- Protéines : 31,8 g
- Lipides : 14,1 g
- Glucides : 14,8 g

Menu
- Crème de poivrons
- Gratin de la mer
- Mousses de fruits rouges

Pour 6 personnes
- 3 l de moules
- 600 g de noix de pétoncles
- 5 champignons de Paris
- 2 tiges de persil
- 40 g de farine
- 75 g de beurre
- 40 cl de lait
- 10 cl de vin blanc sec
- Sel, poivre

Vin conseillé
Touraine blanc à 9 °C

1 Nettoyez les moules, mettez-les dans une casserole, versez le vin blanc, couvrez et faites cuire jusqu'à ce que les coquillages soient bien ouverts. Égouttez-les et retirez-les de leurs coquilles. Passez le jus de cuisson au tamis et réservez-le. Nettoyez les noix de pétoncles. Cassez les pieds des champignons et épluchez les chapeaux. Coupez-les en petits quartiers.

2 Faites fondre 25 g de beurre et faites-y revenir les champignons en remuant pendant 10 minutes. Salez et poivrez. Ajoutez les moules, les noix de pétoncles et les champignons.

3 Préchauffez le four en position gril. Lavez, séchez, effeuillez et hachez le persil.

4 Faites fondre le reste du beurre dans une casserole. Versez la farine d'un seul coup et fouettez vivement. Retirez du feu et versez doucement le lait en fouettant sans arrêt. Remettez sur feu doux et ajoutez le jus de cuisson des moules en fouettant. Poursuivez la cuisson 10 à 12 minutes, sans cesser de fouetter. Salez, poivrez et ajoutez le persil. Laissez refroidir.

5 Répartissez les fruits de mer dans des ramequins. Versez la béchamel refroidie par-dessus. Enfournez et faites gratiner 10 minutes. Servez bien chaud dès la sortie du four.

Moules au curry

Préparation : 25 min - Cuisson : 20 min - Difficulté : ★★ - Budget : ★

Pour 6 personnes

- 4 l de moules
- 25 cl de vin blanc sec
- 25 cl de crème fraîche
- 3 échalotes
- 2 branches de persil plat
- 1 cuill. à soupe de curry en poudre
- Sel, poivre du moulin

Vin conseillé
Bordeaux blanc sec à 9 °C

Astuce
Vous pouvez utiliser des moules de bouchot, moules françaises, petites, peu charnues mais très goûteuses ou bien des moules espagnoles, plus grosses et plus charnues mais moins savoureuses.

Valeurs nutritionnelles
(pour une personne)
- Valeur énergétique : 337 kcal (1412 kJ)
- Protéines : 19,2 g
- Lipides : 15,1 g
- Glucides : 23,5 g

Menu
- Boulettes de chèvre aromatisées
- Moules au curry
- Moelleux au chocolat

1 Lavez, séchez, effeuillez et ciselez le persil. Pelez et émincez les échalotes. Nettoyez les moules.

2 Mettez les moules dans une cocotte, ajoutez le vin blanc et les échalotes. Couvrez et faites cuire en remuant régulièrement jusqu'à ce que les moules soient bien ouvertes.

3 Sortez les moules de la casserole à l'aide d'une écumoire. Réservez-les au chaud. Portez le jus de cuisson à ébullition, puis incorporez la crème fraîche en fouettant. Ajoutez le curry, salez, poivrez et remettez les moules dans la cocotte. Mélangez délicatement.

4 Répartissez les moules dans des assiettes creuses, arrosez de sauce au curry et parsemez de persil ciselé avant de servir.

Palourdes rôties aux amandes

Préparation : 20 min - Cuisson : 15 min - Difficulté : ★★ - Budget : ★★★

Astuce
Vous pouvez préparez les palourdes à l'avance et les garder au frais jusqu'au moment de les enfourner.

Valeurs nutritionnelles
(pour une personne)
- Valeur énergétique : 317 kcal (1303 kJ)
- Protéines : 14,8 g
- Lipides : 27,3 g
- Glucides : 0,9 g

Menu
- Bavarois de poivrons aux gambas
- Palourdes rôties aux amandes
- Soupe de fraises

Pour 6 personnes
- 60 palourdes
- 100 g de beurre mou
- 120 g d'amandes effilées
- 6 branches de persil plat
- 250 g de gros sel
- Fleur de sel
- Poivre du moulin

Vin conseillé
Muscadet-Sèvre et Maine à 9 °C

1 Préchauffez le four th 5 (150 °C). Versez le gros sel en une couche régulière sur la plaque du four.

2 Ouvrez les palourdes et retirez la partie supérieure de la coquille. Posez les palourdes sur la plaque du four en les enfonçant légèrement dans le gros sel pour qu'elles soient bien à plat.

3 Lavez, séchez, effeuillez et hachez le persil. Battez le beurre avec le persil haché et les amandes effilées. Poivrez.

4 Mettez une petite cuillère de beurre persillé dans chaque palourde. Salez légèrement, enfournez et faites cuire 15 minutes avant de servir.

Assiette de la mer

Préparation : 40 min - Cuisson : 1 h 05 - Difficulté : ★★ - Budget : ★★★

Pour 6 personnes

- 500 g de filets de saumon
- 500 g de queue de cabillaud
- 6 petites darnes de lotte
- 2 l de moules
- 30 cl de bisque de homard
- 6 pommes de terre
- 3 bulbes de fenouil
- 1 botte de petits oignons blancs nouveaux
- 6 tiges d'estragon
- 1 bouquet garni
- 1 dose de safran en poudre
- Sel, poivre

Vin conseillé
Chablis à 9 °C

Astuce

Pour atténuer le goût très prononcé de la bisque de homard et afin qu'il n'écrase pas le goût des autres ingrédients, ajoutez une cuillère à soupe de crème fraîche lorsque vous la réchauffez.

Valeurs nutritionnelles
(pour une personne)
- Valeur énergétique : 445 kcal (1827 kJ)
- Protéines : 68,5 g
- Lipides : 13 g
- Glucides : 10 g

Menu
- Toasts aux figues et au fromage frais
- Assiette de la mer
- Mille-feuilles aux framboises

1 Épluchez les bulbes de fenouil et séparez les feuilles les unes des autres. Épluchez les oignons et coupez-les en deux. Épluchez et coupez les pommes de terre en deux dans la longueur. Ébarbez les moules. Coupez les filets de saumon et la queue de cabillaud en gros morceaux.

2 Mettez les fenouils, les oignons et le bouquet garni dans une sauteuse. Couvrez-les d'eau, puis salez et poivrez. Portez à ébullition et faites cuire 20 minutes à petits bouillons. Mettez les pommes de terre dans une casserole. Couvrez-les d'eau, ajoutez le safran et faites cuire 20 minutes après ébullition.

3 Pendant ce temps, mettez les moules dans une casserole et couvrez. Ajoutez un verre d'eau et mettez sur feu moyen. Faites cuire jusqu'à ce que les moules soient bien ouvertes.

4 Ajoutez les morceaux de cabillaud et de saumon, ainsi que les darnes de lottes entières dans la sauteuse et poursuivez la cuisson pendant 10 minutes. Faites réchauffer la bisque de homard sur feu doux.

5 Versez un peu de bisque de homard dans le fond de chaque assiette. Ajoutez les morceaux de poissons et les légumes. Ajoutez les pommes de terre au safran et les moules et servez aussitôt.

Brochettes de lotte au parmesan et aux artichauts

Préparation : 25 min - Cuisson : 1 h 15 - Difficulté : ★★ - Budget : ★★★

Astuce

Vous pouvez aussi faire cuire les brochettes au four, sous le gril, pendant 8 minutes, ou au barbecue pendant 5 à 8 minutes, en retournant très régulièrement les brochettes. Si vous utilisez des brochettes en bois, trempez-les dans de l'eau froide avant de piquer les morceaux de poisson.

Valeurs nutritionnelles
(pour une personne)
- Valeur énergétique : 309 kcal (1269 kJ)
- Protéines : 34,4 g
- Lipides : 11,2 g
- Glucides : 12,5 g

Menu
- Caviar de poivrons "del piquillo"
- Brochettes de lotte au parmesan et aux artichauts
- Mousses d'amande à l'eau de rose

Pour 6 personnes

Pour les brochettes :
- 800 g de queue de lotte
- 120 g de parmesan râpé
- 3 branches de laurier frais
- 2 branches de thym citron
- Poivre du moulin

Pour les artichauts :
- 12 petits artichauts violets
- 3 cuill. à soupe d'huile
- 10 cl de vin blanc sec
- Sel, poivre

Vin conseillé
Bourgogne blanc à 9 °C

1 Coupez les pieds des artichauts. Retirez les feuilles dures de la base.

2 Faites chauffer l'huile dans une sauteuse. Ajoutez les artichauts, salez et poivrez. Arrosez avec le vin et un verre d'eau, couvrez et laissez cuire 1 heure 15.

3 Pendant ce temps, préparez les brochettes : détachez les feuilles de laurier. Lavez, séchez et effeuillez le thym citron.

4 Coupez la lotte en petits cubes. Mettez le parmesan râpé dans une assiette et roulez les cubes de lotte dans le parmesan. Poivrez-les et entourez chaque morceau de poisson d'une feuille de laurier. Piquez ensuite les morceaux de lotte sur des brochettes en bois.

5 10 minutes avant la fin de la cuisson des artichauts, ajoutez les brochettes dans la sauteuse sur les artichauts et terminez la cuisson à couvert. Parsemez de thym citron et servez dès la fin de la cuisson.

Brochettes de saumon aux courgettes et à l'ananas

Préparation : 20 min - Cuisson : 25 min - Marinade : 30 min - Difficulté : ★ - Budget : ★★

Pour 6 personnes
- 850 g de filets de saumon dans le cœur sans peau et sans arêtes
- 3 courgettes
- 1 ananas
- 2 tiges d'aneth
- 4 cuill. à soupe d'huile d'olive
- Sel, poivre

Vin conseillé
Graves blanc à 9 °C

Astuce
Trempez les pics en bois dans de l'eau froide avant de piquer les cubes de poisson et de légumes afin qu'ils ne brûlent pas. Servez les brochettes avec une sauce au beurre blanc citronnée et parsemée d'aneth.

Valeurs nutritionnelles
(pour une personne)
- Valeur énergétique : 333 kcal (1365 kJ)
- Protéines : 28,9 g
- Lipides : 20,9 g
- Glucides : 4,6 g

Menu
- Cake à la feta et aux olives
- Brochettes de saumon aux courgettes et à l'ananas
- Crèmes aux œufs

1 Coupez les filets de saumon en cubes. Mettez-les dans un plat. Salez et poivrez, arrosez d'huile et parsemez d'aneth ciselé. Mélangez, couvrez de film alimentaire et placez au frais pendant 30 minutes.

2 Pendant ce temps, épluchez et coupez l'ananas en quatre. Retirez le cœur un peu dur, ainsi que les yeux. Coupez ensuite l'ananas en morceaux de la même taille que les cubes de poisson.

3 Lavez soigneusement les courgettes et coupez-les en cubes équivalents. Mettez-les dans le panier d'un cuit-vapeur, ajoutez de l'eau, couvrez et faites cuire 10 minutes.

4 Allumez le barbecue ou préchauffez le four th 8 (240 °C). Piquez les cubes de saumon, les cubes de courgettes et les morceaux d'ananas sur des brochettes en bois.

5 Posez-les sur la grille du barbecue ou sur la plaque du four recouverte de papier sulfurisé, salez, poivrez et arrosez d'un peu d'huile de la marinade du saumon. Faites cuire 15 minutes en retournant régulièrement les brochettes et servez dès la fin de la cuisson.

Calamars à la plancha

Préparation : 15 min - Cuisson : 25 min - Difficulté : ★★ - Budget : ★

Astuce
Si vous ne trouvez pas de calamars entiers, utilisez des supions. Dans ce cas, réduisez le temps de cuisson de 5 minutes. Si vous ne possédez pas de plancha, utilisez une poêle légèrement huilée.

Pour 6 personnes
- 6 calamars entiers préparés par le poissonnier
- 3 oignons
- 2 citrons jaunes
- 6 tiges de persil plat
- 6 cuill. à soupe d'huile
- Fleur de sel
- Poivre du moulin

Valeurs nutritionnelles
(pour une personne)
- Valeur énergétique : 251 kcal (1029 kJ)
- Protéines : 24,8 g
- Lipides : 11,7 g
- Glucides : 9,4 g

Menu
- Gaspacho au chorizo
- Calamars à la plancha
- Tarte aux quetsches

Vin conseillé
St-Véran à 12 °C

1 Coupez les citrons en quartiers. Pelez et hachez finement les oignons. Ciselez les calamars dans la longueur sans aller jusqu'au bout de manière à ce qu'ils restent entiers. Lavez, séchez et ciselez le persil.

2 Faites chauffer deux cuillères à soupe d'huile dans une poêle et faites-y revenir les oignons à feu vif en remuant, jusqu'à ce qu'ils soient bien dorés. Ajoutez le persil, poursuivez la cuisson quelques secondes et retirez du feu. Versez dans un bol et réservez.

3 Faites chauffer la plancha à la température maximale et saisissez les calamars. Réduisez la température et faites-les cuire 20 minutes en les retournant régulièrement. Salez et poivrez.

4 Mettez les calamars dans un plat, parsemez-les du hachis d'oignon et de persil et servez aussitôt avec les quartiers de citrons.

Filets de rougets à la provençale

Préparation : 30 min - Cuisson : 1 h 25 - Difficulté : ★★ - Budget : ★★★

Pour 6 personnes
- 12 filets de rougets
- 12 calamars
- 10 cl de vin blanc sec
- 2 gousses d'ail
- 2 cuill. à soupe d'huile d'olive
- 1 branche de basilic
- 1 feuille de laurier
- Sel, poivre

Pour la ratatouille :
- 4 courgettes
- 3 tomates
- 1 aubergine
- 1 poivron rouge
- 1 branche de thym
- 1 tige de basilic
- 4 cuill. à soupe d'huile d'olive
- Sel, poivre

Vin conseillé
Coteaux varois en Provence rosé à 9 °C

Astuce
Accompagnez ce plat d'une sauce tomate au basilic et à l'huile d'olive.

Valeurs nutritionnelles
(pour une personne)
- Valeur énergétique : 427 kcal (1787 kJ)
- Protéines : 37 g
- Lipides : 24 g
- Glucides : 11,8 g

Menu
- Flan aux poivrons et aux courgettes
- Filets de rougets à la provençale
- Tarte à la gelée de sauge

1 Préparez la ratatouille : lavez tous les légumes et coupez-les en petits cubes.

2 Faites chauffer l'huile dans une cocotte. Ajoutez le poivron et l'aubergine et faites-les revenir à feu doux pendant 5 minutes en remuant régulièrement. Ajoutez les courgettes et poursuivez la cuisson 10 minutes. Incorporez enfin les tomates, le thym et les feuilles de basilic, baissez le feu au minimum, puis salez et poivrez. Couvrez et faites mijoter pendant 45 minutes en remuant régulièrement.

3 Préparez les rougets et les calamars : pelez et hachez l'ail. Lavez, séchez, effeuillez et hachez le basilic. Plongez les calamars 3 minutes dans de l'eau bouillante, puis égouttez-les.

4 Faites chauffer l'huile dans une sauteuse. Faites-y revenir l'ail sans coloration pendant 1 minute, puis versez le vin blanc. Ajoutez le laurier, le basilic et les calamars. Salez et poivrez, mélangez et faites cuire à couvert pendant 15 minutes. Ajoutez les filets de rougets dans la sauteuse et poursuivez la cuisson 5 minutes environ.

5 Retirez les filets de rougets et les calamars de la sauteuse et mettez-les dans des assiettes. Ajoutez la ratatouille et servez aussitôt.

Filets de thon aux petits légumes

Préparation : 20 min - Cuisson : 25 min - Marinade : 30 min - Difficulté : ★★ - Budget : ★★★

Astuce
Utilisez du thon rouge bien frais. Il doit être juste saisi à la poêle et rester rouge à cœur. Augmentez légèrement la quantité de thon pour préparer une salade le lendemain. Mélangez de la salade verte, des pommes de terre cuites à la vapeur, des tomates et le thon grossièrement émietté.

Valeurs nutritionnelles
(pour une personne)
- Valeur énergétique : 421 kcal (1729 kJ)
- Protéines : 40,1 g
- Lipides : 20,2 g
- Glucides : 16,4 g

Menu
- Hoummos
- Filets de thon aux petits légumes
- Petites charlottes à la rhubarbe et aux fraises

Pour 6 personnes
- 850 g de filets de thon sans peau et sans arêtes
- 250 g de petits pois frais écossés
- 6 mini-courgettes rondes jaunes
- 1 botte d'asperges vertes
- 50 g de beurre
- 1 cuill. à soupe rase de sucre en poudre
- 2 cuill. à soupe de vinaigre balsamique
- 4 cuill. à soupe d'huile d'olive
- Sel, poivre

Vin conseillé
Coteaux du Languedoc rosé à 9 °C

1 Coupez le filet de thon en cubes. Mettez-les dans un plat. Salez, poivrez et arrosez d'huile. Mélangez, couvrez de film alimentaire et placez au frais pendant 30 minutes.

2 Pendant ce temps, épluchez les asperges et coupez-les en tronçons en gardant les pointes assez longues. Lavez les courgettes et les petits pois. Mettez les trois légumes dans une grande sauteuse. Couvrez-les d'eau à fleur et ajoutez le sucre et le beurre en parcelles. Portez à ébullition et laissez cuire jusqu'à complète évaporation du liquide. Quand il n'y a plus de liquide, poursuivez la cuisson 5 minutes à feu vif, en secouant vivement la sauteuse pour faire caraméliser les légumes. Réservez dans un four chaud th 3 (90 °C).

3 Faites chauffer deux cuillères à soupe d'huile de la marinade dans une poêle. Quand elle est bien chaude, faites-y sauter les cubes de thon pendant 5 minutes. Salez, poivrez et retirez-les de la poêle.

4 Déglacez la poêle avec le vinaigre, puis retirez du feu.

5 Répartissez les légumes et les cubes de thon dans des assiettes et arrosez de vinaigre. Servez aussitôt.

Galettes de poisson aux herbes

Préparation : 25 min - Cuisson : 55 min - Difficulté : ★★ - Budget : ★

Pour 6 personnes

- 800 g de queue de cabillaud
- 8 grosses pommes de terre
- 3 tiges de persil plat
- 3 tiges de cerfeuil
- 2 tiges d'estragon
- 100 g de beurre
- 6 cuill. à soupe de chapelure fine
- Huile
- Sel, poivre

Astuce

Préparez une mayonnaise et additionnez-la d'une cuillère à café rase de curry en poudre. Accompagnez les galettes de poisson de mayonnaise au curry.

Valeurs nutritionnelles
(pour une personne)
- Valeur énergétique : 375 kcal (1570 kJ)
- Protéines : 9,6 g
- Lipides : 16,4 g
- Glucides : 46 g

Vin conseillé
Alsace-Sylvaner à 9 °C

Menu
- Brouillade de tomates
- Galettes de poisson aux herbes
- Salade de fruits

1 Mettez la queue de cabillaud dans le panier d'un cuit-vapeur. Ajoutez de l'eau, salez, couvrez et faites cuire 18 minutes.

2 Lavez et épluchez les pommes de terre. Mettez-les dans une casserole d'eau froide salée et faites cuire 20 minutes après ébullition. Égouttez-les et écrasez-les avec une fourchette.

3 Effilochez le poisson. Lavez, séchez, effeuillez et hachez les herbes finement. Mettez l'effiloché de poisson, la purée de pommes de terre et les herbes dans une casserole sur feu doux et incorporez le beurre petit à petit. Salez et poivrez, puis retirez du feu et laissez refroidir.

4 Formez des galettes de purée de poisson et passez-les dans la chapelure des deux côtés. Faites chauffer un peu d'huile dans une poêle antiadhésive et déposez-y les galettes. Faites-les cuire en les retournant régulièrement jusqu'à ce qu'elles soient bien dorées.

5 Égouttez-les sur du papier absorbant et servez-les chaudes ou tièdes accompagnées d'une salade verte

Gratin de sardines

Préparation : 15 min - Cuisson : 15 min - Difficulté : ★ - Budget : ★

Astuce

Préparez une marinade avec 5 cl de vin blanc mélangé à deux cuillères à soupe d'huile d'olive, un trait de jus de citron, une cuillère à café de graines de fenouil écrasées, du sel et du poivre. Faites-y mariner les sardines 30 minutes avant de préparer le gratin.

Valeurs nutritionnelles
(pour une personne)
- Valeur énergétique : 403 kcal (1686 kJ)
- Protéines : 41,1 g
- Lipides : 23,3 g
- Glucides : 6 g

Menu
- Carpaccio de légumes
- Gratin de sardines
- Tartelettes aux pêches et au citron

Pour 6 personnes
- 24 petites sardines vidées
- 3 gousses d'ail
- 1 oignon
- 4 cuill. à soupe de chapelure
- 3 cuill. à soupe d'huile d'olive
- 2 branches de thym citron
- Sel, poivre

Vin conseillé
Muscadet-Sèvre et Maine à 9 °C

1 Préchauffez le four th 7 (210 °C). Huilez un grand plat à gratin avec une cuillère à soupe d'huile.

2 Pelez et hachez les gousses d'ail et l'oignon. Lavez, séchez et effeuillez les branches de thym citron.

3 Dans un récipient, mélangez la chapelure, l'ail et l'oignon hachés, le thym citron et l'huile restante. Salez et poivrez.

4 Disposez les sardines dans le plat à gratin en évitant de les superposer. Parsemez-les de chapelure et enfournez. Faites cuire 15 minutes.

5 Servez le gratin de sardines dès la sortie du four, accompagné d'une ratatouille et de riz blanc.

Nuggets de colin

Préparation : 15 min - Cuisson : 30 min - Réfrigération : 10 min - Difficulté : ★★ - Budget : ★

Pour 6 personnes
- 12 filets de colin
- 4 œufs
- 250 g de chapelure
- 4 tiges de persil plat
- Huile de friture
- Sel, poivre

Vin conseillé
Anjou blanc sec à 9 °C

Astuce
Ajoutez en plus du persil une échalote finement hachée dans le hachis de poisson et accompagnez les nuggets d'une sauce tartare.

Valeurs nutritionnelles
(pour une personne)
- Valeur énergétique : 465 kcal (1909 kJ)
- Protéines : 44,5 g
- Lipides : 16,7 g
- Glucides : 30,4 g

Menu
- Omelette aux légumes grillés
- Nuggets de colin
- Tarte aux fraises et au thym citron

1 Faites cuire les filets de colin 15 minutes à la vapeur. Laissez-les refroidir, puis hachez-les. Lavez, séchez, effeuillez et hachez le persil.

2 Mélangez le hachis de poisson avec le persil. Ajoutez les œufs et mélangez bien. Formez des petites galettes et réservez-les au frais 10 minutes. Faites chauffer l'huile de friture.

3 Versez la chapelure dans une assiette et passez les galettes de poisson dans la chapelure.

4 Plongez les galettes par petites quantités dans l'huile. Faites cuire les nuggets en les retournant sans arrêt à l'aide d'une écumoire, jusqu'à ce qu'ils soient bien dorés. Égouttez-les sur du papier absorbant. Recommencez l'opération jusqu'à épuisement des ingrédients.

5 Salez et poivrez les nuggets et servez-les avec des frites.

Papillotes de saumon aux asperges

Préparation : 15 min - Cuisson : 30 min - Difficulté : ★ - Budget : ★★

Astuce
Vous pouvez aussi cuire les papillotes 20 minutes au four th 6 (180 °C)

Pour 6 personnes
- 2 filets de saumon sans peau de 600 g chacun
- 2 bottes d'asperges vertes
- 2 tiges d'aneth
- 1 cuill. à café de baies roses concassées
- 4 cuill. à soupe d'huile d'olive
- Fleur de sel

Valeurs nutritionnelles
(pour une personne)
- Valeur énergétique : 457 kcal (1874 J)
- Protéines : 44,5 g
- Lipides : 27,2 g
- Glucides : 5 g

Menu
- Mille-feuilles de tomate au chèvre frais
- Papillotes de saumon aux asperges
- Tartelettes au chocolat blanc

Vin conseillé
Bouzeron à 9 °C

1 Épluchez les asperges. Nouez-les en deux bottes et plongez-les dans de l'eau bouillante. Faites-les cuire 10 minutes. Lavez et séchez bien l'aneth. En fin de cuisson, égouttez bien les asperges et dénouez les bottes.

2 Découpez deux grandes feuilles de papier sulfurisé. Posez un filet de saumon au centre de chacune d'elle.

3 Posez les asperges sur les filets de saumon. Parsemez le tout de baies roses concassées et salez. Arrosez d'huile d'olive et ajoutez une pluche d'aneth sur chaque papillote.

4 Refermez les papillotes et placez-les dans le panier d'un cuit-vapeur. Ajoutez de l'eau, couvrez et faites cuire 18 minutes.

5 Servez directement dans les papillotes dès la fin de la cuisson.

Sardines en tempura

Préparation : 15 min - Cuisson : 20 min - Difficulté : ★★ - Budget : ★

Pour 6 personnes

- 18 petites sardines vidées
- 1 bouquet de persil plat
- 300 g de farine
- 45 cl d'eau glacée
- 3 jaunes d'œufs
- Huile de friture
- Sel

Vin conseillé
Sauvignon à 9 °C

Astuce
Servez les tempuras de sardines et de persil avec une vinaigrette à l'huile d'olive et à la sauce soja. Vous pouvez aussi ajouter une pincée de gingembre moulu dans la pâte.

Valeurs nutritionnelles
(pour une personne)
- Valeur énergétique : 333 kcal (1369 kJ)
- Protéines : 7,7 g
- Lipides : 15 g
- Glucides : 39,2 g

Menu
- Cake au chèvre et à la courgette
- Sardines en tempura
- Glace au citron et au cassis

1 Battez les jaunes d'œufs en omelette, puis versez par-dessus l'eau glacée en mélangeant bien. Incorporez ensuite la farine petit à petit. Salez et mélangez jusqu'à obtention d'une pâte lisse et onctueuse. Réservez.

2 Lavez et séchez bien le persil.

3 Faites chauffer l'huile de friture. Plongez les sardines deux par deux dans la pâte, puis plongez-les dans la friture. Faites cuire le temps qu'elles soient dorées, en les retournant sans arrêt avec une écumoire. Égouttez-les sur du papier absorbant et recommencez l'opération jusqu'à épuisement des sardines.

4 Procédez ensuite de la même façon pour le persil en ne le laissant que quelques secondes dans l'huile de friture.

5 Salez et servez immédiatement.

Tajine de poissons en ratatouille

Préparation : 35 min - Cuisson : 1 h 20 - Difficulté : ★★ - Budget : ★★★

Astuce
Servez le tajine avec des pois chiches, de l'harissa et des raisins secs préalablement trempés dans un peu de bouillon.

Valeurs nutritionnelles
(pour une personne)
- Valeur énergétique : 541 kcal (2221 kJ)
- Protéines : 38,8 g
- Lipides : 35,2 g
- Glucides : 13,3 g

Menu
- Hoummos
- Tajine de poissons en ratatouille
- Crèmes à la cardamome

Pour 6 personnes
- 600 g de lotte
- 600 g de queue de cabillaud
- 4 tomates
- 3 courgettes
- 2 aubergines
- 2 oignons
- 1 poivron rouge
- 1 poivron jaune
- 1 petit piment vert
- 1 gousse d'ail
- 20 cl d'huile d'olive
- 1 cuill. à café rase de cumin en poudre
- Sel, poivre

Vin conseillé
Coteaux du Languedoc blanc à 11 °C

1 Pelez les tomates après les avoir plongées dans de l'eau bouillante. Coupez-les en gros quartiers. Coupez la lotte et la queue de cabillaud en gros morceaux. Épépinez les poivrons et taillez-les en lanières, coupez les courgettes en rondelles et les aubergines en petits cubes. Épépinez et émincez finement le piment. Pelez et émincez les oignons, pelez et hachez la gousse d'ail.

2 Faites chauffer les trois quarts de l'huile dans un tajine ou dans une cocotte possédant un couvercle. Quand elle est chaude, faites-y revenir les oignons et l'ail. Ajoutez les aubergines et les poivrons. Faites cuire à feu vif pendant 15 minutes, en remuant. Ajoutez les courgettes et le piment, salez, poivrez et mélangez bien. Baissez le feu, couvrez et faites cuire à feu doux pendant 1 heure.

3 Pendant ce temps, faites chauffer le reste d'huile dans une sauteuse. Faites-y dorer les morceaux de lotte et de cabillaud. Salez et poivrez-les, puis saupoudrez-les de cumin. Quand ils sont bien colorés, retirez-les de la sauteuse et réservez-les.

4 15 minutes avant la fin de la cuisson de la ratatouille, ajoutez les morceaux de poissons dans le tajine. Mélangez et terminez la cuisson. Servez très chaud accompagné de semoule.

Thon à la créole

Préparation : 35 min - Cuisson : 1 h 30 - Difficulté : ★★ - Budget : ★★

Pour 6 personnes

- 6 morceaux de thon blanc de 120 g chacun
- 4 patates douces
- 2 oignons
- 1 citron
- 1 petit piment rouge
- 1 petit bouquet de coriandre fraîche
- 10 cl de vin blanc sec
- 4 cuill. à soupe de concentré de tomate
- Huile d'arachide
- Sel, poivre

Vin conseillé
Minervois blanc à 9 °C

Astuce
Les patates douces peuvent être oranges ou blanches. Pour cette recette, utilisez de préférence des patates douces blanches, moins sucrées que les oranges, mais plus sableuses en texture.

Valeurs nutritionnelles
(pour une personne)
- Valeur énergétique : 259 kcal (1065 kJ)
- Protéines : 31,3 g
- Lipides : 5,3 g
- Glucides : 16,9 g

Menu
- Terrines à la tomate et au chèvre frais
- Thon à la créole
- Trio de sorbets

1 Préchauffez le four th 5 (150°C). Épluchez les patates douces et coupez-les en rondelles. Recouvrez la plaque du four de papier aluminium. Posez les rondelles de patates douces dessus, salez et poivrez, arrosez d'un filet d'huile et enfournez. Faites cuire pendant 1 heure.

2 Pendant ce temps, pelez et émincez les oignons. Prélevez le zeste du citron avec un zesteur. Épépinez et émincez finement le piment.

3 Faites chauffer deux cuillères à soupe d'huile dans une sauteuse. Faites revenir le piment et les oignons. Ajoutez le concentré de tomate, le zeste de citron et le vin blanc. Mélangez bien et laissez cuire 10 minutes.

4 Ajoutez les morceaux de thon, salez et poivrez, couvrez et laissez cuire 15 minutes. Pendant ce temps, lavez, séchez et ciselez la coriandre.

5 Répartissez les rondelles de patates douces dans des assiettes. Ajoutez les morceaux de thon, arrosez de sauce, décorez de coriandre fraîche et servez aussitôt.

Thon caramélisé aux épices

Préparation : 15 min - Cuisson : 5 min - Marinade : 30 min - Difficulté : ★ - Budget : ★★

Astuce
Vous pouvez aussi cuire le thon au barbecue. Dans les deux cas, pour que la texture du thon reste ferme et rouge à cœur, saisissez-le juste quelques minutes.

Valeurs nutritionnelles
(pour une personne)
- Valeur énergétique : 268 kcal (1101 kJ)
- Protéines : 30 g
- Lipides : 14,8 g
- Glucides : 1,7 g

Menu
- Salade aux tomates séchées
- Thon caramélisé aux épices
- Glace à l'huile d'olive

Pour 6 personnes
- 6 pavés de thon épais
- 3 grosses pincées de piment de Cayenne
- 2 clous de girofle
- 1 pincée de cumin en poudre
- 1 cuill. à café de baies roses concassées
- 6 cuill. à soupe d'huile d'arachide
- 2 cuill. à soupe de vinaigre balsamique
- 1 cuill. à café de sucre en poudre
- Sel

Vin conseillé
Cassis blanc à 9 °C

1 Mettez les pavés de thon dans un plat creux. Dans un bol, mélangez l'huile, le vinaigre, toutes les épices, le sucre en poudre et du sel.

2 Versez ce mélange sur les pavés de thon. Retournez plusieurs fois les pavés de thon dans la sauce, puis placez-les au frais pendant 30 minutes.

3 Faites chauffer un filet d'huile dans une poêle. Égouttez les pavés de thon et saisissez-les dans la poêle 2 à 3 minutes de chaque côté. Les pavés doivent rester rouges à cœur.

4 Retirez les pavés, versez la marinade dans la poêle et laissez réduire.

5 Mettez les pavés dans des assiettes, arrosez-les de sauce et servez avec une salade de mesclun.

Colombo d'agneau à la fondue d'aubergines

Préparation : 20 min - Cuisson : 1 h 25 - Difficulté : ★★ - Budget : ★★

Pour 6 personnes

- 1,2 kg d'épaule d'agneau désossée
- 3 aubergines
- 3 cuill. à café de poudre de colombo
- 2 gousses d'ail
- 3 oignons
- 1 branche de coriandre
- 75 g de beurre
- 6 cuill. à soupe d'huile d'olive
- 3 cuill. à soupe de lait de coco

Vin conseillé
Chinon rouge à 16 °C

Astuce
Accompagnez le colombo de semoule de blé fine parfumée à la cannelle.

Valeurs nutritionnelles
(pour une personne)
- Valeur énergétique : 841 kcal (3453 kJ)
- Protéines : 34,2 g
- Lipides : 71,8 g
- Glucides : 8,3 g

Menu
- Toasts à l'avocat et au crabe
- Colombo d'agneau à la fondue d'aubergines
- Granité de pêches

1 Coupez la viande en morceaux. Pelez et hachez finement les oignons. Pelez et hachez les gousses d'ail.

2 Faites fondre le beurre dans une casserole. Faites-y revenir la viande, les oignons et l'ail hachés en mélangeant souvent. Poudrez de colombo et mélangez bien.

3 Ajoutez dans la casserole le lait de coco et 15 cl d'eau. Couvrez et laissez cuire doucement pendant 1 heure, en rajoutant de l'eau en cours de cuisson si nécessaire.

4 Pendant ce temps, lavez les aubergines et coupez-les en rondelles. Faites chauffer l'huile d'olive dans une poêle, faites-y dorer les tranches d'aubergines 3 minutes de chaque côté, puis égouttez-les sur du papier absorbant.

5 Lavez, séchez, effeuillez et ciselez la coriandre. Quand le temps de cuisson de la viande est écoulé, ajoutez les aubergines dans la casserole et prolongez la cuisson 10 minutes. Versez le colombo dans un plat, parsemez de coriandre et servez très chaud.

Côtelettes d'agneau caramélisées aux herbes

Préparation : 10 min - Cuisson : 20 min - Marinade : 30 min - Difficulté : ★ - Budget : ★★

Astuce
Pimentez les côtelettes en ajoutant dans la marinade un petit piment rouge épépiné et haché.

Pour 6 personnes
- 12 côtelettes d'agneau
- 2 tiges de basilic
- 2 tiges de persil plat
- 2 tiges de cerfeuil
- 2 brins de thym
- 3 cuill. à soupe de miel liquide
- 6 cuill. à soupe d'huile
- Sel, poivre

Valeurs nutritionnelles
(pour une personne)
- Valeur énergétique : 382 kcal (1568 kJ)
- Protéines : 22,6 g
- Lipides : 26 g
- Glucides : 11,5 g

Menu
- Ricotta en rouleaux de printemps
- Côtelettes d'agneau caramélisées aux herbes
- Billes de melon et sorbet au citron vert

Vin conseillé
Fitou à 16 °C

1 Lavez, séchez, effeuillez et hachez les herbes ensemble. Mélangez l'huile, le miel et les herbes. Salez et poivrez.

2 Mettez les côtelettes dans un plat, arrosez-les de préparation au miel et aux herbes et laissez-les mariner 30 minutes en les retournant régulièrement.

3 Préparez un barbecue ou préchauffez le four th 7 (210 °C). Posez les côtelettes sur une grille et recouvrez la plaque du barbecue ou du four de papier aluminium.

4 Faites cuire 20 minutes en badigeonnant régulièrement les côtelettes de la marinade et en les retournant à mi-cuisson.

5 Servez dès la sortie du four, accompagné de tagliatelles de courgettes ou de riz blanc.

Épaule d'agneau farcie aux tomates et au fenouil

Préparation : 25 min - Cuisson : 1 h 50 - Difficulté : ★★ - Budget : ★★

Pour 6 personnes
- 1 épaule d'agneau désossée
- 4 bulbes de fenouil
- 6 tomates
- 4 cuill. à soupe d'huile d'olive
- Sel, poivre

Astuce
Découpez le rôti en tranches épaisses, disposez les fenouils tout autour et accompagnez-le d'une purée de pommes de terre et de céleri-rave.

Valeurs nutritionnelles
(pour une personne)
- Valeur énergétique : 710 kcal (2915 kJ)
- Protéines : 35,2 g
- Lipides : 57,5 g
- Glucides : 7,8 g

Menu
- Charlotte aux poireaux et au chèvre
- Épaule d'agneau farcie aux tomates et au fenouil
- Parfait aux coquelicots

Vin conseillé
St-Chinian rouge à 15 °C

1 Lavez et coupez les tomates et deux fenouils en petits cubes.

2 Faites chauffer trois cuillères à soupe d'huile d'olive dans une sauteuse. Faites-y revenir les cubes de fenouils 5 minutes en remuant. Ajoutez les cubes de tomates, salez, poivrez et mélangez bien. Baissez le feu, couvrez et faites cuire à feu doux pendant 30 minutes.

3 Pendant ce temps, préchauffez le four th 7 (210 °C). Lavez les deux derniers fenouils, coupez la base et séparez les feuilles les unes des autres.

4 Étalez l'épaule désossée sur le plan de travail. Garnissez-la de la préparation aux tomates et aux fenouils en l'étalant bien au centre. Roulez ensuite l'épaule sur elle-même en lui donnant la forme d'un rôti. Ficelez-la pour lui maintenir sa forme.

5 Placez le rôti dans un plat à four, arrosez-le du reste d'huile d'olive, salez et poivrez. Ajoutez les feuilles de fenouils dans le plat. Versez un verre d'eau dans le fond du plat et enfournez. Faites cuire 1 heure 15, en arrosant régulièrement le rôti. Servez bien chaud dès la fin de la cuisson.

Navarin d'agneau

Préparation : 30 min - Cuisson : 1 h 10 - Difficulté : ★★ - Budget : ★★

Astuce

Vous pouvez aussi mettre des petites pommes de terre nouvelles dans le navarin. Ajoutez-les dans la cocotte 10 minutes après les autres légumes.

Valeurs nutritionnelles

(pour une personne)
- Valeur énergétique : 845 kcal (3469 kJ)
- Protéines : 45,2 g
- Lipides : 58,4 g
- Glucides : 24,5 g

Menu
- Verrines de saumon au guacamole
- Navarin d'agneau
- Tarte au chocolat et au caramel

Pour 6 personnes
- 1,5 kg d'épaule et de collier d'agneau en morceaux
- 800 g de carottes
- 500 g de petits pois
- 3 tomates
- 2 bottes d'oignons nouveaux
- 2 gousses d'ail
- 1 bouquet garni
- 2 tiges de cerfeuil
- 15 cl de vin blanc sec
- 1 cuill. à soupe de farine
- 1 cuill. à café de sucre en poudre
- 30 g de beurre
- 1 cuill. à soupe d'huile
- Sel, poivre

Vin conseillé
Côtes du Rhône-Villages rouge à 15 °C

1 Retirez les pédoncules des tomates et plongez les tomates quelques minutes dans de l'eau bouillante. Quand la peau commence à se détacher, égouttez-les, pelez-les et concassez-les. Écrasez l'ail.

2 Faites chauffer le beurre et l'huile dans une cocotte. Ajoutez les morceaux de viande et faites-les dorer de tous les côtés. Saupoudrez-les ensuite de sucre, mélangez bien, saupoudrez de farine et laissez cuire 1 minute.

3 Versez le vin dans la cocotte, puis ajoutez de l'eau jusqu'à ce que la viande soit entièrement recouverte. Salez et poivrez, puis ajoutez le bouquet garni, l'ail écrasé et les tomates concassées. Couvrez et laissez cuire doucement pendant 30 minutes.

4 Épluchez tous les légumes. Ajoutez les carottes, les oignons et les petits pois dans la cocotte. Faites cuire 35 minutes.

5 Mettez la viande et les légumes dans un plat et maintenez-les au chaud. Filtrez la sauce et faites-la réduire à feu vif pendant 5 minutes. Versez-la sur la viande et les légumes. Décorez de cerfeuil et servez aussitôt.

Nouvelle moussaka

Préparation : 30 min - Cuisson : 1 h 10 - Difficulté : ★★ - Budget : ★★

Pour 6 personnes
- 600 g d'agneau haché
- 1,5 kg d'aubergines
- 2 tomates
- 3 oignons
- 120 g de feta
- 6 cuill. à soupe de crème fraîche
- 30 cl de bouillon de viande
- 2 branches de persil plat
- Huile d'olive
- Sel, poivre

Vin conseillé
Fitou à 16 °C

Astuce
Vous pouvez aussi verser la purée d'aubergines dans le fond d'un grand plat, la recouvrir de préparation à la viande, parsemer le tout de dés de mozzarella et passer le plat sous le gril pendant 5 minutes pour faire gratiner.

Valeurs nutritionnelles
(pour une personne)
- Valeur énergétique : 492 kcal (2019 kJ)
- Protéines : 26 g
- Lipides : 33,3 g
- Glucides : 18,4 g

Menu
- Tomates cerises farcies
- Nouvelle moussaka
- Crèmes à l'anis

1 Préchauffez le four th 8 (240 °C). Lavez les aubergines et emballez-les dans du papier aluminium. Enfournez et faites cuire 45 minutes.

2 Pendant ce temps, pelez et hachez les oignons. Coupez les tomates en tout petits cubes. Faites chauffer trois cuillères à soupe d'huile dans une poêle et faites-y revenir les oignons. Quand ils sont blonds, ajoutez les tomates et la viande. Salez et poivrez. Faites cuire 2 minutes en remuant et arrosez avec 15 cl de bouillon. Faites cuire 10 minutes en remuant régulièrement.

3 Sortez les aubergines du four et coupez-les en deux. Prélevez la pulpe et mettez-la dans une casserole. Faites réchauffer doucement. Salez et poivrez.

4 Coupez la feta en petits morceaux. Lavez, séchez, effeuillez et hachez le persil.

5 Répartissez la purée d'aubergines dans des ramequins et recouvrez-la de préparation à la viande.

6 Ajoutez une cuillère de crème fraîche, quelques petits morceaux de feta et parsemez de persil. Salez, poivrez et servez aussitôt.

Souris d'agneau braisée au citron et au confit de tomates

Préparation : 1 h - Cuisson : 2 h 30 - Difficulté : ★★★ - Budget : ★★★

Astuce
Pensez à commander les souris d'agneau à l'avance à votre boucher. Vous pouvez aussi les remplacer par une épaule d'agneau entière non désossée.

Pour 6 personnes
- 3 souris d'agneau
- 500 g de tomates
- 2 citrons
- 2 gousses d'ail
- 3 échalotes roses
- 1 cuill. à café de sucre en poudre
- 1 cuill. à café de graines de coriandre
- 2 cuill. à soupe de vinaigre de Xérès
- 6 cuill. à soupe d'huile d'olive
- Sel, poivre

Valeurs nutritionnelles
(pour une personne)
- Valeur énergétique : 481 kcal (1972 kJ)
- Protéines : 28,4 g
- Lipides : 34,2 g
- Glucides : 11,2 g

Menu
- Salade de figues et de melon
- Souris d'agneau braisée au citron et au confit de tomates
- Sabayon aux nectarines

Vin conseillé
Côtes de Castillon à 15 °C

1 Prélevez et émincez finement le zeste des citrons. Faites-le blanchir trois fois de suite dans de l'eau bouillante en changeant l'eau. Faites dissoudre le sucre dans 1 cm d'eau. Portez à ébullition et ajoutez le zeste blanchi. Faites cuire 15 minutes à petit feu.

2 Pressez le jus des citrons. Pelez et hachez l'ail et les échalotes. Concassez les graines de coriandre. Pelez les tomates après les avoir plongées dans de l'eau bouillante, épépinez-les et coupez-les en quartiers.

3 Faites dorer les souris d'agneau de tous les côtés dans quatre cuillères à soupe d'huile chaude, puis retirez-les de la cocotte. Remplacez-les par les échalotes et faites-les dorer à leur tour avec les graines de coriandre. Remettez les souris et ajoutez le zeste des citrons et leur sirop, ainsi que le jus des citrons. Salez, poivrez et faites cuire à feu doux pendant 1 heure.

4 Faites cuire dans une autre sauteuse à feu doux pendant 40 minutes les quartiers de tomates, l'ail, le vinaigre de Xérès, le reste d'huile, du sel et du poivre.

5 À la fin du temps de cuisson, ajoutez aux souris les tomates et leur jus et poursuivez la cuisson 30 minutes, toujours à couvert. Servez chaud avec une poêlée de légumes.

Tajine d'agneau aux fruits secs

Préparation : 20 min - Cuisson : 1 h 30 - Difficulté : ★ - Budget : ★★★

Pour 6 personnes

- 1,2 kg d'épaule d'agneau désossée
- 12 abricots secs
- 12 dattes
- 18 amandes émondées
- 75 g de pignons de pin
- 3 oignons
- 2 branches de thym citron
- 75 g de beurre
- 3 bâtons de cannelle
- 2 cuill. à café de safran en poudre
- 1 cuill. à café de poivre noir en grains
- 2 cuill. à café de sel

Vin conseillé
Minervois rosé à 9 °C

Astuce
Si vous possédez une cocotte suffisamment grande, pelez et coupez six pommes de terre en morceaux et ajoutez-les dans la cocotte 15 minutes avant les fruits secs.

Valeurs nutritionnelles
(pour une personne)
- Valeur énergétique : 714 kcal (2929kJ)
- Protéines : 41,5 g
- Lipides : 51 g
- Glucides : 16,9 g

Menu
- Jus de citron au gingembre
- Tajine d'agneau aux fruits secs
- Financiers aux pistaches et aux amandes

1 Découpez la viande en cubes. Pelez et hachez les oignons.

2 Faites fondre le beurre dans une cocotte. Quand il est fondu, faites-y dorer les morceaux de viande sur toutes les faces. Retirez-les de la cocotte et remplacez-les par les oignons hachés. Faites-les revenir 5 minutes en remuant, puis remettez la viande.

3 Baissez le feu, ajoutez la cannelle en bâton, le safran, le poivre et le sel. Mélangez, puis versez un demi-verre d'eau dans la cocotte, couvrez et laissez cuire doucement pendant 1 heure.

4 Ajoutez tous les fruits secs. Mélangez et prolongez la cuisson à couvert pendant 20 minutes.

5 Quand le tajine est cuit, versez-le dans un plat, décorez d'une branche de thym citron et servez très chaud.

Tomates farcies à l'agneau confit

Préparation : 25 min - Cuisson : 2 h - Difficulté : ★★ - Budget : ★★

Astuce
Vous pouvez aussi farcir des courgettes, des aubergines ou des poivrons de la même manière.

Valeurs nutritionnelles
(pour une personne)
- Valeur énergétique : 503 kcal (2065 kJ)
- Protéines : 20,9 g
- Lipides : 36,7 g
- Glucides : 18,5 g

Menu
- Crème glacée de carottes et de tomates
- Tomates farcies à l'agneau confit
- Chichi frégi

Pour 6 personnes
- 600 g d'épaule d'agneau
- 6 grosses tomates
- 2 oignons
- 6 abricots secs
- 2 cuill. à soupe de pignons de pin
- 2 cuill. à soupe de raisins secs blonds
- 4 cuill. à soupe d'huile d'olive
- Sel, poivre

Vin conseillé
Buzet rouge à 16 °C

1 Coupez la viande et les abricots en tout petits dés. Pelez et émincez très finement les oignons.

2 Faites chauffer l'huile dans une casserole. Faites-y revenir les oignons et les dés de viande en remuant. Ajoutez les raisins, les dés d'abricots, les pignons de pin, du sel et du poivre. Versez un petit verre d'eau dans la casserole, couvrez et faites cuire à feu très doux pendant 1 heure, en remuant régulièrement. En fin de cuisson, retirez le couvercle.

3 Préchauffez le four th 6 (180 °C). Lavez les tomates et coupez les chapeaux. Évidez-les délicatement avec une petite cuillère.

4 Posez les coques vides de tomates dans un plat à four huilé. Remplissez-les de préparation à la viande, arrosez d'un filet d'huile d'olive, salez et poivrez. Enfournez et faites cuire 1 heure.

5 15 minutes avant la fin de la cuisson, posez les chapeaux des tomates par-dessus. Servez dès la sortie du four accompagné de riz blanc.

Bœuf pimenté

Préparation : 20 min - Cuisson : 10 min - Marinade : 1 h - Difficulté : ★★ - Budget : ★★

Pour 6 personnes
- 1 kg de filet de bœuf
- 2 petits piments oiseaux
- 2 citrons verts
- 3 cuill. à soupe d'huile de sésame
- Sel

Vin conseillé
Côtes de Saint-Mont rouge à 15 °C

Astuce
Après avoir manipulé les piments oiseaux, lavez-vous bien les mains car la peau des piments peut être très agressive.

Valeurs nutritionnelles
(pour une personne)
- Valeur énergétique : 354 kcal (1481 kJ)
- Protéines : 33,4 g
- Lipides : 23,4 g
- Glucides : 1,6 g

Menu
- Salade Shangaï
- Bœuf pimenté
- Tartelettes aux mûres et à la cannelle

1 Lavez et détaillez les piments en rondelles. Coupez la viande en très fines lamelles. Râpez finement le zeste des citrons et pressez leur jus. Émulsionnez le jus de citron, l'huile de sésame et le zeste de citron.

2 Mettez les lamelles de bœuf dans un plat et arrosez-les de jus de citron. Mélangez bien et laissez mariner 1 heure.

3 Faites chauffer une sauteuse sans y ajouter de matière grasse. Égouttez la viande et saisissez-la rapidement dans la sauteuse. Ajoutez la sauce de la marinade et poursuivez la cuisson 5 minutes. Salez et versez dans un plat.

4 Servez immédiatement avec du riz basmati.

Brochettes de bœuf à la sauce tzatziki

Préparation : 25 min - Cuisson : 10 min - Marinade : 1 h - Difficulté : ★★ - Budget : ★★

Astuce
Le tzatziki peut aussi être préparé avec de la ciboulette ou du persil plat à la place de la menthe.

Valeurs nutritionnelles
(pour une personne)
- Valeur énergétique : 401 kcal (1680 kJ)
- Protéines : 23,5 g
- Lipides : 29,3 g
- Glucides : 9,8 g

Menu
- Pain de poisson
- Brochettes de bœuf à la sauce tzatziki
- Tarte aux raisins

Pour 6 personnes
- 600 g de filet de bœuf
- 2 poivrons rouges
- 4 champignons de Paris
- 1 petit bouquet de thym
- 1 petit bouquet de romarin
- 4 cuill. à soupe d'huile d'olive
- ½ cuill. à café de poivre en grains
- Fleur de sel

Pour le tzatziki :
- 1 concombre
- 2 yaourts grecs
- 2 gousses d'ail
- 1 bouquet de menthe
- 4 cuill. à soupe d'huile d'olive
- Sel, poivre

Vin conseillé
Vin de pays d'Oc rouge à 16 °C

1 Coupez la viande en petits cubes et mettez-les dans un plat creux. Concassez le poivre en grains et parsemez-en la viande. Parsemez de thym et de romarin, arrosez d'huile d'olive et laissez mariner 1 heure au frais, en retournant régulièrement la viande.

2 Pelez le concombre et coupez-le en tout petits dés. Mettez les dés de concombre dans un petit saladier. Ajoutez les yaourts, les gousses d'ail pelées et hachées, l'huile d'olive et la menthe effeuillée et hachée dans le concombre. Salez, poivrez et mélangez. Réservez le tzatziki au frais.

3 Pendant ce temps, lavez et épépinez les poivrons et coupez-les en dés. Lavez et coupez les champignons en morceaux.

4 Préchauffez le four en position gril. Piquez les cubes de viande, les dés de poivrons et les morceaux de champignons sur des petites brochettes en bois en les alternant.

5 Posez les brochettes sur la plaque du four recouverte de papier sulfurisé. Salez et enfournez. Faites cuire 10 minutes, en retournant régulièrement les brochettes. Servez dès la sortie du four avec le tzatziki.

Brochettes de bœuf aux deux poivrons

Préparation : 15 min - Cuisson : 10 min - Marinade : 1 h - Difficulté : ★ - Budget : ★★

Pour 6 personnes

- 1,2 kg de filet de bœuf
- 2 poivrons rouges
- 2 poivrons jaunes
- 1 botte de petits oignons blancs nouveaux
- 8 cuill. à soupe d'huile d'olive
- 1 cuill. à café de poivre en grains
- Fleur de sel

Vin conseillé
Bourgogne-Pinot noir à 13 °C

Astuce
Servez les brochettes avec une sauce à base de yaourt dans laquelle vous ajouterez des herbes ciselées, du paprika, du sel et du poivre.

Valeurs nutritionnelles
(pour une personne)
- Valeur énergétique : 534 kcal (2191 kJ)
- Protéines : 41,4 g
- Lipides : 35,7 g
- Glucides : 7,5 g

Menu
- Salade de crudités
- Brochettes de bœuf aux deux poivrons
- Tarte Tatin

1 Coupez le filet de bœuf en cubes et mettez-les dans un plat creux. Concassez le poivre en grains et parsemez-en la viande. Arrosez d'huile d'olive et laissez mariner 1 heure au frais en retournant régulièrement la viande.

2 Pendant ce temps, lavez et épépinez les poivrons. Coupez-les en dés. Pelez et coupez les oignons en quatre.

3 Piquez les cubes de viande, les dés de poivrons et les quartiers d'oignons sur des brochettes en les alternant.

4 Allumez le barbecue ou préchauffez le four th 8 (240 °C). Pour une cuisson au barbecue, faites cuire les brochettes 7 à 10 minutes, en les retournant souvent et en les arrosant de la marinade régulièrement. Pour une cuisson au four, couvrez la lèchefrite de papier aluminium, posez les brochettes sur la grille et enfournez au-dessus de la lèchefrite. Faites cuire les brochettes 10 minutes en les retournant régulièrement.

5 Mettez-les dans un plat. Salez et servez aussitôt avec des tomates à la provençale.

Brochettes de kefta

Préparation : 15 min - Cuisson : 10 min - Difficulté : ★★ - Budget : ★★

Astuce
Les keftas peuvent aussi être servies en accompagnement d'un couscous de légumes.

Pour 6 personnes
- 850 g de bœuf haché
- 2 oignons
- 2 tiges de menthe
- 1 cuill. à soupe de paprika
- 1 cuill. à soupe de piment doux en poudre
- 1 cuill. à café de cumin en poudre
- 1 grosse pincée de cannelle en poudre
- Sel

Valeurs nutritionnelles
(pour une personne)
- Valeur énergétique : 308 kcal (1288 kJ)
- Protéines : 25,9 g
- Lipides : 21,3 g
- Glucides : 2,3 g

Menu
- Carpaccio de légumes
- Brochettes de kefta
- Abricots à la lavande

Vin conseillé
Juliénas à 13 °C

1 Pelez et hachez finement les oignons. Lavez, séchez, effeuillez et hachez finement la menthe. Dans un saladier, mélangez la viande avec les oignons, la menthe et toutes les épices, puis salez.

2 Prélevez l'équivalent d'une cuillère à soupe de préparation et faites-en un petit boudin tout autour d'une brochette en bois. Recommencez l'opération jusqu'à épuisement de la préparation. Réservez au frais sous film alimentaire.

3 Préchauffez le four en position gril. Posez les brochettes sur la plaque recouverte de papier aluminium. Enfournez haut dans le four et faites cuire 10 minutes, en retournant régulièrement les brochettes pour qu'elles grillent de tous les côtés.

4 Servez dès la sortie du four avec des tomates tranchées en fines rondelles, des feuilles de salade émincées et une sauce au yaourt et à la coriandre.

Carpaccio de bœuf

Préparation : 25 min - Pas de cuisson - Congélation : 1 h - Difficulté : ★★★ - Budget : ★★

Pour 6 personnes
- 750 g de filet de bœuf de 1ère qualité
- 18 olives noires
- 2 branches de basilic
- 1 citron
- Huile d'olive
- Fleur de sel
- Poivre blanc du moulin

Vin conseillé
Bordeaux-Côtes de Francs rouge à 15 °C

Astuce
Pour gagner du temps, faites préparer les tranches de carpaccio en les commandant à l'avance à votre boucher.

Valeurs nutritionnelles
(pour une personne)
- Valeur énergétique : 308 kcal (1288 kJ)
- Protéines : 25,3 g
- Lipides : 21,7 g
- Glucides : 1,9 g

Menu
- Tagliatelles de courgettes au basilic
- Carpaccio de bœuf
- Gâteau à la mousse au chocolat et à la vanille

1 Emballez le filet de bœuf dans du film alimentaire en serrant bien aux deux extrémités. Placez-le au congélateur 1 heure.

2 Lavez, séchez et effeuillez le basilic. Réservez quelques jolies feuilles entières et hachez finement le reste. Lavez et coupez le citron en quartiers fins.

3 Avec un couteau à lame très tranchante, découpez le filet de bœuf congelé en très fines lamelles et posez-les entre deux feuilles de film alimentaire. Aplatissez-les au maximum en appuyant dessus avec la lame du couteau ou avec un rouleau à pâtisserie.

4 Répartissez les tranches de bœuf dans une grande assiette. Salez et donnez deux tours de poivre. Arrosez d'un filet d'huile d'olive. Parsemez de basilic haché et décorez d'olives noires et de feuilles de basilic.

5 Couvrez de film alimentaire et réservez au frais jusqu'au moment de servir.

Cheeseburgers

Préparation : 10 min - Cuisson : 5 min - Difficulté : ★ - Budget : ★

Astuce
Ajoutez une rondelle de tomate et quelques rondelles de cornichon ou d'oignon dans les hamburgers après les avoir passés sous le gril.

Valeurs nutritionnelles
(pour une personne)
- Valeur énergétique : 444 kcal (1858 kJ)
- Protéines : 28,4 g
- Lipides : 24,1 g
- Glucides : 27,1 g

Menu
- Poivrons rôtis
- Cheeseburgers
- Esquimaux aux fruits

Pour 6 personnes
- 6 petits pains ronds aux graines de sésame « spécial hamburger »
- 6 steaks haché de 120 g chacun
- 6 tranches de fromage en tranches « spécial hamburger »
- 6 grandes feuilles de laitue
- 1 cuill. à soupe de ketchup
- 1 cuill. à soupe d'huile
- Sel

Vin conseillé
Bordeaux Supérieur rouge à 15 °C

1 Préchauffez le four en position gril. Lavez et séchez les feuilles de salade.

2 Faites chauffer l'huile dans une poêle. Posez les steaks et faites-les cuire 2 minutes de chaque côté. Salez.

3 Coupez les pains en deux. Posez une feuille de salade sur la partie inférieure. Posez un steak par-dessus, puis une tranche de fromage et enfournez juste le temps de faire légèrement fondre le fromage.

4 Sortez les cheeseburgers du four, ajoutez un peu de ketchup et recouvrez de pain. Dégustez immédiatement.

Hachis de bœuf aux courgettes

Préparation : 20 min - Cuisson : 35 min - Difficulté : ★★★ - Budget : ★★

Pour 6 personnes
- 750 g de viande de bœuf hachée
- 75 g de parmesan haché
- 6 courgettes
- 2 oignons
- 1 œuf
- 1 filet d'huile d'olive
- Sel, poivre

Vin conseillé
Beaujolais-Villages rouge à 11 °C

Astuce
Si vous ne possédez pas de moule à fond amovible, chemisez un moule classique de papier sulfurisé en laissant largement dépasser les bords. Au moment du démoulage, tirez délicatement sur le papier pour sortir la préparation du moule.

Valeurs nutritionnelles
(pour une personne)
- Valeur énergétique : 419 kcal (1754 kJ)
- Protéines : 28,7 g
- Lipides : 28,2 g
- Glucides : 11,4 g

Menu
- Consommé froid de roquette
- Hachis de bœuf aux courgettes
- Tartelettes au citron

1 Lavez et séchez les courgettes. Coupez-les en lamelles fines dans la longueur. Mettez les lamelles de courgettes dans le panier d'un cuit-vapeur. Ajoutez de l'eau, couvrez et faites cuire pendant 15 minutes.

2 Pendant ce temps, pelez et hachez finement les oignons. Mettez-les dans un saladier, ajoutez la viande hachée et l'œuf, salez, poivrez et malaxez.

3 Préchauffez le four th 6 (180 °C). Chemisez un moule à cake à parois amovibles de papier sulfurisé. Recouvrez le fond du moule de la moitié des lamelles de courgettes. Salez, poivrez et arrosez d'un filet d'huile d'olive. Recouvrez de viande hachée, puis terminez par le reste de courgettes. Parsemez de parmesan râpé, enfournez et faites cuire 20 minutes.

4 Sortez le moule du four et dépliez les parois. Glissez une grande spatule plate sous le hachis aux courgettes et posez-le dans un plat de service. Servez très chaud avec une salade verte.

Petits farcis au bœuf

Préparation : 25 min - Cuisson : 1 h 30 - Difficulté : ★★ - Budget : ★★

Astuce

Vous pouvez aussi faire une farce à base de bœuf haché mélangé avec de la mie de pain trempée dans un peu de lait, de l'ail, des pignons de pin hachés et du persil haché.

Valeurs nutritionnelles

(pour une personne)
- Valeur énergétique : 346 kcal (1449 kJ)
- Protéines : 24,6 g
- Lipides : 21,8 g
- Glucides : 11,9 g

Menu
- Salade italienne
- Petits farcis au bœuf
- Tiramisu aux fraises

Pour 6 personnes

- 500 g de bœuf haché
- 6 mini-courgettes rondes
- 6 mini-aubergines
- 6 mini-poivrons rouges
- 6 mini-poivrons verts
- 120 g de parmesan râpé
- 6 gousses d'ail
- 2 branches de basilic
- 1 filet d'huile d'olive
- Sel, poivre

Vin conseillé
St-Nicolas de Bourgueil rouge à 15 °C

1 Préchauffez le four th 6 (210 °C). Lavez les légumes et coupez-les aux trois quarts de leur hauteur. Évidez les courgettes et les aubergines et réservez la chair. Retirez les filaments et les graines des poivrons. Mettez de côté les chapeaux de tous les légumes.

2 Hachez la chair des courgettes et des aubergines et mélangez-la avec la viande hachée. Pelez et hachez les gousses d'ail. Lavez, séchez, effeuillez et hachez le basilic.

3 Ajoutez l'ail au hachis de légumes et de viande, puis le basilic et le parmesan. Salez et poivrez. Farcissez les légumes de hachis.

4 Posez les légumes dans un plat allant au four et versez un demi-verre d'eau dans le fond du plat. Arrosez les légumes d'un filet d'huile d'olive et enfournez. Faites cuire 1 heure 30, en remettant les chapeaux à mi-cuisson.

5 Servez dès la sortie du four accompagné de riz blanc.

Tartare de bœuf au parmesan

Préparation : 15 min - Pas de cuisson - Difficulté : ★★ - Budget : ★★

Pour 6 personnes

- 1 kg de steak haché
- 150 g de parmesan en morceau
- 3 jaunes d'œufs
- 2 oignons blancs
- 1 petit bouquet de cerfeuil
- 3 cuill. à soupe de câpres
- ½ cuill. à café de Tabasco
- Sel, poivre du moulin

Vin conseillé
Coteaux du Tricastin rouge à 14 °C

Astuce
Utilisez une viande de premier choix et des œufs très frais. Pour un tartare plus relevé, ajoutez un demi-piment frais épépiné et finement haché.

Valeurs nutritionnelles
(pour une personne)
- Valeur énergétique : 495 kcal (2073 kJ)
- Protéines : 40,8 g
- Lipides : 34,4 g
- Glucides : 4,3 g

Menu
- Fèves mijotées au chorizo
- Tartare de bœuf au parmesan
- Tulipes de chocolat aux fruits rouges

1 Lavez, séchez et effeuillez le cerfeuil. Réservez six jolies pluches pour la décoration et hachez finement le reste. Pelez les oignons. Hachez grossièrement les câpres et les oignons.

2 Mettez la viande dans un saladier. Ajoutez les oignons, les câpres, les jaunes d'œufs, le cerfeuil haché et le Tabasco. Salez, poivrez et mélangez bien. Répartissez la viande dans six assiettes légèrement creuses.

3 Détaillez le parmesan en copeaux avec un économe.

4 Répartissez les copeaux de parmesan sur les tartares, décorez d'une pluche de cerfeuil et réservez au frais jusqu'au moment de servir.

Brochettes de porc haché

Préparation : 25 min - Cuisson : 10 min - Réfrigération : 30 min - Difficulté : ★★ - Budget : ★

Astuce
Réalisez des boulettes de viande et faites-les dorer à la sauteuse. Quand elles sont colorées, ajoutez 10 cl de vin blanc sec et deux cuillères à soupe de concentré de tomate dans la sauteuse. Faites cuire 15 minutes à feu doux en retournant régulièrement les boulettes.

Valeurs nutritionnelles
(pour une personne)
- Valeur énergétique : 531 kcal (2179 kJ)
- Protéines : 36,2 g
- Lipides : 37,1 g
- Glucides : 8,9 g

Menu
- Salade niçoise
- Brochettes de porc haché
- Mousse au chocolat

Pour 6 personnes
- 1 kg de viande de porc hachée
- 2 oignons
- 2 œufs
- 4 cuill. à soupe de farine
- 1 cuill. à café de gingembre en poudre
- 60 g de beurre
- Sel, poivre

Pour la sauce :
- 1 yaourt nature
- 1 cuill. à soupe de crème fraîche épaisse
- 1 cuill. à café rase de gingembre en poudre
- Sel, poivre

Vin conseillé
Coteaux d'Aix-en-Provence rosé à 9 °C

1 Pelez les oignons et hachez-les. Mettez la viande dans un saladier. Ajoutez les œufs entiers, les oignons hachés, la farine et le gingembre. Salez et poivrez. Mélangez la viande et tous les ingrédients à la main. Couvrez de film alimentaire et mettez la préparation au frais pendant 30 minutes.

2 Pendant ce temps, préparez la sauce. Versez le yaourt et la crème fraîche dans un bol, salez et poivrez, puis ajoutez le gingembre. Mélangez et gardez au frais couvert de film alimentaire.

3 Sortez le hachis du réfrigérateur et formez des petits boudins. Piquez-les sur des petites brochettes en bois.

4 Faites fondre le beurre dans une poêle. Quand il est fondu, mettez les brochettes à cuire à feu moyen pendant 10 minutes environ, en les retournant régulièrement.

5 Sortez les brochettes de la poêle, égouttez-les sur du papier absorbant et disposez-les dans un plat. Servez aussitôt avec la sauce.

Croquettes de jambon au fromage

Préparation : 25 min - Cuisson : 35 min - Difficulté : ★★ - Budget : ★

Pour 6 personnes
- 800 g de pommes de terre
- 150 g de gruyère râpé
- 3 tranches épaisses de jambon blanc
- 2 œufs
- 4 brins de ciboulette
- Huile de friture
- Sel, poivre

Vin conseillé
Saumur rouge à 14 °C

Astuce
Pour varier les saveurs, divisez la purée de pommes de terre dans trois saladiers. Parfumez l'une des purées avec une cuillère à café de curry, la deuxième avec du paprika et la troisième avec du cumin.

Valeurs nutritionnelles
(pour une personne)
- Valeur énergétique : 355 kcal (1458 kJ)
- Protéines : 20,2 g
- Lipides : 17,6 g
- Glucides : 26,1 g

Menu
- Œufs brouillés au comté
- Croquettes de jambon au fromage
- Soupe de fraises

1 Épluchez les pommes de terre, mettez-les dans une casserole et couvrez-les d'eau froide. Salez, portez à ébullition et laissez cuire 20 minutes.

2 Égouttez les pommes de terre et passez-les au moulin à légumes. Versez la purée dans un saladier et ajoutez les œufs et le gruyère. Mélangez bien. Salez et poivrez.

3 Coupez le jambon en petits cubes. Lavez, séchez et ciselez la ciboulette. Formez des boulettes de purée en y enfermant un cube de jambon.

4 Faites chauffer l'huile de friture et plongez-y les boulettes par petites quantités. Faites-les cuire 5 minutes en les retournant sans arrêt avec une écumoire.

5 Retirez les croquettes de l'huile et posez-les sur du papier absorbant. Recommencez l'opération jusqu'à épuisement des boulettes. Servez les boulettes parsemées de ciboulette ciselée.

Curry de porc à la tomate

Préparation : 20 min - Cuisson : 30 min - Difficulté : ★★ - Budget : ★★

Astuce
Pour une sauce plus épaisse, ajoutez dans la sauteuse, en même temps que les tomates, une demi-banane et une demi-pomme épluchées et hachées.

Pour 6 personnes
- 1 kg de filet mignon de porc
- 4 tomates
- 1 oignon
- 2 gousses d'ail
- ½ l de lait de coco
- 1 tige de coriandre
- 1 cuill. à soupe de curry en poudre
- 2 cuill. à soupe d'huile d'arachide
- Sel

Valeurs nutritionnelles
(pour une personne)
- Valeur énergétique : 277 kcal (1138 kJ)
- Protéines : 37,5 g
- Lipides : 10,6 g
- Glucides : 5,8 g

Menu
- Velouté glacé de petits pois
- Curry de porc à la tomate
- Barquettes de chocolat aux framboises

Vin conseillé
Pauillac à 16 °C

1 Après avoir retiré les pédoncules, plongez les tomates dans de l'eau bouillante. Quand la peau commence à se détacher, égouttez et rafraîchissez-les. Pelez, épépinez et coupez les tomates en morceaux.

2 Pelez et hachez les gousses d'ail et l'oignon. Coupez la viande en cubes.

3 Faites chauffer l'huile dans une sauteuse. Faites-y dorer les morceaux de viande de tous les côtés. Quand ils sont bien colorés, retirez-les de la sauteuse et remplacez-les par le hachis d'oignon et d'ail. Faites revenir 1 minute en remuant, puis remettez la viande et les tomates. Saupoudrez de curry, salez et versez le lait de coco. Mélangez bien.

4 Faites cuire à feu moyen pendant 20 minutes en maintenant un léger bouillon. Lavez, séchez et effeuillez la coriandre.

5 À la fin de la cuisson, versez le curry de porc dans un plat, parsemez de feuilles de coriandre et servez aussitôt avec du riz blanc.

Grillades tex-mex

Préparation : 10 min - Cuisson : 20 min - Marinade : 2 h - Difficulté : ★ - Budget : ★★

Pour 6 personnes

- 800 g de grillades de porc de type « palette » ou « échine »
- 3 citrons verts
- 3 gousses d'ail
- 3 cuill. à soupe d'huile d'arachide
- 5 gouttes de Tabasco
- 2 cuill. à café de concentré de tomate
- 2 cuill. à café de graines de fenouil
- 2 cuill. à café de sucre en poudre
- Sel, poivre

Vin conseillé
Fronton rouge à 15 °C

Astuce
Accompagnez les grillades de galettes de maïs, de salade verte et de quartiers de citron.

Valeurs nutritionnelles
(pour une personne)
- Valeur énergétique : 360 kcal (1480 kJ)
- Protéines : 25,3 g
- Lipides : 25 g
- Glucides : 5,8 g

Menu
- Tartines au fromage de chèvre et à la coppa
- Grillades tex-mex
- Clafoutis aux cerises

1 Pressez le jus des citrons. Pelez et écrasez les gousses d'ail. Mélangez le jus de citron, l'huile, le Tabasco, le concentré de tomate, les graines de fenouil et le sucre en poudre.

2 Mettez les grillades de porc dans un plat creux, arrosez-les de marinade et ajoutez les gousses d'ail. Retournez-les plusieurs fois pour qu'elles soient bien recouvertes de marinade et placez-les au frais sous film alimentaire, pendant 2 heures.

3 Allumez le barbecue ou préchauffez le four en position gril.

4 Égouttez soigneusement les grillades et posez-les sur une grille. Pour une cuisson au four, recouvrez la lèchefrite de papier aluminium et enfournez haut dans le four, au-dessus de la lèchefrite. Faites cuire 20 minutes en retournant les grillades à mi-cuisson. Pour une cuisson au barbecue, arrosez régulièrement la viande de la marinade pour qu'elle ne dessèche pas et faites cuire 15 minutes.

5 Mettez les grillades dans un plat, salez, poivrez et servez aussitôt.

Porc à l'aigre-doux de poivrons

Préparation : 25 min - Cuisson : 1 h 30 - Difficulté : ★★ - Budget : ★★

Astuce

Vous pouvez aussi mettre le rôti dans un plat, verser 10 cl de bouillon de viande dans le plat et faire cuire au four 1 heure, en arrosant régulièrement le rôti pour qu'il ne dessèche pas.

Valeurs nutritionnelles
(pour une personne)
- Valeur énergétique : 644 kcal (2644 kJ)
- Protéines : 40,3 g
- Lipides : 44,1 g
- Glucides : 16,6 g

Menu
- Nems
- Porc à l'aigre-doux de poivrons
- Gratin de figues

Pour 6 personnes
- 1 rôti de porc de 1,2 kg
- 2 poivrons rouges
- 2 poivrons jaunes
- 1 poivron vert
- 2 courgettes
- 2 oignons
- 2 gousses d'ail
- 5 feuilles de sauge
- 5 cl de vinaigre de Xérès
- 3 cuill. à soupe de sucre en poudre
- 8 cuill. à soupe d'huile
- Sel, poivre

Vin conseillé
Alsace-Pinot noir à 13 °C

1 Épluchez et écrasez les gousses d'ail. Lavez, séchez et effeuillez la sauge.

2 Faites chauffer quatre cuillères à soupe d'huile dans une cocotte. Faites-y dorer le rôti sur toutes ses faces, puis ajoutez les gousses d'ail et les feuilles de sauge. Baissez le feu, versez un demi-verre d'eau dans la cocotte, salez et poivrez. Couvrez et faites cuire 45 minutes.

3 Pendant ce temps, lavez, épépinez et coupez les poivrons en lanières. Pelez et émincez les oignons. Lavez et coupez les courgettes en très fines rondelles.

4 Faites chauffer le reste d'huile dans une casserole. Faites-y revenir les oignons sans coloration. Ajoutez les lanières de poivrons, arrosez de vinaigre, saupoudrez de sucre et salez. Mélangez bien, puis baissez le feu au minimum. Faites cuire à couvert 20 minutes. Ajoutez les courgettes et poursuivez la cuisson 20 minutes en remuant de temps en temps.

5 Sortez le rôti de la cocotte et découpez-le en tranches. Versez les légumes dans un plat, posez les tranches de rôti par-dessus et servez aussitôt.

Porc au miel et au gingembre

Préparation : 15 min - Cuisson : 35 min - Marinade : 1 h - Difficulté : ★ - Budget : ★

Pour 6 personnes

- 2 filets mignons de porc
- 4 cuill. à soupe de miel liquide
- 30 g de racine de gingembre
- 1 gousse d'ail
- 4 cuill. à soupe d'huile d'arachide
- 2 cuill. à soupe de sauce soja
- Sel

Vin conseillé
Costières de Nîmes rouge à 16 °C

Astuce
Présentez avec ce plat des ciboules émincées dans la longueur. Chaque convive les ajoutera dans son assiette à son gré.

Valeurs nutritionnelles
(pour une personne)
- Valeur énergétique : 314 kcal (1312 kJ)
- Protéines : 35,1 g
- Lipides : 12 g
- Glucides : 15,3 g

Menu
- Sushis
- Porc au miel et au gingembre
- Pamplemousses à la menthe

1 Épluchez et râpez le gingembre. Pelez et hachez l'ail. Mélangez le miel, l'huile, le gingembre, l'ail et la sauce soja.

2 Coupez les filets mignons en tranches et mettez-les dans un plat creux. Arrosez-les de la marinade. Couvrez de film alimentaire et placez au frais pendant 1 heure.

3 Faites chauffer une sauteuse. Égouttez les morceaux de viande et mettez-les dans la sauteuse. Faites-les revenir 2 minutes à feu vif, puis versez la marinade. Baissez le feu et poursuivez la cuisson à couvert pendant 30 minutes, en retournant régulièrement les morceaux de viande.

4 Versez le porc au miel et au gingembre dans un plat et servez aussitôt avec des nouilles sautées.

Porc sauté aux légumes

Préparation : 20 min - Cuisson : 30 min - Difficulté : ★★ - Budget : ★★

Astuce
Si vous possédez un wok, utilisez-le pour la préparation de ce plat.

Pour 6 personnes
- 2 filets mignons de porc de 500 g chacun environ
- 2 pommes « Golden »
- 1 poivron rouge
- 1 poivron vert
- 1 ciboule
- 250 g de soja
- 8 graines de coriandre
- 1 grosse pincée de gingembre en poudre
- 3 cuill. à soupe d'huile d'arachide
- Sel

Valeurs nutritionnelles
(pour une personne)
- Valeur énergétique : 288 kcal (1184 kJ)
- Protéines : 36,6 g
- Lipides : 10,6 g
- Glucides : 9,4 g

Menu
- Clafoutis aux olives et aux anchois
- Porc sauté aux légumes
- Cigares aux abricots

Vin conseillé
Anjou-Gamay à 12 °C

1 Émincez les filets mignons. Lavez, épépinez et émincez les poivrons. Lavez soigneusement les pommes, coupez-les en quatre, puis retirez les cœurs et les pépins. Coupez ensuite les quartiers de pommes en petits cubes.

2 Lavez et séchez le soja. Écrasez les graines de coriandre. Lavez, séchez et hachez la ciboule.

3 Faites chauffer l'huile dans une sauteuse. Jetez-y les graines de coriandre et la ciboule hachée et secouez vivement la sauteuse quelques secondes. Ajoutez la viande et les poivrons, puis saupoudrez de gingembre.

4 Poursuivez la cuisson à feu moyen, en remuant régulièrement, pendant 15 minutes. Ajoutez alors les pommes et le soja et prolongez la cuisson 15 minutes à couvert.

5 Salez, versez dans un plat et servez aussitôt.

Travers de porc caramélisés

Préparation : 20 min - Cuisson : 50 min - Marinade : 1 h - Difficulté : ★★ - Budget : ★

Pour 6 personnes
- 2 kg de travers de porc
- 12 abricots
- 6 cuill. à soupe de miel liquide
- 6 cuill. à soupe d'huile
- 1 grosse pincée de piment de Cayenne
- Sel, poivre

Vin conseillé
Corbières rouge à 17 °C

Astuce
Vous pouvez aussi ajouter les abricots dans le plat de cuisson des travers de porc 20 minutes avant la fin de la cuisson. Dans ce cas, ne les arrosez pas de miel avant.

Valeurs nutritionnelles
(pour une personne)
- Valeur énergétique : 803 kcal (3361 kJ)
- Protéines : 35,1 g
- Lipides : 58 g
- Glucides : 32,9 g

Menu
- Salade de poulpes
- Travers de porc caramélisés
- Pastèque aux framboises

1 Mettez les travers de porc dans un plat creux. Mélangez l'huile, quatre cuillères à soupe de miel, le piment de Cayenne, du sel et du poivre. Arrosez la viande de ce mélange en la retournant plusieurs fois. Laissez mariner au frais pendant 1 heure.

2 Ouvrez les abricots en deux et retirez les noyaux. Mettez-les dans une sauteuse, arrosez-les du reste de miel et ajoutez un verre d'eau. Poivrez, puis réservez.

3 Préchauffez le four th 7 (210 °C). Faites cuire les travers de porc 45 minutes en les badigeonnant régulièrement de marinade durant la cuisson. 20 minutes avant la fin de la cuisson, mettez la sauteuse contenant les abricots sur feu doux et faites-les cuire en les retournant de temps en temps.

4 Sortez les travers du four. Retirez la viande du plat et coupez-la en morceaux. Posez le plat de cuisson sur feu doux et déglacez-le avec un verre d'eau. Faites bouillir 5 minutes en grattant le fond avec une spatule en bois pour en décoller les sucs.

5 Remettez les morceaux de viande dans le plat et mélangez bien. Répartissez les travers dans des assiettes, ajoutez les abricots et arrosez du jus de déglaçage.

Travers de porc marinés aux cinq épices

Préparation : 15 min - Cuisson : 45 min - Marinade : 1 h - Difficulté : ★ - Budget : ★

Astuce
Vous pouvez aussi réaliser cette recette avec du filet mignon de porc détaillé en tranches de 1 cm d'épaisseur. Faites-les dorer à la poêle, puis versez la marinade par-dessus et laissez cuire 10 minutes à feu doux.

Valeurs nutritionnelles
(pour une personne)
- Valeur énergétique : 482 kcal (1980 kJ)
- Protéines : 28,6 g
- Lipides : 32,5 g
- Glucides : 15,3 g

Menu
- Mini-cakes aux olives, au thym et au romarin
- Travers de porc marinés aux cinq épices
- Pêches rôties au thym

Pour 6 personnes
- 2 kg de travers de porc
- 4 cuill. à soupe de miel liquide
- 6 cuill. à soupe d'huile
- 1 grosse pincée de piment de Cayenne
- 1 grosse pincée de cannelle en poudre
- 1 grosse pincée de gingembre en poudre
- 1 pincée de cumin en poudre
- 1 pincée de paprika
- Sel

Vin conseillé
Costières de Nîmes rosé à 9 °C

1 Mettez les travers de porc dans un plat creux. Dans un bol, mélangez l'huile, le miel, toutes les épices et une pincée de sel. Arrosez les travers de porc de ce mélange et retournez-les plusieurs fois pour bien les enrober de marinade. Laissez mariner au frais pendant 1 heure.

2 Pendant ce temps, préchauffez le four th 7 (210 °C). Égouttez les travers de porc et mettez-les dans un plat allant au four. Faites cuire 45 minutes en badigeonnant régulièrement les travers de porc de marinade durant la cuisson.

3 Sortez les travers du four. Retirez la viande et coupez-la en morceaux. Mettez les morceaux de viande dans un plat et réservez-les au chaud.

4 Posez le plat de cuisson sur feu doux et déglacez-le avec un verre d'eau. Faites bouillir 5 minutes en grattant le fond du plat avec une spatule en bois pour en décoller les sucs. Remettez les morceaux de viande dans le plat et mélangez bien.

5 Répartissez les travers dans des assiettes et arrosez du jus de déglaçage. Servez aussitôt.

Blanquette de veau

Préparation : 40 min - Cuisson : 1 h 50 - Difficulté : ★★★ - Budget : ★★★

Pour 6 personnes

- 1,2 kg de viande de veau en morceaux
- 2 carottes
- 300 g de champignons de Paris
- 2 bottes de petits oignons blancs nouveaux
- Le jus d'un citron
- 1 gros oignon
- 2 clous de girofle
- 3 tiges de persil plat
- 1 bouquet garni
- 70 g de beurre
- 70 g de farine
- 3 jaunes d'œufs
- 30 cl de crème liquide
- 30 cl de vin blanc sec
- Sel

Vin conseillé
Anjou blanc sec à 9 °C

Astuce
Pour donner une saveur à l'ancienne à votre blanquette, ajoutez une gousse de vanille fendue en deux dans le bouillon de cuisson de la viande. Accompagnez la blanquette de riz d'un gratin de légumes ou de tagliatelles fraîches.

Valeurs nutritionnelles
(pour une personne)
- Valeur énergétique : 779 kcal (3198 kJ)
- Protéines : 43,3 g
- Lipides : 49,9 g
- Glucides : 25,3 g

Menu
- Tuiles au parmesan
- Blanquette de veau
- Petites verrines glacées de fraises au sirop

1 Pelez tous les légumes. Mettez la viande dans une marmite et couvrez d'eau froide. Portez à ébullition et écumez parfaitement. Ajoutez le vin blanc, l'oignon piqué des clous de girofle, les carottes entières et le bouquet garni. Salez et faites cuire 1 heure à petits frémissements.

2 Nettoyez et coupez les champignons en quatre. Faites-les blanchir 1 minute dans de l'eau bouillante additionnée du jus de citron. Égouttez-les et réservez-les.

3 Sortez la viande du bouillon et filtrez le bouillon. Réservez-le. Faites fondre le beurre dans une grande sauteuse et faites-y étuver la viande et les oignons nouveaux pendant 10 minutes. Saupoudrez de farine, mélangez et versez le bouillon. Faites cuire 20 minutes. Retirez la viande et les oignons de la sauteuse et maintenez-les au chaud.

4 Faites bouillir la sauce 5 minutes. Fouettez les jaunes d'œufs et la crème. Ajoutez une cuillère à soupe de bouillon, mélangez et reversez le tout dans la sauteuse. Fouettez.

5 Remettez les morceaux de viande dans la sauteuse, ainsi que les oignons et les champignons et faites réchauffer sans laisser la sauce bouillir. Versez dans un plat, parsemez de feuilles de persil plat et servez très chaud.

Côte de veau

Préparation : 15 min - Cuisson : 20 min - Difficulté : ★★ - Budget : ★★★

Astuce

Pour parfumer les côtes de veau, enfoncez la lame d'un couteau dans l'épaisseur des côtes de manière à les en tailler assez profondément, puis enfoncez une feuille de laurier dans chaque entaille.

Valeurs nutritionnelles
(pour une personne)
- Valeur énergétique : 388 kcal (1593 kJ)
- Protéines : 31,5 g
- Lipides : 25,8 g
- Glucides : 4,4 g

Menu
- Tomates farcies au chèvre frais et au thym
- Côte de veau
- Bavarois à la fraise

Pour 6 personnes
- 6 côtes de veau épaisses
- 300 g de cèpes
- 150 g de petites girolles
- 150 g de petits oignons grelots
- 3 tiges de persil
- 2 gousses d'ail
- 30 g de beurre
- 3 cuill. à soupe d'huile d'arachide
- Fleur de sel
- Poivre du moulin

Vin conseillé
Alsace-Tokay-Pinot blanc à 11 °C

1 Nettoyez les cèpes et les girolles. Coupez les cèpes en lamelles. Lavez, séchez, effeuillez et hachez le persil. Pelez et hachez les gousses d'ail. Faites fondre le beurre et mélangez-le à l'huile.

2 Pour une cuisson au barbecue, huilez les côtes et mettez-les sur une grille. Faites cuire les côtes 10 minutes en les retournant à mi-cuisson et en ajoutant un peu d'huile au pinceau. Pour une cuisson à la poêle, faites chauffer l'huile dans une grande poêle. Saisissez-y à feu vif les côtes de veau des deux côtés. Quand elles sont bien colorées, baissez le feu et poursuivez la cuisson 10 minutes en retournant les côtes à mi-cuisson.

3 Pendant ce temps, faites chauffer l'huile restante dans une sauteuse et faites-y sauter les champignons avec l'ail, les oignons grelots et le persil pendant 5 minutes à feu vif. Salez et donnez deux tours de poivre.

4 Répartissez les côtes de veau dans des assiettes, salez, donnez un tour de poivre et ajoutez les champignons. Servez aussitôt.

Onglet de veau au paprika

Préparation : 10 min - Cuisson : 1 h 15 - Difficulté : ★ - Budget : ★★

Pour 6 personnes

- 1 kg d'onglet de veau
- 2 cuill. à soupe de paprika
- 25 cl de bouillon de volaille
- 400 g de tomates pelées concassées
- 2 gousses d'ail
- 3 oignons
- 3 cuill. à soupe de raisins blonds
- 3 cuill. à soupe d'huile d'olive
- 250 g de crème fraîche
- Sel, poivre

Vin conseillé
Côte de Beaune rouge à 14 °C

Astuce
Vous pouvez aussi faire cuire l'onglet au four. Faites dorer la viande dans du beurre fondu dans une cocotte, puis ajoutez la garniture et versez le bouillon. Couvrez et enfournez 1 heure 30 à th 6 (180 °C).

Valeurs nutritionnelles
(pour une personne)
- Valeur énergétique : 553 kcal (2313 kJ)
- Protéines : 35,2 g
- Lipides : 37,7 g
- Glucides : 17,5 g

Menu
- Méli-mélo de melons
- Onglet de veau au paprika
- Tartelettes au chocolat noir et aux framboises

1 Coupez la viande en cubes. Pelez les oignons et les gousses d'ail. Émincez les oignons et hachez finement les gousses d'ail.

2 Faites chauffer l'huile dans une cocotte. Faites-y revenir les cubes de viande avec l'ail et les oignons, en remuant sans arrêt, jusqu'à ce qu'ils soient dorés.

3 Saupoudrez de paprika, puis versez le bouillon de volaille. Ajoutez les tomates concassées et les raisins. Salez, poivrez et mélangez bien. Couvrez et faites cuire 1 heure à feu doux.

4 Répartissez la viande et la sauce dans des assiettes creuses et ajoutez une cuillère de crème fraîche. Servez aussitôt avec des pommes vapeur.

Petits farcis de veau à la coriandre

Préparation : 30 min - Cuisson : 55 min - Difficulté : ★★ - Budget : ★★

Astuce

La cannelle donne un léger goût sucré à ce plat. Si vous n'aimez pas le mélange sucré-salé, remplacez la cannelle par une cuillère à café rase de cumin en poudre.

Valeurs nutritionnelles
(pour une personne)
- Valeur énergétique : 292 kcal (1198 kJ)
- Protéines : 24,1 g
- Lipides : 13,5 g
- Glucides : 16 g

Menu
- Verrines de fruits frais
- Petits farcis de veau à la coriandre
- Fruits d'été au chocolat

Pour 6 personnes
- 600 g de filet mignon de veau
- 12 petites tomates
- 6 courgettes
- 2 petits oignons
- 1 bouquet de coriandre fraîche
- 1 cuill. à café rase de cannelle en poudre
- 3 cuill. à soupe d'huile de tournesol
- 3 cuill. à soupe d'huile d'olive
- Sel, poivre

Vin conseillé
Mâcon-Villages à 12 °C

1 Hachez le filet mignon. Lavez, séchez, effeuillez et ciselez la coriandre. Pelez et hachez finement les oignons, au couteau de préférence.

2 Faites chauffer l'huile de tournesol dans une poêle. Faites-y revenir les oignons, en remuant, pendant 2 minutes. Ajoutez la viande et la coriandre, saupoudrez de cannelle, salez et poivrez. Faites cuire 5 minutes en remuant et retirez du feu.

3 Préchauffez le four th 6 (180 °C). Lavez les courgettes et les tomates, puis séchez-les. Coupez les tomates aux trois quarts de leur hauteur et coupez les courgettes en trois dans la longueur. Évidez délicatement les courgettes et les tomates avec une petite cuillère.

4 Disposez les légumes dans un plat allant au four et remplissez-les de préparation au veau. Arrosez d'huile d'olive, enfournez et faites cuire 45 minutes.

5 Servez dès la sortie du four avec du riz blanc et une salade verte.

Piccatas de veau au fenouil

Préparation : 30 min - Cuisson : 15 min - Difficulté : ★★★ - Budget : ★★

Pour 6 personnes

- 6 escalopes de veau fines
- 3 fenouils
- 1 citron non traité
- 60 g de beurre très froid
- 3 cuill. à soupe d'huile d'olive
- Sel
- Poivre du moulin

Astuce

Remplacez le beurre par deux cuillères à soupe de mascarpone et ajoutez une cuillère à café de graines de fenouil dans la sauce.

Valeurs nutritionnelles

(pour une personne)
- Valeur énergétique : 335 kcal (1374 kJ)
- Protéines : 20,8 g
- Lipides : 24,8 g
- Glucides : 4,8 g

Vin conseillé
Bourgogne blanc à 9 °C

Menu
- Clafoutis aux légumes
- Piccatas de veau au fenouil
- Soupe de roses aux fruits d'été

1 Aplatissez les escalopes le plus finement possible avec un rouleau à pâtisserie. Coupez chaque escalope en trois morceaux.

2 Prélevez le zeste du citron et émincez-le zeste finement. Ébouillantez-le 1 minute, puis égouttez-le et réservez-le. Pressez le jus du citron. Coupez les fenouils en deux, puis émincez-les finement. Faites dorer les fenouils des deux côtés dans deux cuillères à soupe d'huile d'olive. Salez, poivrez et réservez à couvert.

3 Faites chauffer le reste d'huile dans une poêle et faites-y cuire les escalopes de veau 2 minutes de chaque côté à feu vif. Salez et donnez un tour de poivre. Gardez-les au chaud sous papier aluminium.

4 Remettez la poêle sur feu vif et déglacez-la avec le jus de citron additionné de trois cuillères à soupe d'eau. Ajoutez le zeste de citron et grattez le fond de la poêle avec une spatule en bois pour en décoller les sucs. Quand le jus bout, ajoutez le beurre en parcelles en fouettant, puis réservez.

5 Montez les piccatas en alternant une tranche de veau et quelques lamelles de fenouil. Nouez le tout avec de la ficelle de cuisine. Répartissez dans des assiettes, arrosez de sauce et servez bien chaud.

Rôti de veau farci au riz sauvage et aux myrtilles

Préparation : 30 min - Cuisson : 1 h 15 - Difficulté : ★★★ - Budget : ★★

Astuce
Si vous ne trouvez pas de myrtilles fraîches, remplacez-les par des myrtilles surgelées ou par des airelles en conserve.

Valeurs nutritionnelles
(pour une personne)
- Valeur énergétique : 472 kcal (1939 kJ)
- Protéines : 29,9 g
- Lipides : 21,7 g
- Glucides : 32,7 g

Menu
- Salade de la mer
- Rôti de veau farci au riz sauvage et aux myrtilles
- Gâteau de sorbets

Pour 6 personnes
- 850 g de poitrine de veau
- 200 g de riz sauvage
- 200 g de myrtilles
- 1 tomate
- 1 échalote
- 1 gousse d'ail
- 6 brins de thym
- 10 cl de vin rouge
- 3 cuill. à soupe d'huile
- 1 cuill. à soupe de baies roses
- Sel, poivre

Vin conseillé
Beaujolais-Villages rouge à 11 °C

1 Préchauffez le four th 6/7 (200 °C). Faites cuire le riz 15 minutes dans de l'eau bouillante salée. Égouttez-le et réservez-le. Lavez et coupez la tomate en petits dés. Pelez et hachez l'échalote et la gousse d'ail.

2 Faites chauffer une cuillère à soupe d'huile dans une sauteuse et faites-y revenir l'échalote et l'ail hachés, puis ajoutez les dés de tomate. Ajoutez le riz et la moitié des myrtilles, mélangez bien et réservez.

3 Étalez la poitrine de veau sur le plan de travail et répartissez la préparation au riz sauvage dessus. Roulez ensuite la poitrine sur elle-même en enfermant la garniture au centre. Ficelez la poitrine pour qu'elle prenne une forme de rôti. Mettez le rôti dans un plat allant au four, salez et poivrez, arrosez du reste d'huile et enfournez. Faites cuire 1 heure.

4 Sortez le rôti du four, mettez-le dans un plat et couvrez-le de papier aluminium. Posez le plat de cuisson du rôti sur le feu et déglacez-le avec le vin rouge en grattant le fond du plat avec une spatule en bois pour en décoller les sucs. Ajoutez le reste des myrtilles et mélangez délicatement.

5 Découpez le rôti en tranches épaisses, répartissez-les dans des assiettes et arrosez de sauce aux myrtilles. Parsemez de baies roses et décorez de thym frais. Servez aussitôt.

Brochettes de lapin

Préparation : 20 min - Cuisson : 15 min - Marinade : 20 min - Difficulté : ★ - Budget : ★

Pour 6 personnes

- 1 kg de lapin désossé
- 2 poivrons verts
- 1 poivron jaune
- 1 poivron rouge
- 1 poivron orange
- 1 échalote
- 30 cl de vin blanc sec
- 1 branche de thym
- 1 cuill. à café de poivre concassé
- 2 cuill. à soupe d'huile d'olive
- Sel

Vin conseillé
Morgon à 13 °C

Astuce

Accompagnez les brochettes de lapin de riz blanc et d'un carpaccio de tomates aux olives de Nice, ou d'un carpaccio de légumes (recette p. 62).

Valeurs nutritionnelles
(pour une personne)
- Valeur énergétique : 344 kcal (1412 kJ)
- Protéines : 34,9 g
- Lipides : 13,8 g
- Glucides : 9,2 g

Menu
- Mille-feuilles de tomates à la tome fraîche
- Brochettes de lapin
- Tarte à la gelée de sauge

1 Coupez la chair du lapin en tout petits cubes. Pelez et hachez finement l'échalote. Lavez, séchez et effeuillez le thym.

2 Mettez la chair de lapin dans un plat. Parsemez-la d'échalote, de thym, de poivre concassé et salez. Arrosez de vin blanc et d'huile d'olive et laissez mariner 20 minutes au frais.

3 Pendant ce temps, lavez soigneusement les poivrons, épépinez-les et coupez-les en cubes. Plongez les cubes de poivrons 5 minutes dans de l'eau bouillante. Égouttez-les et réservez-les.

4 Égouttez les morceaux de lapin et piquez-les sur des brochettes en les alternant avec les cubes de poivrons.

5 Allumez le barbecue ou préchauffez le four en position gril. Posez les brochettes sur une grille. Pour une cuisson au barbecue, faites cuire 10 minutes environ en arrosant les brochettes de marinade et en les retournant régulièrement. Pour une cuisson au four, recouvrez la lèchefrite de papier aluminium et placez-la sous la grille. Faites cuire 15 minutes environ en retournant régulièrement les brochettes. Servez dès la fin de la cuisson.

Lapin au romarin

Préparation : 10 min - Cuisson : 1 h 15 - Difficulté : ★★ - Budget : ★

Astuce
Pour une recette plus « flamande », remplacez le vin blanc par de la bière blonde.

Pour 6 personnes
- 6 cuisses de lapin
- 12 échalotes roses
- 3 branches de romarin
- 2 cuill. à café de concentré de tomate
- 20 cl de vin blanc sec
- 4 cuill. à soupe d'huile d'olive
- Sel, poivre

Valeurs nutritionnelles
(pour une personne)
- Valeur énergétique : 406 kcal (1665 kJ)
- Protéines : 31,5 g
- Lipides : 18,9 g
- Glucides : 18,8 g

Menu
- Granité de poivron et de fenouil
- Lapin au romarin
- Cake au citron et aux myrtilles

Vin conseillé
Vin de pays d'Oc blanc à 9 °C

1 Pelez et coupez les échalotes en deux dans la longueur. Lavez et séchez le romarin. Réservez deux branches entières et effeuillez la troisième.

2 Faites chauffer l'huile dans une cocotte. Faites-y dorer les cuisses de lapin. Quand elles sont bien colorées, retirez-les et remplacez-les par les échalotes. Baissez le feu et faites-les suer, sans coloration, pendant environ 5 minutes en remuant. Ajoutez le concentré de tomate et mélangez bien.

3 Remettez les cuisses de lapin, salez et poivrez, parsemez de feuilles de romarin et arrosez de vin blanc. Couvrez et faites cuire 1 heure en remuant de temps en temps.

4 À la fin du temps de cuisson, mettez les cuisses de lapin dans un plat, versez la sauce et sa garniture tout autour et ajoutez les deux branches de romarin frais par-dessus. Servez très chaud accompagné de tagliatelles fraîches.

Lapin aux épices douces

Préparation : 15 min - Cuisson : 1 h 15 - Difficulté : ★★ - Budget : ★

Pour 6 personnes
- 3 râbles de lapin
- 2 bâtons de cannelle
- 2 étoiles de badiane
- 1 cuill. à café de graines de coriandre
- ½ gousse de vanille
- 1 citron vert
- 20 cl de vin blanc doux
- 3 cuill. à soupe d'huile
- 75 g de beurre très froid
- 2 cuill. à soupe de crème fraîche épaisse
- 3 tiges de coriandre fraîche
- Sel, poivre

Vin conseillé
Gaillac rouge à 15 °C

Astuce
Ajoutez dans la cocotte 800 g de toutes petites pommes de terre de type « grenaille » Elles accompagneront parfaitement le lapin.

Valeurs nutritionnelles
(pour une personne)
- Valeur énergétique : 431 kcal (1802 kJ)
- Protéines : 33,6 g
- Lipides : 31,9 g
- Glucides : 1,2 g

Menu
- Flan au parmesan et aux oignons confits
- Lapin aux épices douces
- Glace à la lavande

1 Découper les râbles de lapin en morceaux, ou faites-les découper par le boucher.

2 Lavez le citron et râpez finement le zeste. Pressez ensuite le jus du citron. Concassez les graines de coriandre.

3 Faites chauffer l'huile dans une cocotte. Faites-y dorer les morceaux de lapin de tous les côtés. Quand ils sont bien colorés, retirez-les de la cocotte.

4 Jetez toutes les épices dans la cocotte et laissez-les revenir quelques secondes en remuant. Remettez les morceaux de lapin et baissez le feu. Ajoutez le zeste de citron, le jus de citron et le vin blanc. Salez, poivrez et couvrez. Faites cuire à feu doux pendant 1 heure.

5 Retirez les morceaux de lapin de la cocotte. Faites bouillir le jus de cuisson 3 minutes, puis ajoutez le beurre en parcelles en fouettant, puis la crème fraîche, sans la faire bouillir. Rectifiez l'assaisonnement et versez sur les morceaux de lapin. Servez sans attendre.

Lapin aux poivrons rouges

Préparation : 20 min - Cuisson : 2 h 10 - Marinade : 12 h - Difficulté : ★★ - Budget : ★

Astuce
Ce plat sera délicieux servi froid avec de la moutarde à l'ancienne et une salade de mesclun.

Pour 6 personnes
- 1 lapin coupé en morceaux
- 4 poivrons rouges
- 1 gousse d'ail
- 1 petit bouquet de thym frais
- 20 cl de vin blanc sec
- 20 cl d'huile d'olive
- 1 cuill. à soupe de vinaigre de vin
- Sel, poivre

Valeurs nutritionnelles
(pour une personne)
- Valeur énergétique : 632 kcal (2594 kJ)
- Protéines : 34,5 g
- Lipides : 47,1 g
- Glucides : 7,6 g

Menu
- Mousse de courgettes au pesto
- Lapin aux poivrons rouges
- Petits sablés à la lavande

Vin conseillé
Bordeaux Supérieur rouge à 15 °C

1 Pelez et hachez l'ail. Dans un plat creux, mélangez l'huile, le vinaigre, l'ail, du sel et du poivre. Ajoutez les morceaux de lapin, mélangez et laissez mariner 12 heures au frais.

2 Le lendemain, faites chauffer une cuillère à soupe d'huile de la marinade dans une poêle. Posez les morceaux de lapin dans l'huile chaude et saisissez-les de tous les côtés, puis mettez les morceaux dans une cocotte allant au four et possédant un couvercle.

3 Déglacez la poêle avec le vin blanc. Laissez réduire légèrement et versez dans la cocotte.

4 Préchauffez le four th 4/5 (125 °C). Lavez, épépinez et coupez les poivrons en gros morceaux. Lavez et séchez le thym. Ajoutez le poivron et le thym dans la cocotte et couvrez. Enfournez la cocotte et laissez cuire 2 heures.

5 Mettez les morceaux de lapin et la garniture dans un plat, arrosez du jus de cuisson et servez aussitôt.

Brochettes de poulet tandoori

Préparation : 20 min - Cuisson : 40 min - Marinade : 12 h - Difficulté : ★★ - Budget : ★

Pour 6 personnes
- 5 blancs de poulet
- 3 courgettes
- 2 oignons
- 1 citron vert
- 3 gousses d'ail
- 2 tiges de menthe
- 2 yaourts nature
- 1 cuill. à café de gingembre en poudre
- 1 cuill. à café de coriandre en poudre
- 1 cuill. à soupe de paprika
- 1 cuill. à café cumin en poudre
- Sel, poivre

Vin conseillé
Collioure rosé à 11 °C

Astuce
Vous pouvez aussi mélanger les yaourts à la marinade dès le début de la préparation et en badigeonner les brochettes ensuite tout au long de la cuisson.

Valeurs nutritionnelles
(pour une personne)
- Valeur énergétique : 174 kcal (729 kJ)
- Protéines : 25,3 g
- Lipides : 3,2 g
- Glucides : 10,4 g

Menu
- Salade Mississipi
- Brochettes de poulet tandoori
- Trio de sorbets

1 Coupez les blancs de poulet en cubes. Pressez le jus du citron. Mettez les morceaux de poulet dans une assiette creuse et arrosez-les de jus de citron.

2 Pelez et hachez les oignons et l'ail. Ajoutez l'ail, les oignons, le gingembre, la coriandre, le paprika et le cumin dans le plat de viande. Salez, poivrez, mélangez bien. Placez au frais pendant 12 heures.

3 Lavez et coupez les courgettes en petits tronçons. Égouttez les cubes de poulet et piquez-les sur des brochettes en bois en les alternant avec les tronçons de courgettes.

4 Allumez le barbecue ou préchauffez le four en position gril.

Pour une cuisson au barbecue, faites cuire les brochettes en les retournant régulièrement et en les arrosant de marinade. Pour une cuisson au four, recouvrez la plaque du four de papier aluminium, posez les brochettes de poulet sur la grille du four et enfournez en plaçant la grille au-dessus de la plaque. Faites cuire 40 minutes en retournant les brochettes plusieurs fois au cours de la cuisson.

5 Pendant ce temps, versez la marinade dans un grand bol et fouettez en incorporant les yaourts. Servez les brochettes très chaudes, décorées de tiges de menthe et accompagnées de la sauce au yaourt.

Colombo de poulet

Préparation : 15 min - Cuisson : 1 h 05 - Difficulté : ★ - Budget : ★

Astuce
Pour une sauce un peu plus épaisse, ajoutez un yaourt nature en même temps que le lait de coco, et faites cuire à feu très doux afin que la préparation compote.

Pour 6 personnes
- 350 g de riz basmati
- 5 blancs de poulet
- 3 oignons
- 3 tiges de ciboulette
- 8 g de gingembre frais
- ½ piment rouge
- 2 cuill. à café de colombo en poudre
- 3 cuill. à soupe de lait de coco
- 75 g de beurre

Valeurs nutritionnelles
(pour une personne)
- Valeur énergétique : 458 kcal (1916 kJ)
- Protéines : 26,7 g
- Lipides : 14,4 g
- Glucides : 53,9 g

Menu
- Salade créole
- Colombo de poulet
- Blancs-mangers coco pamplemousse

Vin conseillé
Bordeaux rouge à 15 °C

1 Lavez, séchez et ciselez la ciboulette. Pelez et hachez finement les oignons. Hachez finement le piment. Épluchez et hachez très finement le gingembre. Coupez les blancs de poulet en petits morceaux.

2 Faites fondre le beurre dans une casserole. Faites-y revenir la viande, les oignons et le gingembre en mélangeant. Poudrez de colombo et mélangez de nouveau.

3 Ajoutez dans la casserole le lait de coco, 10 cl d'eau et la ciboulette. Couvrez et laissez cuire doucement pendant 1 heure, en rajoutant de l'eau en cours de cuisson si nécessaire.

4 15 minutes avant la fin de la cuisson du colombo, préparez le riz basmati selon les indications du paquet.

5 Répartissez le riz basmati dans six bols. Ajoutez le colombo par-dessus et arrosez du jus de cuisson. Servez très chaud.

Cordon-bleu aux pois gourmands

Préparation : 30 min - Cuisson : 40 min - Difficulté : ★★ - Budget : ★★

Pour 6 personnes

- 6 escalopes de dinde
- 6 tranches fines de jambon
- 12 lamelles d'emmental
- 300 g de pois gourmands
- 1 botte de petits navets nouveaux
- 2 œufs
- 150 g de chapelure
- 3 cuill. à soupe d'huile
- 30 g de beurre
- Sel, poivre

Vin conseillé
Faugères rouge à 16 °C

Astuce
Vous pouvez remplacer le jambon par de fines rondelles de tomates ou de courgettes. Pour une saveur différente, saupoudrez l'intérieur des cordons-bleus d'une pincée de cumin.

Valeurs nutritionnelles
(pour une personne)
- Valeur énergétique : 418 kcal (2585 kJ)
- Protéines : 55,7 g
- Lipides : 32 g
- Glucides : 24,9 g

Menu
- Mini-pizzas au chèvre frais
- Cordon-bleu aux pois gourmands
- Salade de fruits

1 Faites aplatir les escalopes de dinde par le boucher ou faites-le à l'aide d'un rouleau à pâtisserie. Étalez les escalopes de dinde sur le plan de travail. Posez par-dessus une tranche de jambon, puis les lamelles d'emmental. Repliez les escalopes en deux en enfermant la garniture au centre et en appuyant bien pour tasser.

2 Battez les œufs en omelette dans une assiette creuse. Versez la chapelure dans une autre. Passez les escalopes dans l'œuf battu, puis dans la chapelure. Réservez au frais.

3 Effilez les pois gourmands, lavez et coupez les navets en quatre. Mettez les navets dans une sauteuse, couvrez-les d'eau à fleur, ajoutez le beurre en parcelles, salez et poivrez. Portez à ébullition et laissez cuire jusqu'à complète évaporation du liquide. Ajoutez alors les pois gourmands et poursuivez la cuisson 5 minutes en remuant. Réservez au chaud.

4 Faites chauffer l'huile dans une grande poêle antiadhésive. Posez les cordons-bleus dedans, baissez le feu et faites-les cuire à feu doux pendant 20 minutes, en les retournant à mi-cuisson. Salez et poivrez.

5 Répartissez les cordons-bleus et les légumes dans des assiettes et servez aussitôt.

Curry de poulet

Préparation : 15 min - Cuisson : 50 min - Difficulté : ★ - Budget : ★

Astuce
Pour une saveur sucrée-salée, remplacez l'un des yaourts par du lait de coco.

Pour 6 personnes
- 5 blancs de poulet
- 250 g de riz
- 2 oignons
- 3 carottes
- 2 yaourts
- 2 cuill. à soupe de curry en poudre
- 3 cuill. à soupe d'huile
- 1 tige de coriandre
- Sel, poivre

Valeurs nutritionnelles
(pour une personne)
- Valeur énergétique : 210 kcal (880 kJ)
- Protéines : 25 g
- Lipides : 8,2 g
- Glucides : 8,4 g

Menu
- Canapés de crevettes au guacamole
- Curry de poulet
- Gratin à la rhubarbe

Vin conseillé
Gaillac rouge à 16 °C

1 Coupez les blancs de poulet en lanières. Épluchez et hachez les oignons. Pelez et coupez les carottes en tout petits dés.

2 Faites chauffer l'huile dans une sauteuse. Faites-y revenir les oignons, les carottes et les morceaux de poulet 5 minutes en remuant. Poudrez de curry et mélangez hors du feu. Ajoutez deux grands verres d'eau et les yaourts. Salez, poivrez, puis mélangez de nouveau et remettez sur feu doux. Couvrez et faites cuire pendant 45 minutes.

3 Pendant ce temps, faites cuire le riz selon les indications du paquet. Égouttez-le et versez-le dans un plat.

4 Versez le curry par-dessus, décorez d'une tige de coriandre et servez aussitôt.

Filets de poulet aux poivrons et aux tomates

Préparation : 30 min - Cuisson : 50 min - Difficulté : ★★ - Budget : ★

Pour 6 personnes

- 4 blancs de poulet
- 8 anchois à l'huile
- 2 poivrons rouges
- 6 grosses tomates
- 1 gousse d'ail
- 2 branches de persil plat
- 6 cuill. à soupe d'huile d'olive
- Sel, poivre

Vin conseillé
Bourgueil rouge à 15 °C

Astuce

Les anchois étant déjà très fortement salés, ne salez pas les blancs de poulet. Ils s'assaisonneront naturellement avec les anchois.

Valeurs nutritionnelles

(pour une personne)
- Valeur énergétique : 338 kcal (1416 kJ)
- Protéines : 40,2 g
- Lipides : 15,6 g
- Glucides : 8,2 g

Menu

- Clafoutis aux courgettes
- Filets de poulet aux poivrons et aux tomates
- Biscuits aux framboises

1 Pelez les tomates après les avoir plongées quelques minutes dans de l'eau bouillante. Mixez-les pour les réduire en purée fine. Épépinez les poivrons. Plongez-les dans de l'eau bouillante pendant 5 minutes et égouttez-les. Épluchez-les et coupez-les en lamelles. Pelez et hachez l'ail. Lavez, séchez et effeuillez le persil.

2 Faites chauffer trois cuillères à soupe d'huile dans une sauteuse. Faites-y revenir l'ail 1 minute en remuant, puis ajoutez la purée de tomates. Salez et poivrez, mélangez bien et baissez le feu. Ajoutez les lamelles de poivrons, couvrez et faites cuire pendant 20 minutes.

3 Faites chauffer le reste d'huile dans une poêle. Faites-y dorer les blancs de poulet des deux côtés, puis baissez le feu et faites-les cuire 20 minutes en les retournant de temps en temps.

4 Égouttez les anchois et coupez-les en petits morceaux. 10 minutes avant la fin de la cuisson des blancs de poulet, ajoutez les anchois dans la poêle et poivrez légèrement. Coupez les blancs de poulet en lamelles.

5 Versez la sauce tomate aux poivrons dans le fond des assiettes, ajoutez les lamelles de poulet aux anchois, parsemez de persil et servez aussitôt.

Magret de canard laqué

Préparation : 20 min - Cuisson : 20 min - Difficulté : ★★★ - Budget : ★★★

Astuce

Pour éplucher facilement les gousses d'ail, mettez-les dans un bol avec quatre cuillères à soupe d'eau. Faites chauffer 50 secondes au micro-ondes, vous les pèlerez très facilement ensuite. Pensez aussi à retirer le germe afin que l'ail soit plus digeste.

Valeurs nutritionnelles
(pour une personne)
- Valeur énergétique : 353 kcal (1477 kJ)
- Protéines : 30,2 g
- Lipides : 15 g
- Glucides : 23,2 g

Menu
- Salade Shangaï
- Magret de canard laqué
- Soupe de fraises

Pour 6 personnes
- 3 magrets de canard
- 6 cuill. à soupe de miel liquide
- 1 morceau de gingembre frais
- 2 gousses d'ail
- 2 ciboules
- Sel, poivre

Vin conseillé
Buzet rouge à 16 °C

1 Préchauffez le four th 7 (210 °C). Pelez les gousses d'ail et coupez-les en quatre. Pelez et coupez les ciboules en tronçons. Épluchez et coupez le gingembre en bâtonnets fins. Entaillez la graisse des magrets en croisillons.

2 Faites chauffer une poêle à blanc. Posez les magrets côté peau en dessous. Faites griller 4 minutes environ, puis retournez les magrets et poursuivez la cuisson 2 minutes. Retirez-les de la poêle et réservez-les.

3 Baissez le feu, ôtez la moitié de la graisse et ajoutez le miel, le gingembre, les gousses d'ail et les ciboules. Faites chauffer doucement 3 minutes.

4 Mettez les magrets dans un plat à four, côté peau vers le haut, arrosez-les de sauce au miel et enfournez. Faites cuire 10 minutes en arrosant souvent les magrets.

5 Coupez les magrets en tranches et mettez-les dans un plat. Arrosez-les du jus de cuisson et servez avec du riz basmati.

Papillotes de dinde

Préparation : 30 min - Cuisson : 35 min - Difficulté : ★★ - Budget : ★

Pour 6 personnes
- 6 escalopes de dinde
- 5 tomates
- 1 bouquet d'estragon
- 100 g d'olives vertes dénoyautées
- 3 cuill. à soupe d'huile d'olive
- Sel, poivre

Astuce
Les papillotes peuvent aussi être cuites au four th 6 (180 °C) pendant 20 minutes. Dans ce cas, utilisez plutôt du papier aluminium pour faire les papillotes.

Valeurs nutritionnelles
(pour une personne)
- Valeur énergétique : 232 kcal (971 kJ)
- Protéines : 27,5 g
- Lipides : 12,1 g
- Glucides : 2,7 g

Vin conseillé
Saumur blanc sec à 9 °C

Menu
- Pain de poisson
- Papillotes de dinde
- Glace au citron et au cassis

1 Pelez les tomates après les avoir plongées dans de l'eau bouillante. Coupez-les en deux, épépinez-les et coupez-les en petits dés. Hachez grossièrement les olives. Rincez et séchez l'estragon. Réservez quelques pluches entières pour la décoration et hachez le reste.

2 Mettez les tomates et les olives dans une casserole et arrosez-les d'huile d'olive. Salez, poivrez et faites cuire à feu doux pendant 15 minutes en remuant de temps en temps.

3 Découpez six grandes feuilles de papier sulfurisé. Étalez les escalopes de dinde sur le plan de travail. Aplatissez-les avec un rouleau à pâtisserie. Garnissez-les avec la moitié de la préparation aux tomates, puis roulez les escalopes de dinde sur elles-mêmes et maintenez-les fermées à l'aide d'un petit pic en bois.

4 Étalez le reste de la préparation aux tomates au centre des feuilles de papier sulfurisé et posez une roulade de dinde par-dessus. Salez et poivrez. Ajoutez les pluches d'estragon. Refermez le papier pour former une papillote.

5 Placez les papillotes dans le panier d'un cuit-vapeur. Ajoutez de l'eau, couvrez et faites cuire 20 minutes. Servez dès la fin de la cuisson avec du riz blanc.

Poulet antillais à la noix de coco

Préparation : 20 min - Cuisson : 50 min - Marinade : 1 h - Difficulté : ★ - Budget : ★

Astuce
Avant de servir, saupoudrez le poulet de noix de coco râpée. Vous pouvez aussi accompagner le poulet d'une purée de patates douces.

Pour 6 personnes
- 1 poulet coupé en morceaux
- 30 cl de lait de coco
- 10 cl de crème fraîche épaisse
- 1 citron jaune
- 1 cuill. à café rase de piment de Cayenne
- 1 cuill. à café rase de paprika
- Huile d'arachide
- Sel

Valeurs nutritionnelles
(pour une personne)
- Valeur énergétique : 417 kcal (1745 kJ)
- Protéines : 25,5 g
- Lipides : 33 g
- Glucides : 3,3 g

Menu
- Salade créole
- Poulet antillais à la noix de coco
- Gratin de fruits d'été

Vin conseillé
Alsace-Gewurztraminer à 11°C

1 Prélevez le zeste du citron avec un économe et émincez-le. Pressez le jus. Dans un grand plat creux, mélangez le lait de coco, le zeste de citron, le jus de citron, les épices et une pincée de sel.

2 Mettez les morceaux de poulet dans un grand plat creux et versez la préparation au lait de coco par-dessus. Laissez mariner 1 heure en retournant régulièrement les morceaux.

3 Faites légèrement chauffer l'huile dans une poêle. Ôtez les morceaux de poulet de la marinade et égouttez-les. Mettez-les dans la poêle et faites-les revenir rapidement sans coloration à feu moyen. Versez la marinade par-dessus et faites cuire à petit feu pendant 45 minutes à couvert.

4 Retirez les morceaux de poulet et réservez-les au chaud. Ajoutez la crème fraîche dans la sauce de cuisson en fouettant et laissez cuire à feu très doux jusqu'aux premiers frémissements. Rectifiez l'assaisonnement et versez sur les morceaux de poulet avant de servir.

Poulet tikka massala

Préparation : 10 min - Cuisson : 40 min - Marinade : 2 h - Difficulté : ★ - Budget : ★

Pour 6 personnes
- 6 blancs de poulet
- 1 oignon
- 2 gousses d'ail
- 2 yaourts nature
- 2 cuill. à soupe rases de garam massala
- Sel

Vin conseillé
Bordeaux Premières Côtes de Blaye rouge à 15 °C

Astuce
Si vous ne trouvez pas de garam massala, remplacez-le par le mélange suivant : une cuillère à café de gingembre en poudre, une cuillère à café de paprika, une cuillère à café de cumin en poudre, une cuillère à café de graines de coriandre et une pincée de poivre de Cayenne.

Valeurs nutritionnelles
(pour une personne)
- Valeur énergétique : 166 kcal (693 kJ)
- Protéines : 28,9 g
- Lipides : 3,6 g
- Glucides : 3,8 g

Menu
- Tarte aux légumes et à la ricotta
- Poulet tikka massala
- Petits pots de crème au thé

1 Coupez les blancs de poulet en morceaux. Pelez et hachez l'ail et l'oignon.

2 Dans un plat creux, mélangez les yaourts avec le garam massala, l'ail et l'oignon hachés. Salez légèrement. Mettez les morceaux de poulet dans la marinade. Enrobez-les bien et laissez-les mariner 2 heures environ au frais.

3 Préchauffez le four th 7 (210 °C). Mettez les morceaux de poulet et la marinade dans un plat allant au four.

4 Enfournez et faites cuire 40 minutes en retournant les morceaux régulièrement dans la sauce.

5 Servez dès la sortie du four accompagné de riz basmati.

Tajine de poulet aux légumes

Préparation : 35 min - Cuisson : 1 h 45 - Difficulté : ★★ - Budget : ★★

Astuce
Utilisez de préférence un tajine allant sur le feu. Si vous utilisez une cocotte, ajoutez en cours de cuisson un peu d'eau pour éviter que les ingrédients n'attachent dans le fond.

Valeurs nutritionnelles
(pour une personne)
- Valeur énergétique : 644 kcal (2695 kJ)
- Protéines : 31,9 g
- Lipides : 24,3 g
- Glucides : 72,3 g

Menu
- Dips de crudités à la sauce aux anchois
- Tajine de poulet aux légumes
- Figues rôties au caramel

Pour 6 personnes
- 1 poulet de 1,2 kg
- 1 botte de carottes nouvelles
- 150 g de petits pois frais
- 6 petits navets nouveaux
- 4 tomates
- 3 petites courgettes
- 3 mini-fenouils
- 2 oignons
- 3 citrons confits
- 1 cuill. à café de graines de coriandre
- 1 cuill. à café de graines de cumin
- 3 tiges de coriandre fraîche
- 6 cuill. à soupe d'huile d'olive
- Sel, poivre

Vin conseillé
Lussac-Saint-Émilion à 15 °C

1 Découpez le poulet en morceaux. Pelez et émincez les oignons. Épluchez les navets et les carottes. Écossez les petits pois. Coupez les courgettes en deux dans la longueur. Coupez les fenouils en quatre.

2 Lavez et coupez les tomates en morceaux. Coupez les citrons confits en petits quartiers.

3 Faites chauffer l'huile dans une cocotte ou dans un tajine si vous en possédez un. Faites-y dorer les morceaux de poulet en les retournant. Quand ils sont bien colorés, retirez-les de la cocotte et remplacez-les par les oignons, puis ajoutez les courgettes, les carottes, les fenouils, les navets et les petits pois. Faites-les revenir pendant 10 minutes à feu moyen en remuant.

4 Remettez les morceaux de poulet dans la cocotte, puis ajoutez les tomates, les épices et les citrons confits. Mélangez bien. Salez et poivrez, couvrez et laissez cuire 1 heure 30 à feu très doux.

5 Lavez, séchez et effeuillez la coriandre.

6 En fin de cuisson, ajoutez la coriandre fraîche dans le plat, rectifiez l'assaisonnement et servez très chaud accompagné de semoule fine.

Beignets de fleurs de courgettes

Préparation : 10 min - Cuisson : 10 min - Repos : 30 min - Difficulté : ★★ - Budget : ★★

Vin conseillé
Palette rosé à 9 °C

Pour 6 personnes

- 24 fleurs de courgettes
- 200 g de farine
- 2 jaunes d'œufs
- 30 cl d'eau glacée
- Huile de friture
- Sel, poivre

Astuce

Pour une touche exotique, ajoutez une pointe de gingembre en poudre dans la pâte.

Valeurs nutritionnelles

(pour une personne)
- Valeur énergétique : 207 kcal (867 kJ)
- Protéines : 4,7 g
- Lipides : 7,3 g
- Glucides : 30 g

Menu
- Soupe de poisson
- Beignets de fleurs de courgettes
- Charlotte aux fruits rouges

1 Battez les jaunes d'œufs en omelette, puis versez l'eau glacée en mélangeant bien. Incorporez ensuite la farine petit à petit. Mélangez jusqu'à obtention d'une pâte lisse et onctueuse. Salez, mélangez et laissez reposer 30 minutes.

2 Faites chauffer l'huile de friture. Plongez rapidement deux fleurs de courgettes dans la pâte, puis dans l'huile chaude à l'aide d'une écumoire. Faites cuire 2 minutes, le temps de dorer la pâte. Égouttez sur du papier absorbant. Recommencez l'opération jusqu'à épuisement des fleurs de courgettes.

3 Salez et poivrez les beignets et servez aussitôt.

Beignets de poivrons et d'aubergines

Préparation : 30 min - Cuisson : 40 min - Difficulté : ★★ - Budget : ★

Astuce

Vous pouvez remplacer les aubergines par des courgettes et pour plus de parfum, ajoutez une cuillère à soupe de coriandre ciselée dans les légumes.

Pour 6 personnes

- 24 feuilles de wonton (pâte à raviolis chinois)
- 3 aubergines
- 3 poivrons rouges
- 3 gousses d'ail
- 4 cuill. à soupe d'huile d'olive
- Huile de friture
- Sel, poivre

Valeurs nutritionnelles
(pour une personne)
- Valeur énergétique : 394 kcal (1647 kJ)
- Protéines : 10,3 g
- Lipides : 13,5 g
- Glucides : 56,4 g

Menu
- Moules gratinées à la tomate et au basilic
- Beignets de poivrons et d'aubergines
- Tarte aux fraises et au thym citron

Vin conseillé
Saumur rouge à 14 °C

1 Préchauffez le four en position gril. Lavez les aubergines et les poivrons. Taillez les aubergines en tranches épaisses. Mettez les poivrons et les tranches d'aubergines sur la plaque du four recouverte de papier aluminium. Arrosez les tranches d'aubergines d'huile d'olive.

2 Enfournez et faites griller les légumes pendant 20 minutes en les retournant régulièrement. Pelez et hachez finement les gousses d'ail.

3 Sortez les légumes du four et laissez-les refroidir complètement, puis épluchez et épépinez les poivrons. Coupez les légumes en petits morceaux et mélangez-les dans un saladier. Salez, poivrez, ajoutez l'ail haché, mélangez bien et réservez.

4 Étalez les feuilles de wonton sur le plan de travail. Garnissez le centre de chacune d'elle de légumes, puis humidifiez légèrement le pourtour des feuilles. Repliez les feuilles en deux et pressez bien les bords pour les souder.

5 Faites chauffer l'huile de friture et plongez-y les beignets deux par deux. Faites-les cuire en les retournant sans arrêt avec une écumoire, le temps qu'ils soient bien dorés. Égouttez-les sur du papier absorbant. Salez, donnez un tour de poivre et servez aussitôt accompagné de sauce soja.

Courgettes farcies au chèvre et à la sauge

Préparation : 20 min - Cuisson : 40 min - Difficulté : ★★ - Budget : ★

Pour 6 personnes

- 6 petites courgettes rondes
- 1 bûchette de fromage de chèvre
- 150 g de lardons allumettes
- 1 tige de sauge
- Poivre

Vin conseillé
Alsace-Pinot blanc à 9 °C

Astuce
Les lardons et le fromage de chèvre étant déjà naturellement salés, n'ajoutez pas de sel à la préparation.

Valeurs nutritionnelles
(pour une personne)
- Valeur énergétique : 142 kcal (594 kJ)
- Protéines : 6 g
- Lipides : 8,5 g
- Glucides : 10 g

Menu
- Salade croquante au magret
- Courgettes farcies au chèvre et à la sauge
- Tarte aux raisins

1 Lavez soigneusement les courgettes et coupez-les aux trois quarts de leur hauteur. Évidez-les délicatement avec une petite cuillère et réservez la chair.

2 Mettez les courgettes évidées dans le panier d'un cuit-vapeur. Ajoutez de l'eau, couvrez et faites cuire 20 minutes.

3 Pendant ce temps, hachez grossièrement la chair des courgettes. Coupez six tranches de fromage de chèvre et hachez grossièrement le reste de la bûchette.

4 Faites dorer les lardons dans une poêle chauffée à blanc. Mélangez la chair de courgettes, le fromage haché et les lardons dans un saladier. Poivrez.

5 Préchauffez le four th 6 (180 °C). Mettez les courgettes évidées dans un plat allant au four. Remplissez-les de préparation au fromage de chèvre et posez par-dessus une rondelle de fromage et une feuille de sauge. Enfournez et faites cuire 15 minutes. Servez immédiatement.

Courgettes farcies aux légumes

Préparation : 25 min - Cuisson : 55 min - Difficulté : ★★ - Budget : ★

Astuce
À la place des copeaux de parmesan, ajoutez dans la préparation aux légumes, à la fin du temps de cuisson en sauteuse, deux cuillères à soupe de parmesan râpé. Dans ce cas, ne salez pas trop les légumes.

Valeurs nutritionnelles
(pour une personne)
- Valeur énergétique : 243 kcal (1017 kJ)
- Protéines : 11,2 g
- Lipides : 13 g
- Glucides : 19,7 g

Menu
- Gambas à la persillade
- Courgettes farcies aux légumes
- Brochettes de pêches rôties

Pour 6 personnes
- 8 courgettes
- 2 aubergines
- 3 tomates
- 1 poivron rouge
- 1 poivron vert
- 125 g de copeaux de parmesan
- Huile d'olive
- Sel, poivre

Vin conseillé
Mâcon-Villages à 12 °C

1 Lavez tous les légumes. Coupez six courgettes en deux dans la longueur. Évidez-les le plus possible sans les percer. Réservez au frais. Lavez et épépinez les poivrons. Coupez les courgettes restantes, les aubergines, les tomates et les poivrons en petits cubes.

2 Faites chauffer quatre cuillères à soupe d'huile d'olive dans une sauteuse. Faites-y revenir les poivrons et les aubergines 5 minutes à feu moyen, en remuant. Ajoutez les courgettes en cubes et les tomates, puis salez et poivrez. Couvrez, baissez le feu et laissez mijoter 15 minutes.

3 Préchauffez le four th 6 (180 °C). Posez les courgettes évidées dans un plat allant au four, côté creusé vers le haut.

4 Remplissez les courgettes de préparation aux légumes et enfournez. Faites cuire 35 minutes.

5 À la sortie du four, parsemez de copeaux de parmesan et servez aussitôt.

Couscous de légumes

Préparation : 30 min - Cuisson : 1 h 10 - Difficulté : ★★ - Budget : ★★

Pour 6 personnes
- 375 g de semoule de blé
- 3 navets longs
- 6 petits navets ronds
- 4 carottes
- 2 oignons
- 3 gousses d'ail
- 75 g de concentré de tomate
- 225 g de pois chiches
- 125 g de raisins secs
- 75 g d'amandes
- 1 bouquet garni
- 1 cuill. à soupe rase de cumin en poudre
- 3 pincées de piment
- 8 cuill. à soupe d'huile d'olive
- 35 g de beurre
- Sel, poivre

Vin conseillé
Tavel à 9 °C

Astuce
Préparez les légumes et le bouillon du couscous à l'avance et faites-le réchauffer 15 minutes avant de servir, en même temps que la préparation de la semoule.

Valeurs nutritionnelles
(pour une personne)
- Valeur énergétique : 638 kcal (2669 kJ)
- Protéines : 16 g
- Lipides : 27,4 g
- Glucides : 79,1 g

Menu
- Méli-mélo de melons
- Couscous de légumes
- Rhubarbe confite au sirop

1 Épluchez les carottes et les navets. Pelez les oignons et l'ail. Coupez les carottes en tronçons. Hachez les oignons et l'ail.

2 Faites chauffer trois cuillères à soupe d'huile dans une cocotte. Faites-y revenir les oignons et l'ail à feu vif jusqu'à ce qu'ils soient colorés. Ajoutez les carottes, les deux navets, le concentré de tomate, le cumin, le bouquet garni et le piment. Salez et poivrez. Mélangez. Versez 1 l d'eau dans la cocotte. Couvrez et faites cuire 1 heure à feu doux. 15 minutes avant la fin de la cuisson, ajoutez les pois chiches, les raisins et les amandes.

3 Faites chauffer le reste d'huile dans une sauteuse. Faites-y revenir la semoule pendant 2 minutes. Versez ¾ l d'eau salée, couvrez et laissez cuire à feu doux pendant 2 minutes. Retirez du feu et laissez gonfler à couvert.

4 Égrainez la semoule avec une fourchette, puis ajoutez le beurre en parcelles.

5 Répartissez la semoule dans des bols, ajoutez les légumes par-dessus, mettez le bouillon dans un autre bol et servez aussitôt.

Crumble de tomates

Préparation : 20 min - Cuisson : 45 min - Difficulté : ★★ - Budget : ★

Astuce
Accompagnez le crumble d'une crème au basilic : fouettez un petit pot de crème épaisse, salez et poivrez bien, puis ajoutez deux cuillères à soupe de basilic finement haché dans la crème fouettée.

Pour 6 personnes
- 1,5 kg de tomates
- 100 g de farine
- 100 g de beurre salé très froid
- 75 g de chapelure
- 45 g de parmesan râpé
- 2 cuill. à soupe d'huile d'olive
- 1 gousse d'ail
- Sel, poivre

Valeurs nutritionnelles
(pour une personne)
- Valeur énergétique : 342 kcal (1431 kJ)
- Protéines : 8,4 g
- Lipides : 20,4 g
- Glucides : 30,2 g

Menu
- Kefta kebab
- Crumble de tomates
- Flan à la vanille

Vin conseillé
Anjou-Villages à 12 °C

1 Préchauffez le four th 4 (120 °C). Lavez les tomates, retirez les pédoncules et plongez-les quelques secondes dans de l'eau bouillante. Égouttez-les et rafraîchissez-les sous l'eau glacée. Pelez-les et coupez-les en quatre.

2 Huilez légèrement un plat allant au four. Frottez-en l'intérieur avec la gousse d'ail. Disposez les quartiers de tomates à l'intérieur. Salez et poivrez. Arrosez d'un filet d'huile d'olive et enfournez. Faites cuire 15 minutes.

3 Pendant ce temps, préparez la pâte. Mettez dans le bol d'un mixeur la farine, la chapelure, le parmesan et le beurre en parcelles. Faites tourner, ajoutez une cuillère à soupe d'huile d'olive, puis laissez tourner jusqu'à obtention d'une pâte granuleuse.

4 Sortez le plat du four. Augmentez la température du four th 7 (210 °C). Recouvrez les tomates de pâte et arrosez d'un filet d'huile d'olive. Enfournez et faites cuire 30 minutes. Servez dès la sortie du four.

Fenouils braisés au lard fumé et à l'estragon

Préparation : 15 min - Cuisson : 50 min - Difficulté : ★★ - Budget : ★

Pour 6 personnes
- 6 fenouils
- 24 tranches fines de lard fumé
- 2 carottes
- 2 oignons
- 1 bouquet d'estragon
- 10 cl de bouillon de légumes
- 3 cuill. à soupe d'huile de tournesol
- Sel, poivre

Vin conseillé
Pouilly Fumé à 12 °C

Astuce
Vous pouvez aussi laisser refroidir complètement les légumes dans le bouillon et servir ce plat froid avec des tranches de rôti de porc froid.

Valeurs nutritionnelles
(pour une personne)
- Valeur énergétique : 295 kcal (1235 kJ)
- Protéines : 12 g
- Lipides : 21 g
- Glucides : 13,7 g

Menu
- Taboulé
- Fenouils braisés au lard fumé et à l'estragon
- Sorbet à la pêche et fromage blanc à la cannelle

1 Pelez et coupez les carottes en rondelles. Pelez et émincez les oignons. Lavez et coupez les fenouils en quatre. Enrobez chaque quartier de fenouil dans une tranche de lard fumé et maintenez-les enroulés avec un petit pic en bois.

2 Lavez, séchez et effeuillez l'estragon.

3 Faites chauffer l'huile dans une grande sauteuse. Faites-y revenir les oignons et les rondelles de carottes. Ajoutez les fenouils et faites-les dorer de tous les côtés. Poivrez, salez légèrement et versez le bouillon de légumes. Couvrez et faites cuire 45 minutes. En fin de cuisson, ajoutez l'estragon. Dégustez sans attendre.

Gratin d'aubergines à l'italienne

Préparation : 25 min - Cuisson : 1 h 10 - Difficulté : ★★ - Budget : ★

Astuce
Vous pouvez réaliser la même recette en remplaçant les aubergines par des courgettes ou en mélangeant des aubergines et des courgettes.

Valeurs nutritionnelles
(pour une personne)
- Valeur énergétique : 482 kcal (2018 kJ)
- Protéines : 25,8 g
- Lipides : 34,8 g
- Glucides : 15,1 g

Menu
- Tielles sétoises
- Gratin d'aubergines à l'italienne
- Pêches poêlées à la crème

Pour 6 personnes
- 6 aubergines
- 6 tomates
- 4 boules de mozzarella
- 2 oignons
- 50 g de parmesan râpé
- 1 gousse d'ail
- 6 cuill. à soupe d'huile d'olive
- Sel, poivre

Vin conseillé
Coteaux varois en Provence rosé à 9 °C

1 Retirez les pédoncules des tomates et plongez-les dans de l'eau bouillante. Quand la peau commence à se détacher, égouttez et rafraîchissez-les. Coupez-les en petits morceaux. Pelez et émincez les oignons.

2 Versez trois cuillères à soupe d'huile d'olive dans une casserole. Ajoutez les oignons et les tomates et faites-les cuire doucement à couvert pendant 30 minutes, en remuant de temps en temps.

3 Pendant ce temps, préchauffez le four th 7 (210 °C). Lavez les aubergines et coupez-les en tranches dans la hauteur. Posez les tranches sur la plaque du four recouverte de papier sulfurisé. Badigeonnez-les de deux cuillères à soupe d'huile d'olive, salez et poivrez. Enfournez et faites cuire 5 minutes, puis retournez les tranches et poursuivez la cuisson 5 minutes.

4 Frottez un plat allant au four avec la gousse d'ail, puis huilez-le légèrement. Coupez les boules de mozzarella en tranches. Disposez une couche d'aubergines dans le fond du plat, recouvrez-les de mozzarella, puis disposez une couche de tomates. Parsemez de parmesan et recommencez l'opération jusqu'en haut du plat.

5 Arrosez d'un filet d'huile d'olive et enfournez. Faites cuire 30 minutes et servez dès la sortie du four.

Gratin de pommes de terre au thym

Préparation : 25 min - Cuisson : 1 h 35 - Repos : 15 min - Difficulté : ★ - Budget : ★

Pour 6 personnes
- 1 kg de pommes de terre à chair ferme
- 150 g de lardons
- 3 branches de thym
- 1 gousse d'ail
- ½ l de lait entier
- Sel, poivre

Vin conseillé
St-Chinian rosé à 9 °C

Astuce
Vous pouvez remplacer les lardons par de la viande de bœuf hachée et ajouter une couche d'oignons émincés et dorés à la poêle au centre du gratin.

Valeurs nutritionnelles
(pour une personne)
- Valeur énergétique : 250 kcal (1045 kJ)
- Protéines : 8 g
- Lipides : 7,8 g
- Glucides : 36,3 g

Menu
- Omelette roulée au jambon et aux herbes fraîches
- Gratin de pommes de terre au thym
- Clafoutis aux abricots

1 Préchauffez le four th 5 (150 °C). Pelez les pommes de terre et coupez-les en fines rondelles. Mettez-les dans de l'eau froide et laissez-les tremper 15 minutes pour faire ressortir toute l'albumine.

2 Pendant ce temps, faites chauffer une poêle à blanc et faites-y rapidement dorer les lardons. Quand ils sont bien colorés, retirez-les de la poêle et égouttez-les sur du papier absorbant.

3 Frottez l'intérieur d'un plat à gratin avec la gousse d'ail. Lavez et séchez les branches de thym.

4 Répartissez les rondelles de pommes de terre et les lardons dans le plat en les alternant. Salez légèrement et poivrez chaque couche de pommes de terre, puis posez les branches de thym à l'intérieur du gratin. Versez le lait par-dessus le tout. Enfournez et faites cuire 1 heure 30.

5 Servez dès la sortie du four en accompagnement d'une viande rouge.

Hachis de pommes de terre aux poivrons

Préparation : 15 min - Cuisson : 30 min - Difficulté : ★ - Budget : ★

Astuce
Si vous ne trouvez pas de poivrons « del piquillo », passez deux poivrons rouges sous le gril, pelez-les et faites-les mariner 3 heures dans de l'huile d'olive additionnée de quelques gouttes de Tabasco.

Pour 6 personnes
- 1 kg de pommes de terre
- 1 petite boîte de poivrons « del piquillo »
- 100 g d'olives noires dénoyautées
- 2 cuill. à soupe d'huile d'olive
- Sel, poivre

Valeurs nutritionnelles
(pour une personne)
- Valeur énergétique : 225 kcal (939 kJ)
- Protéines : 2,7 g
- Lipides : 8,5 g
- Glucides : 33,5 g

Menu
- Tacos
- Hachis de pommes de terre aux poivrons
- Pastèque aux framboises

Vin conseillé
Bergerac rouge à 16 °C

1 Lavez les pommes de terre et mettez-les dans une casserole. Couvrez d'eau froide, salez et faites cuire 25 minutes après ébullition.

2 Pendant ce temps, hachez les olives grossièrement. Égouttez et coupez les poivrons en tout petits dés.

3 Faites chauffer l'huile dans une poêle et faites-y revenir rapidement les poivrons en remuant sans arrêt. Réservez.

4 Égouttez les pommes de terre et pelez-les. Écrasez-les à la fourchette, remettez-les dans une casserole et poivrez.

5 Ajoutez à la purée de pommes de terre les olives et les poivrons avec leur huile de cuisson. Faites réchauffer à feu doux en remuant sans arrêt. Rectifiez l'assaisonnement et servez aussitôt.

Mijoté de légumes aux pois chiches

Préparation : 20 min - Cuisson : 35 min - Difficulté : ★★ - Budget : ★

Pour 6 personnes
- 250 g de haricots verts
- 2 patates douces
- 3 carottes
- 300 g de pois chiches en conserve
- 150 g de haricots rouges en conserve
- 4 cuill. à soupe d'huile d'olive
- 1 cuill. à café de graines de coriandre
- 1 bouquet garni
- Sel, poivre

Vin conseillé
Fitou à 16 °C

Astuce
Pour plus de croquant et si vous en avez le temps, utilisez des pois chiches secs. Faites-les tremper pendant 12 heures dans une grande quantité d'eau additionnée d'une cuillère à café de bicarbonate de soude et utilisez-les ensuite de la même manière.

Valeurs nutritionnelles
(pour une personne)
- Valeur énergétique : 243 kcal (1017 kJ)
- Protéines : 7,6 g
- Lipides : 8 g
- Glucides : 34,5 g

Menu
- Frittata aux poivrons
- Mijoté de légumes aux pois chiches
- Salade de fruits

1 Pelez et coupez les patates douces en petits cubes. Pelez et coupez les carottes en petits tronçons. Effilez les haricots verts. Égouttez les haricots rouges et les pois chiches. Concassez les graines de coriandre.

2 Faites chauffer l'huile dans une cocotte. Ajoutez les carottes, les patates douces, les haricots verts, les graines de coriandre et le bouquet garni. Salez et poivrez. Baissez le feu au minimum et versez un verre d'eau dans la cocotte. Couvrez et faites cuire 20 minutes.

3 Ajoutez les haricots rouges et les pois chiches dans la cocotte et poursuivez la cuisson, toujours à couvert, pendant 15 minutes.

4 Servez très chaud en accompagnement d'une viande.

Mille-feuilles de légumes croustillants

Préparation : 30 min - Cuisson : 25 min - Difficulté : ★★★ - Budget : ★

Astuce
Pour des mille-feuilles plus relevés, saupoudrez les tranches d'aubergines de paprika avant de les mettre dans le four.

Pour 6 personnes
- 6 tomates
- 1 aubergine
- 2 branches de basilic
- 1 poignée de roquette
- 150 g de parmesan en poudre
- 1 blanc d'œuf
- Huile d'olive
- Fleur de sel
- Poivre du moulin

Valeurs nutritionnelles
(pour une personne)
- Valeur énergétique : 192 kcal (802 kJ)
- Protéines : 11,5 g
- Lipides : 13,7 g
- Glucides : 5,1 g

Menu
- Verrines de saumon au guacamole
- Mille-feuilles de légumes croustillants
- Fraisier

Vin conseillé
Bourgogne-Aligoté à 9 °C

1 Préchauffez le four th 8 (240 °C). Lavez les tomates et l'aubergine. Coupez l'aubergine en tranches fines et posez-les bien à plat sur une feuille de papier sulfurisé. Arrosez-les d'un filet d'huile d'olive, salez et poivrez. Enfournez et faites cuire 20 minutes en les retournant à mi-cuisson.

2 Pendant ce temps, coupez les tomates en tranches épaisses dans la hauteur. Mettez-les dans un plat, arrosez-les d'un filet d'huile d'olive, salez et poivrez, puis réservez au frais.

3 Lavez, séchez et effeuillez le basilic. Lavez, essorez et séchez la roquette. Mélangez le parmesan et le blanc d'œuf.

4 Faites chauffer une poêle à blanc. Déposez-y trois petits tas de parmesan et étalez-les avec le dos d'une cuillère. Laissez-les cuire 20 secondes, retournez-les, laissez-les à nouveau cuire 20 secondes et sortez-les de la poêle. Posez-les sur du papier absorbant. Recommencez jusqu'à épuisement de la pâte.

5 Montez les mille-feuilles directement dans des assiettes en alternant une tranche de tomate, une tranche d'aubergine, quelques feuilles de basilic et une tuile de parmesan. Ajoutez quelques feuilles de roquette et servez aussitôt.

Petits farcis

Préparation : 30 min - Cuisson : 45 min - Difficulté : ★★★ - Budget : ★

Pour 6 personnes
- 6 courgettes rondes
- 3 poivrons jaunes
- 3 poivrons rouges
- 4 tomates séchées
- 4 cuill. à soupe d'huile d'olive
- Sel, poivre

Astuce
Une fois les poivrons cuits, ajoutez deux cuillères à soupe de parmesan râpé et une cuillère à soupe de mascarpone. Mélangez bien la préparation avant de remplir les courgettes.

Valeurs nutritionnelles
(pour une personne)
- Valeur énergétique : 177 kcal (741 kJ)
- Protéines : 3,6 g
- Lipides : 8,3 g
- Glucides : 21,6 g

Vin conseillé
Cabernet d'Anjou demi-sec à 11 °C

Menu
- Terrine à la brousse et aux légumes
- Petits farcis
- Tartelettes briochées aux abricots et aux amandes

1 Lavez les courgettes et coupez les chapeaux aux trois quarts de leur hauteur. Évidez délicatement les courgettes avec une petite cuillère et réservez la chair. Mettez les courgettes évidées dans le panier d'un cuit-vapeur. Ajoutez de l'eau, couvrez et faites cuire 20 minutes environ, jusqu'à ce que les courgettes soient tendres.

2 Pendant ce temps, lavez, épépinez et coupez les poivrons en tout petits dés. Hachez grossièrement la chair des courgettes. Coupez les tomates séchées en fines lamelles.

3 Faites chauffer l'huile d'olive dans une sauteuse. Faites-y revenir les dés de poivrons 5 minutes en remuant, puis baissez le feu et ajoutez la chair des courgettes et les lamelles de tomates séchées. Salez, poivrez et poursuivez la cuisson 20 minutes en remuant régulièrement.

4 Préchauffez le four th 4 (120 °C). Mettez les courgettes évidées dans un plat allant au four. Remplissez-les de la préparation aux poivrons et posez les chapeaux des courgettes par-dessus. Enfournez et faites cuire 20 minutes. Servez dès la sortie du four.

Pois chiches au lard et aux poivrons

Préparation : 20 min - Cuisson : 3 h 20 - Repos : 12 h - Difficulté : ★ - Budget : ★

Astuce
Si vous manquez de temps, utilisez des pois chiches en conserve, ils sont déjà cuits. Augmentez le temps de cuisson des poivrons seuls et ajoutez les pois chiches en cours de cuisson. Faites-les réchauffer selon les indications de la boîte.

Pour 6 personnes
- 600 g de pois chiches
- 3 poivrons rouges
- 12 tranches fines de lard fumé
- 1 échalote
- 1 cuill. à café de graines de coriandre
- 1 branche de thym
- 2 cuill. à soupe d'huile
- 1 cuill. à café de bicarbonate de soude
- Poivre

Valeurs nutritionnelles
(pour une personne)
- Valeur énergétique : 281 kcal (1176 kJ)
- Protéines : 12,3 g
- Lipides : 13,6 g
- Glucides : 26,5 g

Menu
- Fajitas
- Pois chiches au lard et aux poivrons
- Soupe de melon

Vin conseillé
Gigondas rouge à 15 °C

1 Mettez les pois chiches dans un saladier, couvrez-les d'eau et ajoutez le bicarbonate de soude. Laissez tremper pendant 12 heures.

2 Égouttez les pois chiches et faites-les cuire 3 heures dans de l'eau bouillante.

3 Pelez et hachez l'échalote. Concassez grossièrement les graines de coriandre. Lavez et épépinez les poivrons. Émincez-les finement. Faites chauffer l'huile dans une cocotte. Faites-y revenir l'échalote et les poivrons sans coloration pendant 1 minute, en remuant. Ajoutez les pois chiches. Poivrez, puis ajoutez la coriandre et le thym. Couvrez et faites cuire 20 minutes.

4 5 minutes avant la fin de la cuisson, faites griller rapidement les tranches de lard fumé dans une poêle chauffée à blanc.

5 Répartissez les pois chiches dans des assiettes, ajoutez les tranches de lard et servez aussitôt.

Légumes

Pommes de terre parfumées

Préparation : 10 min - Cuisson : 20 min - Difficulté : ★ - Budget : ★

Pour 6 personnes
- 1 kg de pommes de terre
- 50 g de beurre
- 2 cuill. à soupe de pignons de pin
- 1 grosse pincée de paprika en poudre
- 1 grosse pincée de cumin en poudre
- 1 pincée de gingembre en poudre
- 2 tiges de coriandre
- Fleur de sel
- Poivre du moulin

Vin conseillé
Fronsac à 16 °C

Astuce
Utilisez des pommes de terre à chair ferme de type Charlotte, Belle de Fontenay ou Roseval. Vous pouvez aussi réaliser cette recette avec des pommes de terre grenaille : brossez-les sous l'eau froide, rincez-les et utilisez-les sans les éplucher.

Valeurs nutritionnelles
(pour une personne)
- Valeur énergétique : 250 kcal (1046 kJ)
- Protéines : 4 g
- Lipides : 10,9 g
- Glucides : 33,3 g

Menu
- Pâté en croûte
- Pommes de terre parfumées
- Soupe de fraises

1 Épluchez et lavez les pommes de terre. Séchez-les bien et coupez-les en cubes.

2 Faites fondre le beurre dans une grande poêle. Quand il mousse, mettez les cubes de pommes de terre et faites-les sauter à feu vif pendant 5 minutes. Ajoutez toutes les épices et les pignons de pin. Baissez le feu et couvrez. Poursuivez la cuisson 10 minutes en retournant régulièrement les pommes de terre.

3 Retirez le couvercle et remuez bien. Remontez légèrement le feu et laissez cuire 5 nouvelles minutes en remuant de temps en temps. Salez, poivrez et décorez de coriandre fraîche avant de servir.

Tatin de tomates au romarin

Préparation : 20 min - Cuisson : 45 min - Difficulté : ★★★ - Budget : ★

Astuce
Prévoyez deux ou trois tomates en plus pour pouvoir, si nécessaire, en ajouter au cours de la caramélisation car le volume des tomates peut réduire de façon significative.

Pour 6 personnes
- 1 rouleau de pâte feuilletée
- 12 tomates olivettes
- 2 branches de romarin
- 50 g de beurre
- 1 cuill. à soupe rase de sucre en poudre
- Sel, poivre

Valeurs nutritionnelles
(pour une personne)
- Valeur énergétique : 255 kcal (1067 kJ)
- Protéines : 3 g
- Lipides : 18,3 g
- Glucides : 18,9 g

Menu
- Coques au jambon et aux poivrons
- Tatin de tomates au romarin
- Petites charlottes à la rhubarbe et aux fraises

Vin conseillé
Les Baux de Provence rosé à 9 °C

1 Préchauffez le four th 7 (210 °C). Lavez les tomates et coupez-les en deux.

2 Mettez le beurre en parcelles dans un moule à manqué. Ajoutez le sucre en poudre et placez sur feu doux. Laissez fondre le beurre, puis ajoutez les branches de romarin et posez les tomates dans le moule en les serrant bien les unes contre les autres. Faites-les cuire pendant 15 minutes en les retournant régulièrement pour qu'elles caramélisent légèrement. Salez et poivrez.

3 Retirez le moule du feu. Rangez les tomates en posant le côté bombé sur le fond du plat et posez la pâte feuilletée sur les tomates. Enfoncez la pâte entre les parois du moule et les tomates à l'aide du manche d'une cuillère à soupe.

4 Enfournez et faites cuire 30 minutes.

5 Sortez la tarte Tatin du four et posez un couvercle par-dessus pour faire dégonfler la pâte. Laissez reposer une dizaine de minutes, puis démoulez la tarte dans un plat. Servez tiède.

Tian de tomates et de courgettes

Préparation : 15 min - Cuisson : 1 h - Difficulté : ★ - Budget : ★

Pour 6 personnes

- 8 tomates
- 6 courgettes
- 2 branches de romarin
- 50 g d'olives noires de Nice
- 1 gousse d'ail
- 3 cuill. à soupe d'huile d'olive
- Fleur de sel
- Poivre du moulin

Vin conseillé
Bandol rosé à 9 °C

Astuce
Si vous servez le tian en plat unique, hachez 500 g de viande de bœuf. Faites revenir un gros oignon haché dans l'huile. Mélangez l'oignon et la viande et disposez une couche de ce mélange dans le fond du plat avant d'y mettre les légumes.

Valeurs nutritionnelles
(pour une personne)
- Valeur énergétique : 139 kcal (583 kJ)
- Protéines : 2,7 g
- Lipides : 8 g
- Glucides : 13,8 g

Menu
- Tartare de daurade et de saumon
- Tian de tomates et de courgettes
- Petits sablés à la lavande

1 Préchauffez le four th 6 (180 °C).

2 Lavez les tomates et les courgettes. Séchez-les et coupez-les en très fines rondelles. Lavez, séchez et effeuillez le romarin.

3 Coupez la gousse d'ail en deux et frottez-en l'intérieur d'un plat allant au four. Répartissez les rondelles de courgettes et de tomates en ligne, en alternant une ligne de courgettes et une ligne de tomates. Serrez bien les rondelles de légumes les unes contre les autres et faites-les se chevaucher légèrement.

4 Arrosez d'huile d'olive, salez et poivrez, puis parsemez de feuilles de romarin. Enfournez et faites cuire 1 heure. 10 minutes avant la fin de la cuisson, ajoutez les olives.

5 Servez dès la sortie du four, seul ou en accompagnement d'une viande.

Timbale de haricots verts et de fèves

Préparation : 45 min - Cuisson : 35 min - Difficulté : ★★★ - Budget : ★

Astuce
Pour un meilleur maintien de vos timbales, entourez-les, en plus de la feuille de poireau, d'un lien de ficelle de cuisine.

Pour 6 personnes
- 350 g de haricots verts
- 250 g de fèves fraîches
- 3 blancs de poireaux

Pour la sauce :
- 3 cuill. à soupe d'huile de tournesol
- 2 cuill. à soupe d'huile de noisette
- 2 cuill. à soupe de vinaigre de vin
- Sel, poivre

Valeurs nutritionnelles
(pour une personne)
- Valeur énergétique : 157 kcal (658 kJ)
- Protéines : 5 g
- Lipides : 8,8 g
- Glucides : 14,2 g

Menu
- Canapés de saumon au chèvre frais
- Timbale de haricots verts et de fèves
- Charlotte meringuée au sorbet à la poire

Vin conseillé
Cassis blanc à 9 °C

1 Effilez les haricots verts. Plongez-les dans de l'eau bouillante salée et faites-les cuire 20 minutes. Séparez les feuilles des blancs de poireaux les unes des autres et mettez-les dans le panier d'un cuit-vapeur. Ajoutez de l'eau, couvrez et faites cuire 15 minutes.

2 Pendant ce temps, plongez les fèves 1 minute dans de l'eau bouillante et rafraîchissez-les. Retirez la fine peau les recouvrant et réservez-les dans de l'eau glacée.

3 Chemisez six ramequins de feuilles de poireaux, en les croisant dans le fond des ramequins de manière à avoir un bon support pour le reste des légumes. Laissez dépasser les feuilles de poireaux des ramequins. Remplissez les ramequins de haricots et de fèves. Repliez les feuilles de poireaux sur la garniture de manière à former un ballotin.

4 Sortez délicatement les ballotins des ramequins, puis enroulez une feuille de poireau tout autour et maintenez-la enroulée avec un petit pic en bois. Dépliez les feuilles de poireaux se trouvant sur la garniture et découpez-les au niveau de celle-ci.

5 Émulsionnez les deux huiles avec le vinaigre, du sel et du poivre. Arrosez de vinaigrette et servez aussitôt.

Verrines de légumes d'été

Préparation : 20 min - Cuisson : 35 min - Réfrigération : 1 h - Difficulté : ★ - Budget : ★

Pour 6 personnes
- 5 courgettes
- 2 poivrons rouges
- 2 poivrons jaunes
- 2 oignons
- 600 g de tomates bien mûres
- 3 cuill. à soupe d'huile d'olive
- 3 branches de thym frais
- Sel, poivre

Vin conseillé
Côtes de Provence rosé à 9 °C

Astuce
Vous pouvez aussi servir les verrines de légumes d'été bien fraîches, accompagnées de fines tranches de pain de campagne grillées et tartinées de tapenade.

Valeurs nutritionnelles
(pour une personne)
- Valeur énergétique : 132 kcal (553 kJ)
- Protéines : 3,7 g
- Lipides : 5,9 g
- Glucides : 15,6 g

Menu
- Club sandwich au poulet
- Verrines de légumes d'été
- Tartelettes aux abricots

1 Retirez les pédoncules des tomates et plongez-les dans de l'eau bouillante. Quand la peau commence à se détacher, égouttez et rafraîchissez-les. Pelez et concassez-les. Pelez et émincez les oignons. Lavez, épépinez et coupez les poivrons en dés. Rincez et séchez les branches de thym.

2 Versez l'huile dans une cocotte. Ajoutez les tomates concassées, les poivrons, les oignons et les branches de thym. Couvrez et faites cuire à feu doux pendant 15 minutes.

3 Pendant ce temps, épluchez et coupez les courgettes en tronçons.

4 À la fin du temps de cuisson, ajoutez les tronçons de courgettes dans la cocotte et poursuivez la cuisson 20 minutes.

5 Laissez refroidir complètement les légumes. Répartissez-les dans des verrines et mettez-les au frais pendant 1 heure. Servez les verrines de légumes d'été en accompagnement d'une viande.

Verrines de tomates séchées

Préparation : 15 min - Cuisson : 3 h 10 - Difficulté : ★ - Budget : ★

Astuce
Les tomates séchées peuvent se garder plusieurs jours. Mettez-les dans un bocal et recouvrez-les d'huile d'olive. Vous pourrez ainsi les garder une semaine et les utiliser pour réaliser de nombreuses recettes.

Pour 6 personnes
- 6 tomates
- 300 g de semoule de blé fine
- 2 oignons
- Le jus d'un citron
- 1 cuill. à soupe de concentré de tomate
- 4 cuill. à soupe d'huile d'olive
- Sel

Valeurs nutritionnelles
(pour une personne)
- Valeur énergétique : 276 kcal (1156 kJ)
- Protéines : 8,1 g
- Lipides : 8 g
- Glucides : 42,1 g

Menu
- Tartelettes aux aubergines
- Verrines de tomates séchées
- Gâteau au fromage blanc et aux pêches

Vin conseillé
Minervois rosé à 9 °C

1 Préchauffez le four th 3 (90 °C). Lavez les tomates et pelez les oignons. Émincez les oignons et coupez les tomates en tranches fines.

2 Recouvrez la plaque du four de papier sulfurisé. Disposez les tranches de tomates et les lamelles d'oignons sur la plaque et arrosez-les de deux cuillères à soupe d'huile d'olive. Enfournez et faites cuire 3 heures. Sortez la plaque du four et laissez refroidir.

3 Portez 20 cl d'eau salée à ébullition et versez-la sur la semoule. Couvrez et laissez gonfler, puis mélangez à la fourchette pour bien séparer les grains de semoule.

4 Mélangez le reste d'huile d'olive avec le concentré de tomate et le jus de citron. Versez le tout sur la semoule et mélangez bien.

5 Répartissez la semoule dans des verrines. Recouvrez de tranches de tomates et de lamelles d'oignons et servez tiède ou bien frais.

Cannellonis végétariens

Préparation : 25 min - Cuisson : 35 min - Difficulté : ★★ - Budget : ★

Pour 6 personnes

- 12 rectangles de pâte à lasagnes
- 150 g de brocciu
- 100 g de parmesan râpé
- 3 courgettes
- 2 aubergines
- 40 cl de sauce tomate
- 4 cuill. à soupe d'huile d'olive
- Sel, poivre

Vin conseillé
Patrimonio blanc à 9 °C

Astuce
Vous pouvez aussi couper les aubergines et les courgettes en tranches, les faire griller au four, puis les couper en petits dés et les faire mariner dans l'huile d'olive pendant 1 heure.

Valeurs nutritionnelles
(pour une personne)
- Valeur énergétique : 460 kcal (1888 kJ)
- Protéines : 19,9 g
- Lipides : 24,5 g
- Glucides : 36,3 g

Menu
- Velouté glacé de petits pois
- Cannellonis végétariens
- Gratin de fruits rouges vanillés

1 Lavez et coupez les courgettes et les aubergines en tout petits dés. Faites chauffer l'huile dans une sauteuse. Ajoutez les dés de légumes et faites-les fondre doucement pendant 20 minutes en remuant de temps en temps. Salez et poivrez.

2 Retirez du feu et ajoutez le brocciu émietté. Mélangez et réservez. Préchauffez le four en position gril.

3 Plongez les rectangles de lasagnes dans de l'eau bouillante salée et faites-les cuire 8 minutes. Égouttez-les et séchez-les dans un linge. Étalez-les sur le plan de travail.

4 Garnissez les lasagnes de la préparation aux légumes et au brocciu, puis roulez la pâte sur elle-même.

5 Huilez légèrement un plat à gratin. Posez les roulades dans le plat et arrosez-les de sauce tomate. Salez légèrement. Saupoudrez généreusement de parmesan râpé. Enfournez et faites gratiner 5 à 7 minutes environ. Servez dès la sortie du four.

Fettuccini à la crème d'ail

Préparation : 15 min - Cuisson : 25 min - Difficulté : ★ - Budget : ★

Astuce
Si vous aimez les pâtes « al dente », réduisez le temps de cuisson dans l'eau salée de 2 minutes car les pâtes continueront à cuire dans la crème.

Pour 6 personnes
- 450 g de fettuccini
- 25 cl de crème liquide
- 6 gousses d'ail
- 6 tiges de persil plat
- Sel, poivre

Valeurs nutritionnelles
(pour une personne)
- Valeur énergétique : 394 kcal (1617 kJ)
- Protéines : 10,3 g
- Lipides : 13,5 g
- Glucides : 54,5 g

Menu
- Roulades de jambon cru aux légumes
- Fettuccini à la crème d'ail
- Glace à la lavande

Vin conseillé
Minervois blanc à 9 °C

1 Pelez et écrasez les gousses d'ail. Lavez, séchez, effeuillez et ciselez le persil.

2 Versez la crème dans une casserole. Ajoutez les gousses d'ail écrasées et faites chauffer sur feu doux. Aux premiers frémissements, retirez du feu et couvrez. Laissez infuser 15 minutes.

3 Pendant ce temps, faites cuire les pâtes dans une grande casserole d'eau salée selon les indications du paquet. Filtrez la crème et versez-la dans une sauteuse. Salez et poivrez, puis ajoutez le persil. Placez sur feu doux.

4 Égouttez les pâtes et versez-les immédiatement dans la sauteuse. Faites cuire 2 minutes en remuant.

5 Répartissez les pâtes dans des assiettes creuses, arrosez-les de sauce et servez aussitôt.

Lasagnes

Préparation : 15 min - Cuisson : 50 min - Difficulté : ★ - Budget : ★

Pour 6 personnes
- 15 feuilles de lasagnes
- 600 g de steak haché
- 80 g de gruyère râpé
- 1 grosse boîte de tomates pelées
- 2 gros oignons
- 2 gousses d'ail
- 3 cuill. à soupe d'huile
- Sel, poivre

Astuce
Pour des lasagnes encore plus onctueuses, étalez une couche de sauce béchamel après la dernière couche de sauce à la viande.

Valeurs nutritionnelles
(pour une personne)
- Valeur énergétique : 463 kcal (1901 kJ)
- Protéines : 38,2 g
- Lipides : 17,8 g
- Glucides : 33,9 g

Vin conseillé
Coteaux du Lyonnais rouge à 13 °C

Menu
- Salade italienne
- Lasagnes
- Tiramisu aux fraises

1 Plongez les lasagnes dans de l'eau bouillante salée. Faites-les cuire selon les indications du paquet. Égouttez-les et posez-les sur un linge.

2 Pelez et hachez l'ail et les oignons. Égouttez les tomates en réservant le jus et hachez-les.

3 Faites chauffer l'huile dans une sauteuse. Faites-y revenir la viande, l'ail et les oignons 5 minutes en remuant. Salez, poivrez, puis ajoutez les tomates et leur jus. Faites cuire à feu moyen pendant 15 minutes.

4 Préchauffez le four th 7 (210 °C). Montez les lasagnes en alternant une couche de feuilles de lasagnes et une couche de sauce à la viande sur trois ou quatre niveaux. Parsemez de gruyère.

5 Enfournez et faites cuire 20 minutes. Servez dès la sortie du four accompagné d'une salade verte.

Mille-feuille de légumes

Préparation : 40 min - Cuisson : 45 min - Difficulté : ★★ - Budget : ★

Astuce
Servez les lasagnes avec une salade d'herbes variées et de roquette assaisonnée à l'huile de noisette.

Pour 6 personnes
- 9 feuilles de lasagnes
- 6 carottes
- 6 tomates
- 3 poivrons jaunes
- 3 gousses d'ail
- 1 bouquet de cerfeuil
- ½ bouquet de coriandre
- 8 cuill. à soupe d'huile d'olive
- Sel, poivre

Valeurs nutritionnelles
(pour une personne)
- Valeur énergétique : 292 kcal (1198 kJ)
- Protéines : 5,7 g
- Lipides : 14,3 g
- Glucides : 32,8

Menu
- Salade de la mer
- Mille-feuille de légumes
- Mini-babas au rhum

Vin conseillé
Lirac rosé à 10 °C

1 Effeuillez le cerfeuil et la coriandre. Hachez-les grossièrement. Mettez-en les trois quarts dans un bol, arrosez de cinq cuillères à soupe d'huile d'olive, salez, poivrez et réservez au frais.

2 Pelez et coupez les carottes en rondelles. Épépinez les poivrons, puis coupez-les en lanières. Coupez les tomates en petits dés. Pelez et coupez les gousses d'ail en deux et retirez les germes.

3 Faites revenir les rondelles de carottes et les lanières de poivrons 5 minutes à feu moyen dans trois cuillères à soupe d'huile d'olive. Ajoutez les tomates, les gousses d'ail et les herbes hachées restantes. Salez et poivrez et mélangez bien. Baissez le feu, couvrez et faites mijoter doucement pendant 30 minutes en remuant de temps en temps.

4 Pendant ce temps, faites cuire les lasagnes dans de l'eau bouillante salée selon les indications du paquet. Égouttez-les et séchez-les dans un linge.

5 Huilez légèrement un plat. Disposez une couche de lasagnes dans le fond du plat. Recouvrez-la d'une couche de préparation aux carottes et aux poivrons. Disposez une nouvelle couche de lasagnes et une couche de garniture. Terminez par une couche de lasagnes. Maintenez dans un four tiède, th 4 (150 °C), jusqu'au moment de servir. Arrosez les lasagnes d'huile d'olive aux herbes et servez aussitôt.

Nouilles sautées à la ciboule

Préparation : 10 min - Cuisson : 10 min - Difficulté : ★ - Budget : ★

Pour 6 personnes
- 500 g de nouilles chinoises
- 4 ciboules
- ½ cuill. à café de graines de coriandre
- 1 cuill. à café de graines de sésame
- 1 trait de sauce soja
- 2 cuill. à soupe d'huile d'arachide
- Sel, poivre

Vin conseillé
Menetou-Salon blanc à 9 °C

Astuce
Pour un plat plus consistant, ajoutez une vingtaine de crevettes roses décortiquées que vous ferez sauter en même temps que les graines de coriandre et de sésame.

Valeurs nutritionnelles
(pour une personne)
- Valeur énergétique : 335 kcal (1376 kJ)
- Protéines : 10,6 g
- Lipides : 4,5 g
- Glucides : 60,2 g

Menu
- Ricotta en rouleaux de printemps
- Nouilles sautées à la ciboule
- Petits pots de crème au thé

1 Portez une casserole d'eau salée à ébullition. Plongez-y les nouilles et faites-les cuire selon les indications du paquet. Égouttez-les, rafraîchissez-les et réservez-les.

2 Lavez et émincez les ciboules dans la longueur. Concassez les graines de coriandre et les graines de sésame.

3 Faites chauffer l'huile dans un wok ou dans une sauteuse. Jetez-y les graines de coriandre et de sésame et remuez quelques secondes. Ajoutez les ciboules et les nouilles et poursuivez la cuisson à feu vif pendant 2 minutes. Arrosez d'un trait de sauce soja, salez et poivrez.

4 Laissez quelques secondes supplémentaires sur le feu, puis servez immédiatement.

Pâtes au jambon et au fenouil

Préparation : 15 min - Cuisson : 40 min - Difficulté : ★ - Budget : ★

Astuce
Pour que les pâtes restent chaudes le plus longtemps possible, faites chauffer des assiettes au four th 3 (90 °C) avant de les remplir.

Pour 6 personnes
- 450 g de pâtes de type « orecchiette »
- 2 bulbes de fenouil
- 3 tranches épaisses de jambon blanc
- 3 petits oignons blancs nouveaux
- 2 tomates
- 3 cuill. à soupe d'huile d'olive
- 2 tiges de persil plat
- Sel, poivre

Valeurs nutritionnelles
(pour une personne)
- Valeur énergétique : 419 kcal (1720 kJ)
- Protéines : 20,4 g
- Lipides : 9,6 g
- Glucides : 59,2 g

Menu
- Omelette aux légumes grillés
- Pâtes au jambon et au fenouil
- Glace au citron et au cassis

Vin conseillé
Côtes de Provence rosé à 9 °C

1 Lavez et émincez les fenouils dans la hauteur. Pelez et émincez les oignons. Coupez les tranches de jambon en petits lardons. Lavez et coupez les tomates en petites lamelles.

2 Portez une grande marmite d'eau salée à ébullition. Plongez-y les pâtes et faites-les cuire selon les indications du paquet pour qu'elles soient « al dente ».

3 Pendant ce temps, faites chauffer l'huile dans une sauteuse. Faites-y revenir les oignons et les fenouils pendant 10 minutes à feu moyen, en remuant. Salez et poivrez, puis ajoutez les tomates. Couvrez et faites cuire à feu doux pendant 20 minutes. 5 minutes avant la fin de la cuisson, ajoutez les lardons de jambon.

4 Égouttez les pâtes. Ajoutez-les dans la sauteuse et poursuivez la cuisson 2 minutes en remuant. Rectifiez l'assaisonnement, puis répartissez les pâtes dans des assiettes.

5 Décorez de feuilles de persil et servez aussitôt.

Rigatonis au chèvre frais

Préparation : 40 min - Cuisson : 30 min - Difficulté : ★★★ - Budget : ★

Pour 6 personnes
- 450 g de rigatonis
- 200 g de fromage de chèvre frais
- 2 aubergines
- 2 gousses d'ail
- 4 cuill. à soupe d'huile d'olive
- Sel, poivre

Pour le pistou de menthe :
- 3 gousses d'ail
- 1 bouquet de menthe
- 1 cuill. à café de pignons de pin
- 10 cl d'huile d'olive
- Sel, poivre

Vin conseillé
Sauvignon à 9 °C

Astuce
Si vous souhaitez une recette plus facile à réaliser, remplacez les rigatonis par des cannellonis et suivez les étapes de la même manière.

Valeurs nutritionnelles
(pour une personne)
- Valeur énergétique : 530 kcal (2221 kJ)
- Protéines : 12,3 g
- Lipides : 27,4 g
- Glucides : 57,1 g

Menu
- Crème de poivrons
- Rigatonis au chèvre frais
- Crèmes vanille à la réglisse

1 Préparez le pistou de menthe : épluchez les gousses d'ail. Lavez, séchez et effeuillez la menthe. Mettez l'ail, la menthe et les pignons dans un mortier et écrasez-les au pilon en incorporant l'huile petit à petit. Salez et poivrez. Réservez au frais couvert de film alimentaire.

2 Lavez et coupez les aubergines en tout petits dés. Faites chauffer l'huile dans une sauteuse et ajoutez les dés d'aubergines. Salez, poivrez et faites cuire à feu doux et à couvert pendant 15 minutes, en remuant de temps en temps.

3 Pendant ce temps, faites cuire les pâtes dans de l'eau bouillante salée selon les indications du paquet.

4 Pelez et hachez finement les gousses d'ail. Écrasez le fromage de chèvre dans un saladier, ajoutez l'ail haché, salez, poivrez et mélangez bien.

5 Égouttez les pâtes et laissez-les tiédir, puis farcissez-les de fromage de chèvre. Ajoutez-les dans la sauteuse d'aubergines et poursuivez la cuisson 5 minutes en mélangeant délicatement.

6 Répartissez les rigatonis dans des assiettes et arrosez-les de pistou de menthe. Servez aussitôt.

Spaghettis à la grecque

Préparation : 20 min - Cuisson : 40 min - Difficulté : ★★ - Budget : ★

Astuce
Pour une recette plus originale, laissez les légumes refroidir complètement dans leur jus de cuisson, puis versez-les dans les pâtes chaudes, mélangez et servez. Le contraste entre les pâtes chaudes et les légumes froids sera délicieux.

Valeurs nutritionnelles
(pour une personne)
- Valeur énergétique : 438 kcal '1835 kJ)
- Protéines : 15,4 g
- Lipides : 11,7 g
- Glucides : 62,4 g

Menu
- Caviar de poivrons "del piquillo"
- Spaghettis à la grecque
- Brochettes de pêches rôties

Pour 6 personnes
- 450 g de spaghettis
- 150 g de feta
- 2 courgettes
- 1 poivron rouge
- 1 poivron jaune
- 1 aubergine
- 1 poignée de roquette
- 15 cl de vin blanc sec
- 1 bouquet garni
- 1 cuill. à café de graines de coriandre
- 3 cuill. à soupe d'huile d'olive
- Sel

Vin conseillé
Cheverny blanc à 9 °C

1 Lavez les légumes. Épépinez et coupez les poivrons en lanières. Coupez les courgettes et l'aubergine en petites lamelles. Écrasez les graines de coriandre.

2 Faites chauffer l'huile dans une sauteuse. Faites-y revenir les légumes avec les graines de coriandre pendant 5 minutes en remuant. Versez le vin blanc, ajoutez le bouquet garni, salez et couvrez. Faites cuire à feu doux pendant 15 minutes, puis retirez le couvercle et poursuivez la cuisson 10 minutes.

3 Pendant ce temps, faites cuire les pâtes selon les indications du paquet. Coupez la feta en petits cubes. Lavez et essorez la roquette.

4 Égouttez les pâtes et ajoutez-les dans la sauteuse de légumes. Ôtez le bouquet garni. Mélangez et répartissez dans des assiettes. Ajoutez les cubes de feta et la roquette et servez aussitôt.

Spaghettis à la sauce tapenade

Préparation : 15 min - Cuisson : 25 min - Difficulté : ★ - Budget : ★

Pour 6 personnes

- 500 g de spaghettis
- 2 tomates
- 1 cuill. à soupe de basilic ciselé
- 100 g d'olives noires dénoyautées
- 10 filets d'anchois à l'huile
- 1 cuill. à soupe de câpres
- 4 cuill. à soupe d'huile d'olive
- Poivre du moulin

Vin conseillé
Coteaux d'Aix-en-Provence rosé à 9 °C

Astuce
Cette recette de pâtes peut aussi être servie froide en salade.

Valeurs nutritionnelles
(pour une personne)
- Valeur énergétique : 423 kcal (1771 kJ)
- Protéines : 12,9 g
- Lipides : 13,5 g
- Glucides : 60,9 g

Menu
- Salade de thon aux olives
- Spaghettis à la sauce tapenade
- Figues rôties au caramel

1 Égouttez et coupez les anchois en petits morceaux. Coupez les olives en lamelles. Lavez et coupez les tomates en petits dés. Hachez grossièrement les câpres.

2 Versez l'huile dans une sauteuse. Ajoutez les dés de tomates, les câpres hachés, les anchois et les olives en lamelles. Faites chauffer doucement à couvert pendant 15 minutes.

3 Pendant ce temps, faites cuire les spaghettis dans de l'eau bouillante salée selon les indications du paquet.

4 Égouttez les pâtes et ajoutez-les dans la sauteuse avec le basilic. Salez, poivrez et faites cuire 2 minutes en mélangeant.

5 Répartissez les pâtes dans des assiettes et servez aussitôt.

Tagliatelles aux moules

Préparation : 30 min - Cuisson : 35 min - Difficulté : ★★ - Budget : ★

Astuce
Choisissez de préférence des moules de bouchot, plus petites et plus savoureuses que les moules espagnoles. Ébarbez les moules au dernier moment afin qu'elles ne rendent pas leur eau et éliminez toutes les coquilles ouvertes.

Valeurs nutritionnelles
(pour une personne)
- Valeur énergétique : 415 kcal (1739 kJ)
- Protéines : 24,4 g
- Lipides : 7,7 g
- Glucides : 62,3 g

Menu
- Carpaccio de légumes
- Tagliatelles aux moules
- Profiteroles

Pour 6 personnes
- 3 l de moules
- 450 g de tagliatelles
- 1 poivron rouge
- 1 poivron jaune
- 4 tiges de basilic
- 6 tomates séchées
- 2 cuill. à soupe d'huile d'olive
- 5 cl de fumet de poisson
- Sel, poivre

Vin conseillé
Montagny à 9 °C

1 Nettoyez les moules. Lavez, épépinez et coupez les poivrons en petits cubes. Lavez, séchez, effeuillez et ciselez le basilic. Coupez les tomates séchées en petites lanières.

2 Faites chauffer l'huile dans une grande marmite. Faites-y revenir les poivrons, en remuant, pendant 10 minutes à feu doux. Ajoutez les tomates séchées et versez le fumet de poisson. Ajoutez les moules, salez, poivrez, couvrez et faites cuire jusqu'à ce que les coquillages soient bien ouverts.

3 Pendant ce temps, faites cuire les pâtes dans de l'eau bouillante salée selon les indications du paquet. Égouttez-les.

4 Retirez les moules de la marmite avec une écumoire et réservez-les au chaud. Filtrez le jus.

5 Faites réduire de moitié, à feu vif, le jus de cuisson des moules. Ajoutez-y les pâtes et le basilic et faites cuire 2 minutes en remuant, puis répartissez les pâtes dans des assiettes creuses. Ajoutez les moules et servez aussitôt.

Jambalaya

Préparation : 40 min - Cuisson : 1 h - Difficulté : ★★ - Budget : ★★

Pour 6 personnes

- 24 crevettes crues
- 3 blancs de poulet
- 2 saucisses fumées
- 300 g de riz
- 300 g de tomates pelées en conserve
- 4 gousses d'ail
- 2 branches de céleri
- 2 oignons
- 3 cuill. à soupe de Worcestershire sauce
- 2 branches de thym citron
- 1 cuill. à café de piment de Cayenne
- 4 cuill. à soupe d'huile
- Sel

Vin conseillé
Tavel à 9 °C

Astuce
Le jambalaya est une recette typique du sud des États-Unis. Pour donner un parfum de Louisiane à ce plat, ajoutez en fin de cuisson trois tranches d'ananas coupées en petits dés.

Valeurs nutritionnelles
(pour une personne)
- Valeur énergétique : 561 kcal (2348 kJ)
- Protéines : 37,1 g
- Lipides : 24 g
- Glucides : 47,4 g

Menu
- Cocktail Morning
- Jambalaya
- Compotée de rhubarbe aux framboises

1 Plongez les crevettes 2 minutes dans de l'eau bouillante salée et égouttez-les. Réservez-en six et épluchez les autres. Gardez les carapaces. Pelez et émincez finement le céleri, les oignons et l'ail. Égouttez les tomates et réservez le jus. Hachez les tomates grossièrement.

2 Faites revenir les oignons dans trois cuillères à soupe d'huile, ajoutez l'ail et les carapaces de crevettes et faites revenir 4 minutes. Ajoutez les tomates concassées, leur jus et 10 cl d'eau et portez à ébullition. Ajoutez le poulet et les saucisses. Couvrez et faites cuire 20 minutes à feu doux.

3 Faites revenir le céleri et le riz dans le reste d'huile jusqu'à ce que le riz soit translucide. Couvrez d'eau, ajoutez le piment de Cayenne et faites cuire à feu doux jusqu'à complète absorption de l'eau.

4 Retirez le poulet et les saucisses de la sauteuse. Mixez le jus de cuisson, filtrez-le, ajoutez la Worcestershire sauce et versez le jus à nouveau dans la sauteuse.

5 Coupez le poulet en morceaux et les saucisses en rondelles. Versez le riz dans la sauteuse par-dessus le jus. Ajoutez les crevettes, le poulet et les saucisses, rectifiez l'assaisonnement et mélangez bien en faisant réchauffer à feu doux. Décorez des crevettes réservées et de thym citron avant de servir.

Paella

Préparation : 30 min - Cuisson : 1 h 20 - Difficulté : ★★ - Budget : ★★

Astuce
La recette de la paella varie en fonction des régions. Vous pouvez la réaliser en ajoutant selon vos goûts des langoustines, des coques, des calamars ou des moules.

Valeurs nutritionnelles
(pour une personne)
- Valeur énergétique : 1071 kcal (4483 kJ)
- Protéines : 53,7 g
- Lipides : 48,7 g
- Glucides : 101,2 g

Menu
- Gaspacho au chorizo
- Paella
- Rhubarbe confite au sirop

Pour 6 personnes
- 600 g de riz
- 1 poulet coupé en morceaux
- 24 crevettes roses
- 18 rondelles de chorizo
- ½ poivron rouge
- ½ poivron vert
- 2 oignons
- 300 g de tomates concassées
- 3 cuill. à soupe de petits pois surgelés
- 12 cl d'huile d'olive
- 1 dose de safran en poudre
- 2 cuill. à café de paprika
- 2 gousses d'ail
- Sel, poivre

Vin conseillé
Minervois rosé à 9 °C

1 Épluchez et émincez les oignons. Pelez et coupez l'ail en lamelles. Épépinez et coupez les poivrons en dés.

2 Faites chauffez la moitié de l'huile dans une sauteuse. Faites-y dorer les morceaux de poulet et les oignons pendant 5 minutes. Ajoutez les tomates, versez 3 l d'eau et faites cuire à feu doux 45 minutes.

3 Quand la cuisson est terminée, retirez les morceaux de poulet et versez le bouillon dans un saladier. Réservez.

4 Faites chauffer le reste d'huile dans la sauteuse. Faites-y revenir l'ail et les poivrons 5 minutes. Ajoutez le riz et mélangez bien.

5 Versez le bouillon, ajoutez le safran et le paprika et faites cuire 15 minutes. Salez et poivrez. Ajoutez les morceaux de poulet, les crevettes, les petits pois et les rondelles de chorizo. Prolongez la cuisson 10 minutes à feu doux. Servez immédiatement.

Petits gâteaux de riz aux légumes

Préparation : 20 min - Cuisson : 1 h 10 - Difficulté : ★★ - Budget : ★

Pour 6 personnes

- 100 g de riz
- 100 g de petits pois cuits
- 1 poivron rouge
- 2 oignons
- 3 tomates
- 50 g de beurre
- 200 g de farine
- 1 sachet de levure
- 3 œufs
- 10 cl d'huile d'olive
- 10 cl de crème liquide
- 1 noisette de beurre pour les moules
- Sel, poivre

Vin conseillé
Rosé de Loire à 11 °C

Astuce

Vous pouvez choisir d'autres légumes que ceux proposés, l'essentiel étant de les couper en tout petits morceaux. Accompagnez les gâteaux de riz d'une salade verte ou emportez-les en pique-nique.

Valeurs nutritionnelles

(pour une personne)
- Valeur énergétique : 518 kcal (2166 kJ)
- Protéines : 9,6 g
- Lipides : 31,9 g
- Glucides : 46,6 g

Menu

- Pita à la ratatouille
- Petits gâteaux de riz aux légumes
- Mini-cakes à la fraise

1 Préchauffez le four th 6 (180 °C). Faites cuire le riz selon les indications du paquet. Égouttez-le.

2 Lavez et épépinez le poivron, puis coupez-le en tout petits dés. Lavez et coupez les tomates en tout petits dés. Pelez et émincez les oignons. Rincez les petits pois.

3 Faites fondre le beurre dans une poêle. Faites-y suer les poivrons et les oignons 15 minutes en remuant. Salez et poivrez. Ajoutez les tomates et les petits pois et poursuivez la cuisson 10 minutes. Ajoutez le riz et mélangez bien. Réservez.

4 Versez la farine et la levure dans un saladier. Creusez un puits au centre et cassez-y les œufs. Mélangez au fouet en incorporant l'huile petit à petit. Versez la crème liquide et fouettez bien. Ajoutez la préparation au riz et aux légumes, puis mélangez.

5 Beurrez six moules individuels et versez-y la pâte aux trois quarts de la hauteur. Enfournez et faites cuire 35 minutes. Sortez les petits gâteaux du four et laissez-les tiédir. Démoulez et servez les petits gâteaux de riz tièdes ou froids.

Risotto à l'encre de seiche

Préparation : 15 min - Cuisson : 45 min - Difficulté ★ - Budget ★★

Astuce
Commandez à l'avance les supions à votre poissonnier et si vous n'en trouvez pas, utilisez des encornets que vous couperez en petites lamelles.

Pour 6 personnes
- 500 g de riz à risotto
- 700 g de supions
- 2 oignons
- 2 gousses d'ail
- 100 g de beurre
- 45 g d'encre de seiche
- 1,5 l de fumet de poisson
- Sel, poivre

Valeurs nutritionnelles
(pour une personne)
- Valeur énergétique : 530 kcal (2220 kJ)
- Protéines : 24,9 g
- Lipides : 16 g
- Glucides : 70 g

Menu :
- Salade de poulpes
- Risotto à l'encre de seiche
- Glace à la lavande

Vin conseillé
Jurançon sec à 9 °C

1 Faites nettoyer les supions par le poissonnier. Plongez-les quelques minutes dans de l'eau bouillante. Égouttez-les et gardez-les de côté.

2 Pelez les oignons et les gousses d'ail. Hachez-les. Faites fondre 70 g de beurre dans une sauteuse. Faites-y revenir les oignons et l'ail haché 2 minutes en remuant. Ajoutez le riz.

3 Mélangez jusqu'à ce que le riz soit translucide, puis versez l'encre, mélangez et laissez cuire 2 minutes. Baissez le feu au minimum.

4 Versez alors 1 l de fumet de poisson petit à petit sur le riz en remuant sans arrêt et ce jusqu'à ce que le riz ait totalement absorbé le fumet. Ajoutez alors les supions, ainsi que le reste de fumet. Terminez la cuisson à feu doux jusqu'à ce que le liquide soit totalement absorbé. Salez et poivrez.

5 Retirez le risotto du feu, parsemez du reste de beurre, couvrez et laissez reposer 3 minutes. Servez immédiatement.

Risotto aux asperges

Préparation : 20 min - Cuisson : 45 min - Difficulté : ★★ - Budget : ★★

Pour 6 personnes
- 500 g de riz à risotto
- 1 oignon
- 1 botte d'asperges vertes
- 60 g de beurre
- 15 cl de vin blanc sec
- 1 l de bouillon de légumes
- 2 cuill. à soupe de crème fraîche
- Sel, poivre

Vin conseillé
Alsace-Sylvaner à 9 °C

Astuce
Parsemez le risotto de copeaux de parmesan et de baies roses concassées. Ajoutez aussi dans le risotto quelques fines lanières de jambon cru et quelques cèpes séchés sautés dans de l'huile d'olive.

Valeurs nutritionnelles
(pour une personne)
- Valeur énergétique : 522 kcal (2182 kJ)
- Protéines : 10,5 g
- Lipides : 12,4 g
- Glucides : 86,2 g

Menu
- Coquilles St-Jacques rôties au beurre salé
- Risotto aux asperges
- Barquettes de chocolat aux framboises

1 Épluchez les asperges et l'oignon. Hachez l'oignon et coupez les asperges en tronçons en gardant les pointes assez longues, puis coupez les pointes en deux dans la longueur. Faites cuire les asperges à la vapeur pendant 15 minutes. Gardez-les de côté. Faites chauffer le bouillon.

2 Faites fondre le beurre dans une sauteuse. Versez-y l'oignon et le riz et faites revenir à feu doux, en remuant, jusqu'à ce que le riz soit translucide. Versez alors le vin blanc, salez et poivrez, puis baissez le feu.

3 Laissez cuire 3 minutes, puis versez le bouillon chaud petit à petit, en remuant sans arrêt jusqu'à ce que le riz ait totalement absorbé le bouillon.

4 Quand le riz est cuit, ajoutez les tronçons d'asperges et la crème fraîche. Poursuivez la cuisson 2 minutes en mélangeant.

5 Répartissez dans des assiettes, décorez des pointes d'asperges et servez aussitôt.

Risotto aux petits légumes et au poivre rose

Préparation : 20 min - Cuisson : 1 h - Difficulté : ★★ - Budget : ★★

Astuce

La réussite du risotto réside dans l'absorption lente du liquide par le riz. Pour cela, ajoutez le bouillon louche après louche, en attendant l'absorption complète du liquide entre chaque louche.

Valeurs nutritionnelles

(pour une personne)
- Valeur énergétique : 620 kcal (2595 kJ)
- Protéines : 14,2 g
- Lipides : 19,5 g
- Glucides : 90,2 g

Menu

- Langoustines safranées aux pois gourmands
- Risotto aux petits légumes et au poivre rose
- Fruits rouges en gelée

Pour 6 personnes

- 450 g de riz à risotto
- 150 g de petits pois frais
- 150 g de haricots verts
- 2 courgettes
- 2 échalotes roses
- 3 branches de thym citron
- 15 cl de vin blanc sec
- 1 l de bouillon de légumes
- 50 g de beurre très froid
- 80 g de copeaux de parmesan
- 5 cuill. à soupe d'huile d'olive
- 1 cuill. à soupe de poivre rose
- Sel, poivre

Vin conseillé

Vin de pays d'Oc blanc à 9 °C

---

1 Épluchez et émincez les échalotes. Lavez et coupez les courgettes en deux dans l'épaisseur. Coupez-les ensuite en demi-rondelles fines. Écossez les petits pois et effilez les haricots verts.

2 Portez une casserole d'eau salée à ébullition. Plongez-y les haricots et les petits pois et faites-les cuire 15 minutes, puis ajoutez les courgettes et prolongez la cuisson 10 minutes. Égouttez, puis réservez les légumes au chaud. Faites chauffer le bouillon.

3 Faites chauffer l'huile dans une casserole. Quand elle est chaude, faites-y revenir les échalotes et le riz sans coloration, en remuant. Mouillez le riz avec le vin et laissez cuire, en mélangeant sans arrêt, jusqu'à complète absorption du vin par le riz.

4 Versez petit à petit le bouillon chaud dans le riz en mélangeant sans arrêt et ce jusqu'à ce que le riz ait totalement absorbé le bouillon. Ajoutez les légumes et le poivre rose et poursuivez la cuisson 5 minutes en remuant. Salez et poivrez, puis incorporez le beurre très froid en parcelles. Retirez du feu et laissez reposer quelques minutes.

5 Répartissez le risotto dans des assiettes, ajoutez des copeaux de parmesan, décorez de branches de thym citron et servez aussitôt.

Riz au safran

Préparation : 20 min - Cuisson : 35 min - Difficulté : ★★ - Budget : ★

Pour 6 personnes
- 500 g de riz à risotto
- 100 g de fèves fraîches
- 2 cuill. à soupe d'eau de fleur d'oranger
- 2 oignons
- 100 g de beurre
- 1,5 l de bouillon de légumes
- 1 pincée de safran en filaments
- 1 dose de safran en poudre
- Sel, poivre

Vin conseillé
Coteaux du Languedoc blanc à 11°C

Astuce
Faites revenir dans la sauteuse, en même temps que les oignons, 250 g de petits supions bien nettoyés ou des coques et poursuivez la recette de la même manière.

Valeurs nutritionnelles
(pour une personne)
- Valeur énergétique : 560 kcal (2343 kJ)
- Protéines : 10,2 g
- Lipides : 14,8 g
- Glucides : 94,6 g

Menu
- Moules gratinées à la tomate et au basilic
- Riz au safran
- Figues au lait d'amande

1 Plongez les fèves dans de l'eau bouillante pendant 1 minute. Égouttez et rafraîchissez-les, puis retirez la fine peau les recouvrant. Réservez-les dans de l'eau froide.

2 Pelez les oignons et hachez-les finement. Faites fondre 70 g de beurre dans une sauteuse. Faites-y revenir les oignons hachés 2 minutes en remuant, puis ajoutez le riz. Mélangez jusqu'à ce que le riz soit translucide. Ajoutez le safran en poudre et l'eau de fleur d'oranger, puis mélangez.

3 Versez ensuite le bouillon petit à petit sur le riz en mélangeant sans arrêt et ce jusqu'à ce que le riz ait totalement absorbé le bouillon. Salez et poivrez.

4 Retirez le riz au safran du feu, parsemez du reste de beurre, couvrez et laissez reposer 3 minutes.

5 Remplissez des ramequins de riz au safran et démoulez-les dans des assiettes. Ajoutez quelques fèves par-dessus et parsemez de filaments de safran. Servez aussitôt.

Riz aux crevettes

Préparation : 20 min - Cuisson : 25 min - Difficulté : ★ - Budget : ★★

Astuce
Si vous ne trouvez pas de citronnelle, remplacez-la par de la ciboule ou par des petits oignons blancs nouveaux.

Pour 6 personnes
- 250 g de riz
- 18 crevettes roses crues
- 2 oignons
- 2 citronnelles
- 1 citron vert
- 1 cuill. à soupe rase de paprika
- 2 cuill. à café d'huile de sésame
- 2 cuill. à soupe d'huile d'arachide
- Sel, poivre

Valeurs nutritionnelles
(pour une personne)
- Valeur énergétique : 279 kcal (1168 kJ)
- Protéines : 12,7 g
- Lipides : 7,6 g
- Glucides : 38,9 g

Menu
- Tartare de daurade et de saumon
- Riz aux crevettes
- Soupe de fraises

Vin conseillé
Alsace-Riesling à 9 °C

1 Faites cuire le riz selon les indications du paquet. Égouttez-le et laissez-le refroidir.

2 Lavez, séchez et émincez les citronnelles. Pelez et hachez les oignons. Pressez le jus du citron.

3 Décortiquez les crevettes. Faites chauffer l'huile d'arachide dans une poêle et faites-y sauter les crevettes à feu vif pendant 5 minutes. Salez et poivrez, puis réservez.

4 Faites chauffer l'huile de sésame dans une sauteuse. Faites-y dorer les oignons hachés, puis ajoutez le riz. Faites sauter à feu vif pendant 5 minutes, puis ajoutez le paprika, la citronnelle et les crevettes. Poursuivez la cuisson 5 minutes en remuant sans arrêt.

5 Retirez du feu et versez le riz dans des bols. Arrosez de jus de citron vert et servez immédiatement.

Les desserts

Blancs-mangers coco pamplemousse

Préparation : 30 min - Cuisson : 5 min - Réfrigération : 2 h - Difficulté ★ - Budget ★

Pour 6 personnes
- 3 pamplemousses roses
- 150 g de sucre en poudre
- 60 g de noix de coco en poudre
- ¼ l de lait de coco
- ¼ l de lait
- 20 cl de crème liquide
- 6 feuilles de gélatine
- Menthe

Vin conseillé
Côtes du Jura mousseux à 7 °C

Astuce
Ajoutez une grenade dans la préparation des blancs-mangers. La saveur douce et sucrée combinée à la texture croquante de ce fruit s'alliera parfaitement à celle acidulée et moelleuse du pamplemousse.

Valeurs nutritionnelles
(pour une personne)
- Valeur énergétique : 425 kcal (1778 kJ)
- Protéines : 4,9 g
- Lipides : 25,6 g
- Glucides : 42,4 g

Menu
- Tartelettes à la tomate et au thym
- Brochettes de poulet tandoori
- Blancs-mangers coco pamplemousse

1 Faites ramollir la gélatine dans de l'eau froide. Pelez les pamplemousses à vif, puis détachez les quartiers les uns des autres.

2 Versez le lait de coco et le lait dans une casserole, ajoutez la moitié du sucre et portez à ébullition. Retirez alors la casserole du feu, versez la noix de coco en poudre, couvrez et laissez infuser pendant 15 minutes.

3 Essorez les feuilles de gélatine. Versez le lait aromatisé dans un saladier au travers d'une passoire. Ajoutez la gélatine et faites-la fondre en fouettant. Laissez refroidir.

4 Montez la crème en chantilly. Ajoutez le reste de sucre en pluie quand la crème commence à être ferme. Incorporez-la délicatement au lait aromatisé froid.

5 Réservez quelques quartiers de pamplemousses pour la décoration et répartissez le reste dans des verres hauts. Versez la préparation à la noix de coco par-dessus et placez au frais pendant 2 heures.

6 Au moment de servir, décorez les blancs-mangers de quartiers de pamplemousses et de feuilles de menthe.

Crèmes à la cardamome

Préparation : 25 min - Cuisson : 45 min - Réfrigération : 2 h - Difficulté : ★★ - Budget : ★

Astuce
La cardamome est une épice très originale et très parfumée. Achetez-la en gousse et attendez le dernier moment pour décortiquer les graines. Pour obtenir le maximum de parfum, faites revenir les graines 2 minutes dans une poêle chauffée à blanc.

Valeurs nutritionnelles
(pour une personne)
- Valeur énergétique : 400 kcal (1672 kJ)
- Protéines : 9,5 g
- Lipides : 17 g
- Glucides : 50,8 g

Menu
- Velouté glacé de petits pois
- Colombo de poulet
- Crèmes à la cardamome

Pour 6 personnes
- ¾ l de lait
- 3 œufs entiers
- 6 jaunes d'œufs
- 270 g de sucre en poudre
- 8 graines de cardamome
- 50 g de beurre

Vin conseillé
Monbazillac à 7 °C

1 Fendez les graines de cardamome en deux, prélevez les petits grains noirs se trouvant à l'intérieur et écrasez-les.

2 Portez le lait à ébullition. Quand il bout, retirez-le du feu, ajoutez les grains de cardamome écrasés, couvrez et laissez infuser pendant 15 minutes environ.

3 Préchauffez le four 6/7 (200 °C). Dans un saladier, fouettez les œufs entiers, les jaunes d'œufs et le sucre en poudre.

4 Filtrez le lait de manière à éliminer la cardamome, puis versez le lait dans le mélange aux œufs en fouettant sans arrêt.

5 Beurrez des ramequins, puis versez-y la crème. Mettez ensuite les ramequins dans un plat allant au four et remplissez le plat d'eau chaude à mi-hauteur des ramequins. Mettez le bain-marie au four et faites cuire 40 minutes. Laissez refroidir entièrement avant de servir.

Crèmes à l'anis

Préparation : 15 min - Cuisson : 5 min - Réfrigération : 12 h - Difficulté : ★★ - Budget : ★

Pour 6 personnes

- ½ l de lait
- 150 g de sucre en poudre
- 20 cl de crème liquide
- 6 feuilles de gélatine
- 2 étoiles de badiane
- 1 cuill. à soupe de graines d'anis

Vin conseillé
Muscat de Mireval à 7 °C

Astuce

Mélangez 125 g de farine, 65 g de sucre, 75 g de beurre, un œuf, une demi-cuillère à café de levure, une grosse pincée de gingembre moulu et un peu d'eau. Faites une boule, et laissez-la reposer 1 heure. Étalez la pâte, découpez des petits sablés et faites les cuire 12 minutes à th 7 (210 °C).

Valeurs nutritionnelles
(pour une personne)
- Valeur énergétique : 242 kcal (1011 kJ)
- Protéines : 4,2 g
- Lipides : 11,3 g
- Glucides : 29,9 g

Menu
- Œufs brouillés au comté
- Papillotes de saumon aux asperges
- Crèmes à l'anis

---

1 Faites ramollir la gélatine dans de l'eau froide.

2 Versez le lait dans une casserole, ajoutez la moitié du sucre et portez à ébullition. Quand le lait bout, retirez la casserole du feu, ajoutez les étoiles de badiane et les graines d'anis, couvrez et laissez infuser pendant 15 minutes. Passez ensuite le lait au travers d'une passoire fine.

3 Essorez les feuilles de gélatine et faites-les fondre dans le lait aromatisé en fouettant. Laissez refroidir.

4 Montez la crème en chantilly en ajoutant le reste du sucre en pluie quand la crème commence à être ferme. Incorporez délicatement la chantilly au lait aromatisé froid.

5 Versez la préparation dans des petits ramequins. Placez au frais jusqu'au lendemain.

6 Servez les crèmes à l'anis bien froides accompagnées de petits sablés.

Crèmes aux œufs

Préparation : 15 min - Cuisson : 50 min - Réfrigération : 2 h - Difficulté : ★ - Budget : ★

Astuce
Les crèmes aux œufs peuvent être aromatisées à toutes de sortes de parfums : café, chocolat, réglisse, rose...

Pour 6 personnes
- 6 œufs
- 125 g de sucre semoule
- 50 g de sucre roux
- ¾ l de lait
- 25 cl de crème liquide
- 1 cuill. à café d'extrait de vanille
- 1 noisette de beurre pour les ramequins

Valeurs nutritionnelles
(pour une personne)
- Valeur énergétique : 357 kcal (1494 kJ)
- Protéines : 7,8 g
- Lipides : 19,3 g
- Glucides : 36,9 g

Menu
- Terrines à la tomate et au chèvre frais
- Tomates farcies à l'agneau confit
- Crèmes aux œufs

Vin conseillé
Rosé d'Anjou pétillant à 11 °C

1 Préchauffez le four th 4 (120 °C). Beurrez six ramequins. Versez le lait, la crème liquide et l'extrait de vanille dans une casserole et portez le tout à ébullition.

2 Pendant ce temps, fouettez les œufs et le sucre semoule. Versez le lait bouillant sur le mélange aux œufs en fouettant.

3 Filtrez la crème dans une passoire et répartissez-la dans les ramequins. Placez les ramequins dans un bain-marie et enfournez. Faites cuire 45 minutes.

4 Sortez les crèmes du four et laissez-les complètement refroidir. Saupoudrez-les alors de sucre roux et faites-les caraméliser sous le gril. Laissez refroidir à nouveau et placez au frais pendant au moins 2 heures avant de servir.

Crèmes vanille à la réglisse

Préparation : 30 min - Cuisson : 35 min - Réfrigération : 12 h - Difficulté : ★★ - Budget : ★

Pour 6 personnes

- 5 jaunes d'œufs
- 100 g de sucre en poudre
- 30 cl de lait
- 15 cl de crème liquide
- 2 gousses de vanille
- 1 bâton de réglisse

Vin conseillé
Saussignac à 7 °C

Astuce

Pour décorer les crèmes, trempez rapidement quelques pétales de roses dans un sirop léger, puis saupoudrez-les légèrement de sucre cristal. Laissez-les sécher et posez les pétales cristallisés sur les crèmes.

Valeurs nutritionnelles
(pour une personne)
- Valeur énergétique : 214 kcal (898 kJ)
- Protéines : 4,2 g
- Lipides : 12,9 g
- Glucides : 19,8 g

Menu
- Tuiles au parmesan
- Thon caramélisé aux épices
- Crèmes vanille à la réglisse

1 Préchauffez le four th 6 (180 °C). Fendez les gousses de vanille en deux dans la longueur. Prélevez les graines avec la pointe d'un couteau. Cassez le bâton de réglisse en morceaux. Versez le lait et la crème dans une casserole. Ajoutez les graines et les gousses de vanille, ainsi que les morceaux de réglisse. Faites chauffer. Aux premiers frémissements, retirez du feu, couvrez et laissez infuser 15 minutes.

2 Pendant ce temps, mélangez les jaunes d'œufs et le sucre avec une spatule en bois. Versez ensuite le mélange crème/lait en remuant doucement. Filtrez la préparation.

3 Passez l'intérieur de six ramequins sous l'eau froide, puis sans les essuyer, remplissez-les de préparation. Mettez-les dans un grand plat à four.

4 Portez 1 l d'eau à ébullition. Versez l'eau dans le plat allant au four de manière à ce qu'elle soit à mi-hauteur des ramequins. Enfournez et faites cuire 30 minutes.

5 Sortez les crèmes du bain-marie et laissez-les refroidir avant de les placer au frais jusqu'au lendemain. Servez bien frais.

Duo de gelée et de mousse de cerises

Préparation : 40 min - Cuisson : 20 min - Réfrigération : 2 h 15 - Difficulté : ★★ - Budget : ★★

Astuce
Utilisez des tout petits verres, prévoyez-en deux par personne et servez à chaque convive deux verres différents. Accompagnez les mousses de sablés (recette page 321).

Valeurs nutritionnelles
(pour une personne)
- Valeur énergétique : 291 kcal (1217 kJ)
- Protéines : 4 g
- Lipides : 10,4 g
- Glucides : 42,3 g

Menu
- Crème de poivrons
- Brochettes de St-Jacques au lard fumé
- Duo de gelée et de mousse de cerises

Pour 6 personnes
- 500 g de cerises noires
- 100 g de sucre en poudre
- 50 g de sucre glace
- 20 cl de crème liquide
- 2 blancs d'œufs
- 6 feuilles de gélatine
- 5 cl de liqueur de cerise

Vin conseillé
Cabernet d'Anjou demi-sec à 11 °C

1 Faites ramollir les feuilles de gélatine dans de l'eau froide. Équeutez et dénoyautez les cerises. Versez le sucre et 10 cl d'eau dans une casserole et portez à ébullition pendant 5 minutes, en remuant bien. Ajoutez les cerises, mélangez et laissez cuire 15 minutes en remuant régulièrement.

2 Retirez du feu et mixez les cerises pour les réduire en purée. Répartissez la purée dans deux saladiers.

3 Faites chauffer la liqueur, retirez-la du feu et faites-y fondre la gélatine bien essorée en fouettant. Versez-la dans l'une des deux purées de cerises.

4 Montez la crème en chantilly. Quand elle est bien ferme, ajoutez le sucre glace en pluie, en fouettant toujours. Mélangez la chantilly à la purée de cerises non gélifiée. Montez les blancs en neige ferme et incorporez-les délicatement à leur tour dans la préparation cerises/chantilly.

5 Versez la moitié de la gelée de cerises dans trois verres et la moitié de la mousse de cerises dans trois autres verres. Placez au frais 15 minutes, puis remplissez chacun des verres de la seconde préparation. Remettez au frais pendant au moins 2 heures.

Flan à la vanille

Préparation : 25 min - Cuisson : 55 min - Réfrigération : 1 h - Difficulté : ★★ - Budget : ★

Pour 6 personnes

- 500 g de pâte brisée
- 200 g de sucre en poudre
- 6 œufs
- 1 l de lait
- 1 sachet de sucre vanillé
- 2 cuill. à soupe de sucre roux
- 1 noisette de beurre pour le moule
- 1 cuill. à soupe de farine pour le plan de travail

Vin conseillé
Saumur blanc mousseux à 9 °C

Astuce
Si le flan colore trop vite au cours de la cuisson, recouvrez-le de papier aluminium et poursuivez la cuisson.

Valeurs nutritionnelles
(pour une personne)
- Valeur énergétique : 604 kcal (2526 kJ)
- Protéines : 15,6 g
- Lipides : 25,1 g
- Glucides : 76,8 g

Menu
- Roulades de jambon cru aux légumes
- Gratin d'aubergines à l'italienne
- Flan à la vanille

1 Préchauffez le four th 5 (150 °C).

2 Portez le lait à ébullition. Pendant ce temps, fouettez les œufs entiers avec le sucre en poudre et le sucre vanillé, puis ajoutez la farine.

3 Versez le lait en filet dans le mélange aux œufs en fouettant sans arrêt. Réservez.

4 Beurrez un moule à tarte à bords hauts. Étalez la pâte sur un plan de travail fariné en lui laissant un peu d'épaisseur, puis garnissez-en le moule. Piquez le fond avec une fourchette, puis versez-y la préparation aux œufs. Enfournez et faites cuire 50 minutes. 5 minutes avant la fin de la cuisson, saupoudrez de sucre roux.

5 Sortez le flan du four et laissez-le refroidir, puis placez-le au frais pendant au moins 1 heure avant de servir.

Mousse au chocolat

Préparation : 20 min - Cuisson : 5 min - Réfrigération : 2 h - Difficulté : ★ - Budget : ★

Astuce
Pour que les mousses prennent plus rapidement, placez les ramequins vides au congélateur 10 minutes avant de commencer la préparation. Vous pourrez ainsi réduire le temps de réfrigération.

Pour 6 personnes
- 200 g de chocolat noir
- 80 g de sucre glace
- 15 cl de crème liquide
- 6 œufs
- 2 tiges de menthe
- 1 pincée de sel

Valeurs nutritionnelles
(pour une personne)
- Valeur énergétique : 379 kcal (1585 kJ)
- Protéines : 9 g
- Lipides : 23,6 g
- Glucides : 31,5 g

Menu
- Mini-pizzas au chèvre frais
- Fenouils braisés au lard fumé et à l'estragon
- Mousse au chocolat

Vin conseillé
Banyuls rouge à 14 °C

1 Cassez le chocolat en morceaux. Faites-le fondre au bain-marie en remuant de temps en temps. Séparez les blancs des jaunes d'œufs. Réservez les blancs au frais.

2 Quand le chocolat est fondu et bien lisse, versez-le dans un saladier. Ajoutez les jaunes d'œufs en fouettant.

3 Fouettez la crème liquide en la saupoudrant de sucre glace quand elle commence à monter. Incorporez délicatement la crème fouettée au chocolat fondu.

4 Montez les blancs en neige très ferme avec le sel, puis incorporez-les à leur tour très délicatement à la préparation.

5 Répartissez la mousse dans six ramequins et placez au frais pendant au moins 2 heures.

6 Décorez de feuilles de menthe et servez très froid.

Flans, crèmes, mousses

Mousses d'amande à l'eau de rose

Préparation : 25 min - Cuisson : 2 min - Réfrigération : 2 h - Difficulté : ★★ - Budget : ★

Pour 6 personnes

- 300 g de fromage blanc lisse
- 200 g de sucre en poudre
- 20 cl de crème liquide
- 2 blancs d'œufs
- 2 cuill. à soupe d'extrait d'amande amère
- 2 cuill. à soupe d'eau de rose
- 2 feuilles de gélatine
- 2 cuill. à soupe de pistaches non salées concassées
- Quelques pétales de roses pour la décoration

Vin conseillé
Muscat de Rivesaltes à 7 °C

Astuce
Accompagnez les mousses d'un coulis de framboise à la liqueur de rose.

Valeurs nutritionnelles
(pour une personne)
- Valeur énergétique : 321 kcal (1344 kJ)
- Protéines : 8,1 g
- Lipides : 15,2 g
- Glucides : 37,1 g

Menu
- Carpaccio de légumes
- Brochettes de lotte au parmesan et aux artichauts
- Mousses d'amande à l'eau de rose

1 Faites ramollir les feuilles de gélatine dans de l'eau froide.

2 Versez le fromage blanc dans un saladier. Ajoutez le sucre en poudre et l'extrait d'amande. Mélangez bien, puis réservez au frais.

3 Faites chauffer l'eau de rose. Aux premiers frémissements, retirez du feu. Essorez la gélatine et faites-la fondre en fouettant dans l'eau de rose. Versez-la ensuite dans la préparation au fromage blanc, puis mélangez bien.

4 Montez la crème liquide en chantilly. Quand elle est bien ferme, incorporez-la délicatement au fromage blanc. Montez les blancs en neige et incorporez-les à leur tour.

5 Répartissez la mousse dans des coupes et placez au frais pendant 2 heures. Au moment de servir, décorez de pétales de roses et de pistaches concassées.

Mousses de fruits rouges

Préparation : 15 min - Cuisson : 2 min - Réfrigération : 2 h - Difficulté : ★★ - Budget : ★★

Astuce
Au moment de servir, montez en chantilly 10 cl de crème liquide avec une cuillère à soupe de sucre glace et mettez la chantilly dans une poche à douille cannelée. Décorez les mousses de chantilly et parsemez-les ensuite de fruits rouges.

Valeurs nutritionnelles
(pour une personne)
- Valeur énergétique : 306 kcal (1280 kJ)
- Protéines : 4,1 g
- Lipides : 15,3 g
- Glucides : 35,8 g

Menu
- Coquilles St-Jacques rôties au beurre salé
- Mille-feuilles de légumes croustillants
- Mousses de fruits rouges

Pour 6 personnes
- 250 g de mûres
- 150 g de framboises
- 100 g de cassis
- 150 g de sucre glace
- 30 cl de crème liquide
- 2 blancs d'œufs
- 3 cuill. à soupe de liqueur de mûre
- 3 feuilles de gélatine
- 2 tiges de menthe
- 1 pincée de sel

Vin conseillé
Rosette à 7 °C

1 Réservez quelques fruits pour la décoration des coupes. Passez le reste au mixeur jusqu'à obtention d'une purée fine. Faites ramollir la gélatine dans de l'eau froide.

2 Faites chauffer la liqueur de mûre additionnée d'une cuillère à soupe d'eau. Aux premiers frémissements, retirez du feu. Faites-y fondre la gélatine bien essorée en fouettant. Versez-la dans la purée de fruits et mélangez bien.

3 Montez la crème en chantilly en incorporant le sucre glace quand elle est bien prise. Mélangez délicatement la purée de fraises et la chantilly.

4 Montez les blancs en neige avec le sel. Incorporez-les à la préparation en soulevant bien. Répartissez la mousse dans six coupes et placez-les au frais pendant au moins 2 heures.

5 Au moment de servir, décorez de fruits rouges et de feuilles de menthe.

Petits pots de crème au thé

Préparation : 30 min - Cuisson : 40 min - Repos : 2 h - Difficulté : ★★ - Budget : ★

Pour 6 personnes

- 45 cl de lait
- 2 œufs entiers
- 5 jaunes d'œufs
- 200 g de sucre en poudre
- 1 cuill. à café de thé « Darjeeling »
- 1 cuill. à café de thé vert « Matcha »
- 1 cuill. à café de thé « Earl Grey »
- 45 g de beurre

Vin conseillé
Maury blanc à 15 °C

Astuce

Les thés proposés le sont à titre indicatif. Vous pouvez choisir d'autres types de thés, plus originaux, aromatisés à divers parfums, de type vanille, agrumes, cannelle...

Valeurs nutritionnelles
(pour une personne)
- Valeur énergétique : 301 kcal (1261kJ)
- Protéines : 6,7 g
- Lipides : 13,8 g
- Glucides : 36,8 g

Menu
- Velouté glacé de petits pois
- Porc au miel et au gingembre
- Petits pots de crème au thé

1 Portez le lait à ébullition. Quand il bout, retirez-le du feu. Divisez le lait dans trois récipients différents. Ajoutez une variété de thé dans chacun des récipients, couvrez et laissez infuser pendant 15 minutes environ.

2 Préchauffez le four 6/7 (200 °C). Dans un saladier, fouettez les œufs entiers, les jaunes d'œufs et le sucre en poudre. Quand le mélange est bien blanc, répartissez-le dans trois saladiers.

3 Filtrez les laits aromatisés de manière à éliminer le thé. Versez ensuite chaque lait dans les mélanges œufs/sucre en fouettant sans arrêt.

4 Beurrez des petits pots allant au four, puis versez-y les crèmes. Mettez ensuite les pots dans un plat à four à bords hauts et remplissez d'eau à mi-hauteur des pots. Mettez le bain-marie au four et faites cuire 30 à 40 minutes.

5 Laissez refroidir complètement avant de servir.

Clafoutis aux abricots

Préparation : 15 min - Cuisson : 40 min - Difficulté : ★ - Budget : ★

Astuce
Pour plus de saveur, ajoutez une cuillère à soupe d'extrait d'amande amère dans la pâte.

Pour 6 personnes
- 850 g d'abricots
- 270 g de sucre semoule
- 150 g de farine
- 30 g de sucre vanillé
- 60 cl de lait
- 6 œufs
- 1 noisette de beurre pour le moule

Valeurs nutritionnelles
(pour une personne)
- Valeur énergétique : 491 kcal (2057 kJ)
- Protéines : 13,6 g
- Lipides : 8,5 g
- Glucides : 88,4 g

Menu
- Caviar de poivrons "del piquillo"
- Lapin aux épices douces
- Clafoutis aux abricots

Vin conseillé
Muscat de Mireval à 7 °C

1 Beurrez un moule à tarte. Préchauffez le four th 6/7 (200 °C).

2 Versez la farine dans un saladier. Cassez-y les œufs entiers, ajoutez le sucre et fouettez bien en ajoutant le lait petit à petit jusqu'à obtention d'une pâte lisse.

3 Ouvrez les abricots en deux et retirez les noyaux. Coupez chaque oreillon en deux. Mettez-les dans le moule, côté bombé vers le bas. Versez la pâte par-dessus et enfournez.

4 Faites cuire 30 minutes. Sortez le clafoutis du four, saupoudrez-le de sucre vanillé et enfournez à nouveau pendant 10 minutes.

5 Sortez le clafoutis du four et laissez-le tiédir avant de le servir directement dans le moule.

Clafoutis aux amandes et aux cassis

Préparation : 15 min - Cuisson : 40 min - Difficulté : ★★ - Budget : ★★

Pour 6 personnes

- 450 g de cassis
- 100 g de farine
- 200 g de sucre semoule
- 2 cuill. à soupe de sucre glace
- ½ l de lait
- 5 œufs
- 75 g d'amandes effilées
- 1 cuill. à café d'extrait d'amande amère
- 1 noisette de beurre pour les plats

Vin conseillé
Saumur rosé mousseux à 11 °C

Astuce
Vous pouvez aussi utiliser des cassis ou des fruits rouges surgelés. Laissez-les décongeler à température ambiante, puis épongez-les délicatement sur du papier absorbant avant de les mettre dans les plats.

Valeurs nutritionnelles
(pour une personne)
- Valeur énergétique : 451 kcal (1888 kJ)
- Protéines : 12,9 g
- Lipides : 16,7 g
- Glucides : 60,9 g

Menu
- Salade aux tomates séchées
- Filets de poulet aux poivrons et aux tomates
- Clafoutis aux amandes et aux cassis

1 Beurrez six petits plats individuels en porcelaine. Préchauffez le four th 6/7 (200 °C).

2 Versez la farine dans un saladier. Cassez-y les œufs entiers, ajoutez le sucre et fouettez bien en versant le lait petit à petit jusqu'à obtention d'une pâte lisse. Ajoutez l'extrait d'amande et mélangez.

3 Lavez et séchez délicatement les cassis. Répartissez-les dans les plats. Versez la pâte par-dessus et enfournez.

4 Faites cuire 30 minutes, puis parsemez d'amandes effilées et enfournez à nouveau pendant 10 minutes.

5 Sortez les clafoutis du four et laissez-les refroidir. Saupoudrez-les de sucre glace et servez-les directement dans les moules.

Clafoutis aux cerises

Préparation : 10 min - Cuisson : 40 min - Difficulté : ★ - Budget : ★

Astuce
Équeutez les cerises uniquement après les avoir lavées et séchées, afin que l'eau ne s'infiltre pas à l'intérieur des fruits, elles seront plus savoureuses. Ne les dénoyautez pas, elles tiendront ainsi mieux à la cuisson.

Valeurs nutritionnelles
(pour une personne)
- Valeur énergétique : 362 kcal (1514 kJ)
- Protéines : 8,9 g
- Lipides : 6,5 g
- Glucides : 65,6 g

Menu
- Salade de crudités
- Piccatas de veau au fenouil
- Clafoutis aux cerises

Pour 6 personnes
- 450 g de cerises
- 100 g de farine
- 40 cl de lait
- 4 œufs
- 180 g de sucre semoule
- 20 g de sucre vanillé
- Sucre cristal
- 1 noisette de beurre pour le moule

Vin conseillé
Muscat d'Alsace à 8 °C

1 Beurrez un moule à tarte. Préchauffez le four th 6/7 (200 °C). Versez la farine dans un saladier. Faites une fontaine au centre. Cassez les œufs entiers dans la fontaine, puis ajoutez le sucre semoule et le sucre vanillé.

2 Fouettez les ingrédients en ajoutant le lait petit à petit jusqu'à obtention d'une pâte lisse.

3 Lavez, séchez et équeutez les cerises. Disposez-les dans le fond du moule.

4 Versez la pâte sur les cerises et enfournez. Faites cuire 40 minutes.

5 Sortez le clafoutis du four et laissez-le refroidir. Saupoudrez de sucre cristal avant de servir directement dans le moule.

Clafoutis aux pruneaux

Préparation : 10 min - Cuisson : 40 min - Difficulté : ★ - Budget : ★

Pour 6 personnes

- 250 g de pruneaux dénoyautés
- 100 g de farine
- 180 g de sucre semoule
- 20 g de sucre vanillé
- 40 cl de lait
- 4 œufs
- Quelques violettes en sucre
- 1 noisette de beurre pour le moule

Vin conseillé
Vouvray mousseux à 9 °C

Astuce
Pendant que le clafoutis refroidit, faites chauffer doucement de la confiture d'abricots. Ajoutez à la confiture, hors du feu, une cuillère à soupe d'alcool de prune et mélangez bien. Accompagnez le clafoutis de cette sauce.

Valeurs nutritionnelles
(pour une personne)
- Valeur énergétique : 363 kcal (1517 kJ)
- Protéines : 9,2 g
- Lipides : 6,2 g
- Glucides : 66,2 g

Menu
- Verrines de fruits frais
- Brochettes de bœuf aux deux poivrons
- Clafoutis aux pruneaux

1 Beurrez un plat à gratin. Préchauffez le four th 6/7 (200 °C).

2 Versez la farine dans un saladier. Cassez-y les œufs entiers, ajoutez le sucre semoule et le sucre vanillé et fouettez bien en ajoutant le lait petit à petit jusqu'à obtention d'une pâte lisse.

3 Mettez les pruneaux dans le plat à gratin. Versez la pâte par-dessus et enfournez. Faites cuire 40 minutes.

4 Sortez le clafoutis du four et laissez-le tiédir avant de le servir directement dans le plat, décoré de violettes en sucre.

Crumble aux fraises

Préparation : 20 min - Cuisson : 30 min - Difficulté : ★ - Budget : ★

Astuce
Mélangez les fraises avec de la pêche blanche. Les saveurs et les textures de ces deux fruits se marient très bien.

Pour 6 personnes
- 700 g de fraises
- 1 noisette de beurre pour les ramequins

Pour la pâte :
- 100 g de farine
- 150 g de beurre
- 150 g de sucre en poudre
- 80 g de poudre d'amande

Valeurs nutritionnelles
(pour une personne)
- Valeur énergétique : 481 kcal (2015 kJ)
- Protéines : 5g
- Lipides : 29,8 g
- Glucides : 46,8 g

Menu
- Verrines de saumon au guacamole
- Brochettes de lotte au parmesan et aux artichauts
- Crumble aux fraises

Vin conseillé
Crémant de Loire rosé à 11 °C

1 Préchauffez le four th 6/7 (200 °C).

2 Coupez le beurre en petits morceaux et mettez-le dans un saladier avec la farine, le sucre et la poudre d'amande. Malaxez du bout des doigts jusqu'à obtention d'une pâte granuleuse.

3 Lavez et équeutez les fraises. Coupez-les en morceaux.

4 Beurrez six ramequins. Répartissez les fruits dans le fond et ajoutez la pâte par-dessus. Enfournez et faites cuire 30 minutes.

5 Servez les crumbles tièdes ou froids avec de la crème fraîche épaisse ou de la glace à la vanille.

Crumble aux pommes

Préparation : 20 min - Cuisson : 20 min - Difficulté : ★ - Budget : ★

Pour 6 personnes
- 6 pommes de type « Reinette »
- 1 citron
- 2 cuillères à soupe de sucre roux
- 1 cuillère à café de cannelle
- 30 cl de crème fraîche épaisse
- 1 noisette de beurre pour le moule

Pour la pâte :
- 150 g de farine
- 150 g de sucre roux
- 150 g de beurre

Vin conseillé
Loupiac à 7 °C

Astuce
Vous pouvez réaliser un crumble avec toutes sortes de fruits : fruits rouges frais ou surgelés, abricots frais ou en conserve, poires avec des pépites de chocolat….

Valeurs nutritionnelles
(pour une personne)
- Valeur énergétique : 648 kcal (2713 kJ)
- Protéines : 4,2 g
- Lipides : 38,8 g
- Glucides : 68, 7 g

Menu
- Poivrons rôtis
- Lapin aux épices douces
- Crumble aux pommes

1 Préchauffez le four th 7 (210 °C). Pressez le jus du citron. Pelez les pommes, puis coupez-les en morceaux. Arrosez-les de jus de citron pour qu'ils ne noircissent pas. Saupoudrez-les de cannelle et de sucre roux. Mélangez pour que les morceaux de pommes soient bien enrobés.

2 Coupez le beurre en petits morceaux. Dans une jatte, mélangez le sucre, la farine, et le beurre en morceaux. Travaillez du bout des doigts jusqu'à obtention d'une pâte sableuse.

3 Beurrez un moule en porcelaine. Répartissez-y les pommes.

4 Recouvrez-les d'une couche de pâte et enfournez. Faites cuire 20 minutes environ.

5 Servez tiède avec la crème fraîche.

Gratin à la rhubarbe

Préparation : 40 min - Cuisson : 55 min - Difficulté : ★★★ - Budget : ★★

Astuce

Pour que la consistance du sabayon soit parfaite, fouettez en formant des huit. Ainsi l'air pénétrera bien et la crème sera onctueuse et légère.

Valeurs nutritionnelles
(pour une personne)
- Valeur énergétique : 425 kcal (1777 kJ)
- Protéines : 6 g
- Lipides : 18,8 g
- Glucides : 49,8 g

Menu
- Salade de thon aux olives
- Papillotes de dinde
- Gratin à la rhubarbe

Pour 6 personnes
- 1,2 kg de rhubarbe
- 120 g de sucre en poudre
- 200 g de crème fraîche épaisse
- 2 œufs
- 1 cuill. à café de zeste de citron râpé
- 1 pincée de clous de girofle moulus
- 1 pincée de gingembre moulu
- 1 noisette de beurre pour le plat

Pour le sabayon :
- 5 jaunes d'œufs
- 120 g de sucre en poudre
- 25 cl de vin blanc moelleux

Vin conseillé
Alsace-Gewurztraminer moelleux à 11 °C

1 Lavez et coupez la rhubarbe en tronçons.

2 Mettez la rhubarbe dans une casserole et saupoudrez-la de 75 g de sucre, des épices et du zeste de citron. Placez la casserole sur feu doux et faites cuire 5 minutes en remuant. Ajoutez 5 cl d'eau et prolongez la cuisson 15 minutes. Retirez du feu et laissez refroidir.

3 Préchauffez le four th 7 (210 °C). Fouettez la crème, les œufs entiers et le reste de sucre. Ajoutez la rhubarbe et mélangez bien. Versez la préparation dans un plat à gratin beurré et faites cuire 30 minutes.

4 Pendant ce temps, préparez le sabayon : mettez les jaunes d'œufs dans une casserole à fond épais. Ajoutez le sucre et travaillez vigoureusement avec une cuillère en bois jusqu'à ce que le mélange soit blanc et mousseux. Placez la casserole dans un bain-marie sur feu doux et fouettez sans arrêt en incorporant le vin petit à petit. La crème doit devenir épaisse et lisse. Le sabayon est prêt lorsqu'il fait « un ruban » quand vous le soulevez avec le fouet. Retirez-le aussitôt du feu.

5 Mettez le four en position gril. Versez le sabayon sur le gratin et enfournez à nouveau. Faites gratiner en laissant la porte du four entrouverte. Servez dès la sortie du four.

Gratin de figues

Préparation : 10 min - Cuisson : 10 min - Difficulté : ★ - Budget : ★★

Pour 6 personnes

- 18 belles figues violettes
- 75 g d'amandes effilées
- 75 g de miel de lavande
- 10 cl de muscat de type «Beaumes de Venise» ou «Frontignan»
- 1 noisette de beurre pour le plat

Vin conseillé
Muscat de Beaumes de Venise à 9 °C

Astuce
La figue est un fruit fragile. Achetez-la à maturité et utilisez-la immédiatement. Si vous devez la conserver, ne dépassez pas 24 heures, ne la mettez pas au frais, mais gardez-la à température ambiante.

Valeurs nutritionnelles
(pour une personne)
- Valeur énergétique : 389 kcal (1630 kJ)
- Protéines : 5,4 g
- Lipides : 7,9 g
- Glucides : 69,4 g

Menu
- Bavarois de poivrons aux gambas
- Petits farcis de veau à la coriandre
- Gratin de figues

1 Préchauffez le four en position gril. Beurrez un plat à gratin.

2 Coupez les figues en quatre et disposez-les debout dans le plat, en les serrant bien les unes contre les autres.

3 Mélangez le miel et le muscat. Arrosez les figues du mélange et parsemez d'amandes effilées. Enfournez et faites cuire 10 minutes en laissant la porte du four entrouverte.

4 Servez dès la sortie du four avec de la crème glacée à la vanille.

Gratin de fruits d'été

Préparation : 15 min - Cuisson : 30 min - Difficulté : ★ - Budget : ★

Astuce
Si vous avez un peu de temps, faites légèrement caraméliser les morceaux de fruits en les faisant revenir à la poêle, saupoudrés de sucre vanillé, puis répartissez-les dans les plats.

Pour 6 personnes
- 2 pêches jaunes
- 2 poires
- 2 nectarines
- 3 abricots
- 2 œufs
- 125 g de sucre en poudre
- 250 g de crème fraîche épaisse
- 1 noisette de beurre pour les plats

Valeurs nutritionnelles
(pour une personne)
- Valeur énergétique : 327 kcal (1370 kJ)
- Protéines : 4 g
- Lipides : 17,3 g
- Glucides : 37,9 g

Menu
- Méli-mélo de melons
- Fettuccini à la crème d'ail
- Gratin de fruits d'été

Vin conseillé
Pacherenc du Vic Bilh moelleux à 7 °C

1 Lavez les nectarines et les abricots. Pelez les pêches et les poires. Dénoyautez les abricots, les pêches et les nectarines, retirez les cœurs et les pépins des poires. Coupez tous les fruits en morceaux.

2 Préchauffez le four th 6 (180 °C). Beurrez six petits plats à gratin individuels. Répartissez-y les fruits.

3 Fouettez la crème avec les œufs entiers et le sucre. Versez le mélange sur les fruits. Enfournez et faites cuire 30 minutes.

4 Sortez les gratins du four et laissez-les refroidir avant de les servir.

Gratin de fruits rouges vanillés

Préparation : 20 min - Cuisson : 20 min - Difficulté : ★★ - Budget : ★★

Pour 6 personnes
- 800 g de framboises
- ¾ l de lait
- 1 gousse de vanille
- 4 jaunes d'œufs
- 75 g de sucre en poudre
- 50 g de sucre vanillé
- 1 cuill. à soupe bombée de farine

Vin conseillé
Cabernet d'Anjou moelleux à 11 °C

Astuce
Vous pouvez aussi réaliser ce gratin avec des fruits rouges surgelés. Faites-les décongeler à température ambiante sur du papier absorbant et séchez-les bien avant de les utiliser.

Valeurs nutritionnelles
(pour une personne)
- Valeur énergétique : 206 kcal (862 kJ)
- Protéines : 7,4 g
- Lipides : 6,5 g
- Glucides : 28,9 g

Menu
- Trio de cocktails
- Blanquette de veau
- Gratin de fruits rouges vanillés

1 Versez le lait dans une casserole, ajoutez la gousse de vanille fendue en deux dans la longueur et portez à ébullition.

2 Pendant ce temps, fouettez les jaunes d'œufs avec le sucre. Ajoutez la farine et mélangez bien. Versez une petite louche de lait bouillant dans le mélange, en fouettant. Transvasez le tout dans la casserole et faites cuire doucement jusqu'à épaississement, en remuant.

3 Versez dans un saladier, retirez la gousse de vanille et laissez refroidir en remuant de temps en temps.

4 Mélangez les framboises et le sucre vanillé dans un saladier.

5 Préchauffez le four en position gril. Répartissez les fruits dans six ramequins. Versez la crème par-dessus et enfournez. Faites gratiner 5 minutes et servez sans attendre.

Pain perdu aux framboises

Préparation : 15 min - Cuisson : 20 min - Difficulté : ★★ - Budget : ★

Astuce

Remplacez les framboises par des raisins secs trempés dans du rhum et aromatisez le lait avec une gousse de vanille ou avec une pincée de cannelle. Testez aussi le pain perdu nature accompagné d'un caramel au beurre salé additionné d'une cuillère à soupe de mascarpone.

Valeurs nutritionnelles
(pour une personne)
- Valeur énergétique : 212 kcal (886 kJ)
- Protéines : 5,9 g
- Lipides : 6,6 g
- Glucides : 31,5 g

Menu
- Jus de citron au gingembre
- Filets de poulet aux poivrons et aux tomates
- Pain perdu aux framboises

Pour 6 personnes
- 10 tranches de pain brioché légèrement rassis
- 40 g de framboises
- 100 g de sucre cristal
- 3 œufs
- 15 cl de lait
- 20 g de beurre

Vin conseillé
Crémant de Bourgogne rosé à 7 °C

1 Battez les œufs en omelette dans une assiette creuse. Faites chauffer le lait avec la moitié du sucre. Aux premiers frémissements, retirez du feu et versez le lait sucré dans une assiette creuse.

2 Préchauffez le four th 8 (240 °C). Beurrez un plat à gratin. Coupez les tranches de pain en deux dans la diagonale.

3 Trempez rapidement les tranches de pain brioché dans l'œuf battu, puis dans le lait sucré. Rangez les tranches de pain dans le plat à gratin en les intercalant avec les framboises.

4 Quand le plat à gratin est rempli, mélangez le reste de lait et le reste d'œuf battu et versez cette préparation dans le plat. Enfournez et faites cuire 15 minutes.

5 Sortez le plat du four, saupoudrez du reste de sucre cristal et servez aussitôt.

Sabayon aux nectarines

Préparation : 20 min - Cuisson : 20 min - Difficulté : ★★★ - Budget : ★

Pour 6 personnes

- 6 nectarines
- 50 g de groseilles
- ½ citron
- 6 jaunes d'œufs
- 120 g de sucre en poudre
- 20 cl de vin blanc sec

Vin conseillé
Coteaux de l'Aubance à 9 °C

Astuce
Vous pouvez réaliser cette recette avec tous les fruits selon vos goûts et les saisons. Pour des fruits comme la pomme, faites-les précuire dans une poêle avec un peu de beurre.

Valeurs nutritionnelles
(pour une personne)
- Valeur énergétique : 276 kcal (1156 kJ)
- Protéines : 4,7 g
- Lipides : 6 g
- Glucides : 24,7 g

Menu
- Gambas à la persillade
- Petits farcis de veau à la coriandre
- Sabayon aux nectarines

1 Lavez et coupez les nectarines en deux. Retirez les noyaux, puis coupez les fruits en lamelles. Pressez le jus du citron. Préchauffez le four en position gril.

2 Fouettez les jaunes d'œufs et le sucre en poudre dans un saladier résistant à la chaleur. Quand le mélange est bien mousseux, posez-le sur une casserole d'eau bouillante.

3 Ajoutez alors le vin blanc et le jus de citron en filet, en fouettant sans arrêt au fouet électrique jusqu'à ce que la préparation épaississe et double de volume. Retirez du feu.

4 Répartissez les lamelles de nectarines en rosace dans six petits plats en porcelaine allant au four. Versez délicatement le sabayon par-dessus. Enfournez les plats très haut dans le four et faites gratiner en laissant la porte du four entrouverte.

5 Sortez les sabayons gratinés du four et parsemez-les de groseilles. Servez aussitôt.

Sabayon aux raisins

Préparation : 15 min - Cuisson : 15 min - Difficulté : ★★★ - Budget : ★

Astuce
Vous pouvez aussi répartir les raisins et le sabayon dans des petits plats allant au four et faire gratiner les sabayons quelques minutes sous le gril en laissant la porte du four entrouverte.

Valeurs nutritionnelles
(pour une personne)
- Valeur énergétique : 335 kcal (1404 kJ)
- Protéines : 5,6 g
- Lipides : 12,8 g
- Glucides : 41,7 g

Menu
- Cake au chèvre et à la courgette
- Poulet tikka massala
- Sabayon aux raisins

Pour 6 personnes
- 350 g de raisins
- 180 g de sucre en poudre
- 6 jaunes d'œufs
- 25 cl de vin blanc
- Quelques gouttes d'extrait de pistache
- 80 g de pistaches mondées et non salées

Vin conseillé
Blanquette de Limoux à 7 °C

1 Concassez finement les pistaches. Lavez et égrainez le raisin.

2 Mettez les jaunes d'œufs et le sucre en poudre dans une casserole. Travaillez à la spatule jusqu'à ce que le mélange soit mousseux. Placez la casserole dans un bain-marie et versez doucement le vin blanc en fouettant sans arrêt.

3 Ajoutez l'extrait de pistache et continuez à fouetter jusqu'à ce que la préparation soit onctueuse. Retirez du feu et laissez tiédir.

4 Répartissez les grains de raisins dans six verres hauts ou dans six coupelles. Versez le sabayon tiède par-dessus et parsemez de pistaches concassées. Servez aussitôt.

Clafoutis, gratins, crumbles

Beignets aux quetsches

Préparation : 25 min - Cuisson : 15 min - Repos : 30 min - Difficulté : ★★★ - Budget : ★

Pour 6 personnes
- 24 quetsches
- 125 g de farine
- 150 g de pâte d'amande
- 20 g de sucre en poudre
- 15 cl de bière blonde
- 2 œufs
- 1 pincée de sel
- 1 cuill. à soupe d'huile d'arachide
- Huile de friture

Vin conseillé
Haut Montravel liquoreux à 7 °C

Astuce
Arrosez les beignets d'une sauce chaude en portant à frémissements trois cuillères à soupe de miel et le jus d'une orange.

Valeurs nutritionnelles
(pour une personne)
- Valeur énergétique : 425 kcal (1779 kJ)
- Protéines : 6,9 g
- Lipides : 26,3 g
- Glucides : 39 g

Menu
- Méli-mélo de melons
- Fenouils braisés au lard fumé et à l'estragon
- Beignets aux quetsches

1 Séparez les blancs des jaunes d'œufs. Réservez les blancs au frais.

2 Mélangez la farine, le sel, les jaunes d'œufs et la bière jusqu'à obtention d'une pâte lisse. Recouvrez d'huile d'arachide et réservez 30 minutes sous un linge.

3 Pendant ce temps, lavez et séchez les quetsches. Ouvrez-les en deux et dénoyautez-les. Remplissez l'espace laissé par le noyau de pâte d'amande, puis reconstituez les quetsches en collant les deux moitiés l'une contre l'autre.

4 Montez les blancs en neige et incorporez-les délicatement à la pâte. Faites chauffer l'huile de friture.

5 Plongez les quetsches dans la pâte à beignets, puis plongez-les ensuite trois par trois dans l'huile. Faites-les frire 3 minutes, puis égouttez-les sur du papier absorbant. Recommencez l'opération jusqu'à épuisement des fruits et servez les beignets tièdes.

Chichi frégi

Préparation : 10 min - Cuisson : 20 min - Réfrigération : 1 h - Difficulté : ★ - Budget : ★

Astuce

Accompagnez les chichis d'une sauce au chocolat dans laquelle vous les tremperez : réalisez un sirop avec 5 cl d'eau et 50 g de sucre. Portez à ébullition 10 cl de crème liquide et 10 cl de lait. Versez sur le chocolat râpé, puis versez ensuite le sirop.

Valeurs nutritionnelles
(pour une personne)
- Valeur énergétique : 386 kcal (1617 kJ)
- Protéines : 5 g
- Lipides : 17,2 g
- Glucides : 51,7 g

Menu
- Trio de cocktails
- Timbale de haricots verts et de fèves
- Chichi frégi

Pour 6 personnes
- 300 g de farine
- 75 g de sucre cristal
- 1 pincée de sel
- Huile de friture

Vin conseillé
Côtes de Bergerac blanc à 7 °C

1 Portez 30 cl d'eau salée à ébullition.

2 Tamisez la farine dans un saladier. Creusez un puits au centre et versez-y l'eau bouillante en remuant avec une spatule en bois jusqu'à obtention d'une pâte épaisse, fine et homogène. Laissez la pâte refroidir, puis mettez-la au réfrigérateur jusqu'à complet refroidissement.

3 Quand la pâte est très froide, mettez-la dans une poche à douille cannelée Ø 1cm.

4 Faites chauffer l'huile de friture. Faites des bandes de pâte de 10 cm de long à l'aide de la poche à douille et plongez-les directement dans l'huile.

5 Laissez cuire 1 minute en retournant les chichis à l'aide d'une écumoire. Quand ils sont bien dorés, sortez-les de l'huile et posez-les sur du papier absorbant. Recommencez l'opération jusqu'à épuisement de la pâte. Poudrez les chichis de sucre cristal et servez-les tièdes.

Crêpes

Préparation : 15 min - Cuisson : 20 min - Repos : 1 h - Difficulté : ★★ - Budget : ★

Pour 6 personnes

- 250 g de farine
- 2 cuill. à soupe de sucre en poudre
- ½ l de lait
- 4 œufs
- 2 cuill. à soupe de Grand Marnier (facultatif)
- Beurre

Boisson conseillée
Cidre brut à 7 °C

Astuce

Si vous en avez le temps, faites réchauffer les crêpes au moment de servir. Mettez une crêpe dans la poêle très légèrement beurrée, ajoutez la garniture, pliez la crêpe en quatre, faites-la réchauffer 1 minute et servez aussitôt.

Valeurs nutritionnelles
(pour une personne)
- Valeur énergétique : 396 kcal (1658 kJ)
- Protéines : 11,2 g
- Lipides : 21,4 g
- Glucides : 38,5 g

Menu
- Tagliatelles de courgettes au basilic
- Croquettes de jambon au fromage
- Crêpes

1 Versez la farine et le sucre en poudre dans une jatte. Creusez une fontaine au centre et cassez-y les œufs. Mélangez au fouet en incorporant la farine petit à petit.

2 Versez le lait en filet en fouettant. Mélangez bien jusqu'à obtention d'une pâte lisse et coulante. Ajoutez le Grand Marnier. Couvrez d'un linge et laissez reposer à température ambiante pendant 1 heure.

3 Faites chauffer une noisette de beurre dans une poêle antiadhésive. Versez une louche de pâte et tournez la poêle dans tous les sens afin de bien répartir la pâte. Laissez cuire 2 minutes.

4 Retournez la crêpe et poursuivez la cuisson quelques secondes. Réservez au chaud. Recommencez l'opération jusqu'à épuisement de la pâte.

5 Servez les crêpes avec des confitures variées, du sucre en poudre, du chocolat, du miel ou de la crème de marron.

Donuts à la marmelade de fruits rouges

Préparation : 45 min - Cuisson : 30 min - Repos : 1 h 30 - Difficulté : ★★★ - Budget : ★★

Astuce
Pour que les donuts soient bien dorés, retournez-les régulièrement avec une écumoire et terminez la cuisson sans remettre le couvercle de la friteuse.

Valeurs nutritionnelles
(pour une personne)
- Valeur énergétique : 1064 kcal (4453 kJ)
- Protéines : 17,2 g
- Lipides : 33,74 g
- Glucides : 169,31 g

Menu
- Jus de citron au gingembre
- Verrines de tomates séchées
- Donuts à la marmelade de fruits rouges

Pour 6 personnes
- 750 g de farine
- 20 g de levure de boulanger
- 3 œufs
- 195 g de sucre semoule
- 90 g de beurre
- 15 cl de lait tiède
- ½ cuill. à café de muscade
- 1 pincée de sel
- Sucre glace

Pour la marmelade de fruits rouges :
- 400 g de fruits rouges (fraises, framboises, cerises dénoyautées, mûres)
- 150 g de sucre en poudre
- Le jus de 2 citrons
- 2 tiges de menthe

Vin conseillé
Monbazillac à 7 °C

1 Arrosez les fruits du jus de citron, saupoudrez-les de sucre, mélangez et laissez mariner 1 heure. Portez à ébullition, laissez bouillir 10 minutes, puis baissez le feu et poursuivez la cuisson 10 minutes. Retirez du feu et réservez.

2 Délayez la levure dans le lait tiède. Mélangez la farine, le sel, la muscade et le sucre, puis creusez une fontaine au centre. Battez un œuf et versez-le dans la fontaine. Travaillez en incorporant le maximum de farine. Ajoutez les deux autres œufs battus en omelette, puis le beurre fondu. Travaillez bien en ajoutant le lait au fur et à mesure jusqu'à obtention d'une pâte élastique. Formez une boule, couvrez-la d'un linge humide et laissez-la reposer jusqu'à ce que la pâte ait doublé de volume.

3 Étalez la pâte sur un plan de travail fariné sur une épaisseur de 1 cm. Découpez des disques Ø 7 cm environ. Faites un petit trou avec le doigt au centre de chaque disque.

4 Plongez les donuts un par un dans l'huile bouillante et faites-les cuire jusqu'à ce qu'ils soient bien dorés. Égouttez-les sur du papier absorbant et saupoudrez-les de sucre glace.

5 Garnissez les donuts de préparation aux fruits rouges et décorez de feuilles de menthe avant de déguster.

Gaufres au coulis de framboise

Préparation : 20 min - Cuisson : 35 min - Difficulté : ★★ - Budget : ★

Pour 6 personnes
- 300 g de farine
- 80 g de sucre en poudre
- 1 sachet de levure
- 3 œufs
- ½ l de lait
- 10 cl de crème liquide
- 100 g de beurre
- 3 pincées de sel

Pour le coulis :
- 300 g de framboises
- 2 cuill. à soupe de yaourt nature
- 2 cuill. à soupe de sucre glace

Vin conseillé
Rivesaltes tuilé à 15 °C

Astuce
Pour varier les saveurs, préparez, de la même manière que le coulis de framboise, un coulis de fraise et un coulis de myrtille et servez les gaufres avec les trois coulis.

Valeurs nutritionnelles
(pour une personne)
- Valeur énergétique : 391 kcal (1635 kJ)
- Protéines : 12,3 g
- Lipides : 9,4 g
- Glucides : 62,9 g

Menu
- Verrines de fruits frais
- Petits farcis
- Gaufres au coulis de framboise

1 Préparez le coulis : mettez les framboises, le yaourt et le sucre glace dans le bol d'un mixeur. Faites tourner jusqu'à obtention d'une sauce coulante et un peu épaisse. Versez dans un bol et réservez au frais sous film alimentaire.

2 Versez le lait et la crème dans une casserole. Ajoutez le beurre en parcelles et le sel. Faites chauffer sur feu doux.

3 Versez la farine dans le bol d'un mixeur. Ajoutez le sucre, la levure et les œufs. Faites tourner en incorporant le mélange à base de lait. Mixez jusqu'à obtention d'une pâte lisse et mousseuse.

4 Faites chauffer un gaufrier. Versez une petite louche sur toute la surface du gaufrier et laissez cuire 4 minutes environ. Réservez les gaufres au chaud jusqu'au moment de servir.

5 Servez les gaufres arrosées de coulis de framboise.

Oreillettes

Préparation : 20 min - Cuisson : 10 min - Repos : 2 h - Difficulté : ★★ - Budget : ★

Astuce
Pour que les oreillettes aient une jolie forme, découpez-les avec une roulette cannelée. Elles ressembleront ainsi à de la dentelle. Et pour varier les plaisirs, variez les parfums en remplaçant l'eau de fleur d'oranger par du rhum.

Valeurs nutritionnelles
(pour une personne)
- Valeur énergétique : 1244 kcal (5205 kJ)
- Protéines : 14,5 g
- Lipides : 99,2 g
- Glucides : 69,9 g

Menu
- Tomates cerises farcies
- Palourdes rôties aux amandes
- Oreillettes

Pour 6 personnes
- 500 g de farine
- 75 g de beurre
- 5 œufs
- 50 cl d'huile de friture
- 15 cl de lait
- 2 oranges
- 2 cuill. à soupe de sucre en poudre
- 1 petit verre d'eau de fleur d'oranger
- Sucre glace

Vin conseillé
Sauternes à 7 °C

1 Râpez finement le zeste des oranges. Faites fondre le beurre. Battez les œufs en omelette.

2 Versez la farine dans une jatte et faites une fontaine au centre. Versez-y le beurre fondu en mélangeant bien, puis versez doucement les œufs battus. Ajoutez le sucre, l'eau de fleur d'oranger, le lait et le zeste des oranges. Travaillez jusqu'à obtention d'une pâte homogène. Formez une boule et laissez-la reposer 2 heures.

3 Abaissez la pâte sur une épaisseur de 2 mm. Découpez-la en petits rectangles à l'aide d'une roulette lisse.

4 Faites chauffer l'huile de friture dans une grande casserole. Plongez-y les oreillettes par petites quantités et faites-les frire quelques secondes. Sortez-les de l'huile avec une écumoire et égouttez-les sur du papier absorbant. Recommencez l'opération jusqu'à épuisement de la pâte.

5 Saupoudrez les oreillettes de sucre glace avant de les déguster.

Pancakes

Préparation : 20 min - Cuisson : 20 min - Difficulté : ★★ - Budget : ★

Pour 6 personnes

- 200 g de farine
- 1 sachet de levure
- 1 pincée de sel
- ¼ l de lait
- 2 œufs
- 50 g de sucre en poudre
- 50 g de beurre
- Huile

Vin conseillé
Crémant de Loire blanc à 9 °C

Astuce
Servez les pancakes accompagnés de sucre en poudre, de miel, de marmelade d'oranges et de sirop d'érable.

Valeurs nutritionnelles
(pour une personne)
- Valeur énergétique : 297 kcal (1245 kJ)
- Protéines : 6,8 g
- Lipides : 11,3 g
- Glucides : 41,1 g

Menu
- Dips de crudités à la sauce aux anchois
- Verrines de légumes d'été
- Pancakes

1 Mettez la farine, le sel, la levure et le sucre en poudre dans un saladier. Mélangez le tout et creusez une fontaine au centre.

2 Battez les œufs dans le lait et versez ce mélange dans la fontaine. Fouettez doucement en incorporant petit à petit la farine.

3 Faites fondre le beurre et laissez-le tiédir. Versez-le doucement dans la pâte en mélangeant sans arrêt. La pâte doit être lisse et un peu épaisse.

4 Faites chauffer une cuillère à café d'huile dans une petite poêle. Quand elle est bien chaude, versez une petite louche de pâte et laissez cuire 2 minutes environ. Retournez le pancake à l'aide d'une spatule et poursuivez la cuisson 2 minutes. Posez le pancake sur un linge et repliez le linge par-dessus pour qu'il reste chaud.

5 Poursuivez ainsi la cuisson des pancakes jusqu'à épuisement de la pâte, en remettant un peu d'huile dans la poêle si nécessaire. Servez les pancakes tièdes.

Abricots à la lavande

Préparation : 5 min - Cuisson : 15 min - Difficulté : ★ - Budget : ★

Astuce
Si vous ne trouvez pas de fleurs de lavande, ajoutez en même temps que le miel de lavande, quelques gouttes d'extrait de lavande.

Valeurs nutritionnelles
(pour une personne)
- Valeur énergétique : 138 kcal (577 kJ)
- Protéines : 1 g
- Lipides : 3,4 g
- Glucides : 25,3 g

Menu
- Caviar de poivrons "del piquillo"
- Colombo d'agneau à la fondue d'aubergines
- Abricots à la lavande

Pour 6 personnes
- 12 abricots
- 25 g de beurre
- 4 cuill. à soupe de miel de lavande
- 1 cuill. à soupe de fleurs de lavande

Vin conseillé
Coteaux du Layon à 7 °C

1 Ouvrez les abricots en deux et retirez les noyaux.

2 Faites fondre le beurre dans une poêle. Ajoutez les oreillons d'abricots et faites-les revenir 3 minutes en remuant.

3 Baissez le feu, puis ajoutez le miel de lavande. Mélangez et couvrez. Laissez cuire à feu doux pendant 10 minutes.

4 Retirez du feu et répartissez les oreillons d'abricots dans des assiettes. Parsemez de fleurs de lavande.

5 Servez tiède avec une boule de glace à la vanille.

Desserts aux fruits

Aspic de melon aux fraises

Préparation : 30 min - Cuisson : 10 min - Réfrigération : 2 h - Difficulté : ★★★ - Budget : ★★

Pour 6 personnes

- 1 melon
- 350 g de fraises
- 2 cuill. à soupe de zeste d'orange

Pour la gelée :
- 150 g de sucre en poudre
- ½ l de jus d'orange frais
- 12 feuilles de gélatine

Vin conseillé
Muscat de Frontignan à 7 °C

Astuce

Préparez un caramel très clair avec 150 g de sucre en poudre et une cuillère à soupe d'eau. Jetez-y quelques cerneaux de noix et des pistaches non salées. Enrobez-les de caramel et posez-les délicatement dans une assiette pour les laisser durcir. Décorez les aspics de fruits secs caramélisés.

Valeurs nutritionnelles
(pour une personne)
- Valeur énergétique : 223 kcal (934 kJ)
- Protéines : 3,8 g
- Lipides : 0,5 g
- Glucides : 50,1 g

Menu
- Tarte Tatin aux courgettes
- Tartare de bœuf au parmesan
- Aspic de melon aux fraises

1 Faites ramollir la gélatine dans de l'eau froide. Versez le sucre dans une casserole. Ajoutez le jus d'orange en le filtrant au travers d'une passoire pour en retirer la pulpe. Mélangez afin de bien dissoudre le sucre. Ajoutez le zeste et mettez sur feu moyen. Portez à ébullition et laissez bouillir pendant 10 minutes.

2 Égouttez la gélatine et essorez-la bien entre vos mains. Retirez la casserole du feu, ôtez le zeste et réservez-le. Faites fondre la gélatine en fouettant vivement dans le jus d'orange.

3 Lavez et équeutez les fraises, puis coupez-les en lamelles. Épépinez le melon et prélevez la chair avec une cuillère parisienne.

4 Chemisez six ramequins ou petits moules de film alimentaire. Collez quelques lamelles de fraises contre les parois des ramequins, puis remplissez ensuite les moules de billes de melon et de lamelles de fraises. Versez la gelée par-dessus et placez au frais pendant 2 heures.

5 Au moment de servir, démoulez les aspics dans des assiettes, retirez le film alimentaire et décorez de zeste d'orange.

Biscuits aux fraises et crème à la rose

Préparation : 20 min - Pas de cuisson - Difficulté : ★★ - Budget : ★★

Astuce
Si vous voulez réaliser un dessert non alcoolisé, remplacez la liqueur de rose par du sirop de rose.

Pour 6 personnes
- 12 biscuits roses de Reims
- 350 g de fraises
- 150 g de fromage blanc lisse
- 10 cl de crème liquide
- 75 g de sucre en poudre
- 1 cuill. à soupe de sucre glace
- 2 cuill. à soupe de liqueur de rose

Valeurs nutritionnelles
(pour une personne)
- Valeur énergétique : 194 kcal (813 kJ)
- Protéines : 3,8 g
- Lipides : 6,5 g
- Glucides : 28,6 g

Vin conseillé
Muscat de Rivesaltes à 7 °C

Menu
- Terrine à la brousse et aux légumes
- Carpaccio de bœuf
- Biscuits aux fraises et crème à la rose

1 Lavez et équeutez les fraises.

2 Montez la crème en chantilly. Quand elle est bien ferme, ajoutez le sucre glace en continuant de fouetter pour « serrer » la chantilly.

3 Versez le fromage blanc dans un saladier, ajoutez le sucre en poudre et la liqueur de rose. Mélangez. Incorporez la chantilly en remuant délicatement avec une spatule en bois.

4 Disposez les biscuits roses de Reims dans un plat. Nappez-les de crème à la rose, puis posez les fraises par-dessus. Servez aussitôt.

Brochettes de pêches rôties

Préparation : 10 min - Cuisson : 30 min - Difficulté : ★ - Budget : ★

Pour 6 personnes

- 12 petites pêches de vigne
- 5 cl de muscat
- 80 g de sucre en poudre
- 50 g de beurre
- 6 grandes tiges de romarin

Vin conseillé
Muscat de St-Jean-de-Minervois à 7 °C

Astuce
Vous pouvez aussi servir ce dessert froid. Laissez les brochettes refroidir dans le jus de cuisson en les arrosant régulièrement pour que les fruits ne se dessèchent pas.

Valeurs nutritionnelles
(pour une personne)
- Valeur énergétique : 268 kcal (1120 kJ)
- Protéines : 1,5 g
- Lipides : 6,9 g
- Glucides : 47,3 g

Menu
- Salade italienne
- Lapin au romarin
- Brochettes de pêches rôties

1 Lavez et séchez les pêches. Coupez-les en deux et retirez les noyaux. Piquez les demi-pêches sur les branches de romarin. Posez les brochettes dans une sauteuse.

2 Saupoudrez-les de sucre et parsemez de beurre. Placez sur feu doux, couvrez et faites cuire 10 minutes. Versez le muscat dans la sauteuse et poursuivez la cuisson 20 minutes à couvert, en arrosant régulièrement les pêches de leur jus de cuisson.

3 Servez tiède dès la fin de la cuisson avec une crème glacée à la vanille.

Cigares aux abricots

Préparation : 20 min - Cuisson : 25 min - Difficulté : ★★ - Budget : ★

Astuce
Accompagnez les cigares d'une crème légère à l'amande : mélangez délicatement trois cuillères à soupe de fromage blanc, deux cuillères à soupe rases de sucre en poudre, une cuillère à café d'extrait d'amande amère et deux cuillères à soupe de crème montée en chantilly.

Valeurs nutritionnelles
(pour une personne)
- Valeur énergétique : 238 kcal (995 kJ)
- Protéines : 5,9 g
- Lipides : 9,1 g
- Glucides : 32,2 g

Menu
- Tomates farcies au chèvre frais et au thym
- Côtelettes d'agneau caramélisées aux herbes
- Cigares aux abricots

Pour 6 personnes
- 500 g d'abricots
- 18 feuilles de brick
- 100 g de sucre en poudre
- 65 g de beurre
- 2 cuill. à soupe de sucre glace

Vin conseillé
Muscat du Cap Corse à 9 °C

1 Lavez et séchez les abricots. Ouvrez-les en deux et retirez les noyaux. Mettez les abricots dans une casserole et saupoudrez-les de sucre. Ajoutez un verre d'eau, couvrez et mettez sur feu très doux. Laissez cuire 20 minutes en remuant de temps en temps.

2 Préchauffez le four en position gril. Faites fondre le beurre. Étalez les feuilles de brick sur le plan de travail et badigeonnez-les de beurre à l'aide d'un pinceau.

3 Garnissez le centre de chaque feuille de brick de compotée d'abricots. Roulez ensuite les feuilles de brick de manière à leur donner la forme d'un cigare.

4 Posez les cigares sur la plaque du four recouverte de papier sulfurisé et saupoudrez-les de sucre glace. Enfournez et faites cuire, porte du four entrouverte, jusqu'à ce que les cigares soient dorés et croustillants. Servez dès la sortie du four.

Compotée de rhubarbe aux framboises

Préparation : 15 min - Cuisson : 20 min - Difficulté : ★ - Budget : ★★

Pour 6 personnes

- 1,2 kg de rhubarbe
- 350 g de framboises
- 75 g de sucre en poudre
- 1 cuill. à café de zeste de citron finement râpé
- 1 pincée de clous de girofle moulus
- 1 pincée de gingembre moulu
- 1 cuill. à soupe de sucre glace
- Quelques feuilles de menthe

Vin conseillé
Crémant de Loire rosé à 11 °C

Astuce
Pour saupoudrer légèrement et joliment les framboises de sucre glace, mettez le sucre dans une petite passoire fine et secouez doucement la passoire au-dessus des framboises.

Valeurs nutritionnelles
(pour une personne)
- Valeur énergétique : 114 kcal (476 kJ)
- Protéines : 1 g
- Lipides : 0,3 g
- Glucides : 26,3 g

Menu
- Tartelettes aux aubergines
- Brochettes de porc haché
- Compotée de rhubarbe aux framboises

1 Lavez la rhubarbe et coupez-la en tronçons.

2 Mélangez le sucre, les pincées de clous de girofle et de gingembre, ainsi que le zeste de citron. Mettez la rhubarbe dans une casserole et saupoudrez-la du mélange de sucre et d'épices. Placez la casserole sur feu doux et faites cuire 5 minutes en remuant.

3 Ajoutez 5 cl d'eau et prolongez la cuisson 15 minutes. Retirez du feu et laissez refroidir.

4 Répartissez la compotée de rhubarbe dans des coupelles. Ajoutez les framboises, saupoudrez de sucre glace et décorez de feuilles de menthe avant de servir.

Confiture d'abricots

Préparation : 20 min - Cuisson : 20 min - Repos : 8 h - Difficulté : ★ - Budget : ★

Astuce

Gardez quelques noyaux d'abricots et cassez-les en petits morceaux. Mettez-les dans une mousseline et ajoutez-les dans la confiture pendant la cuisson. Cela donnera une légère saveur d'amande à votre confiture.

Valeurs nutritionnelles
(pour une personne)
- Valeur énergétique : 665 kcal (2782 kJ)
- Protéines : 2,7 g
- Lipides : 0 g
- Glucides : 160,9 g

Menu
- Salade niçoise
- Crêpes
- Confiture d'abricots

Pour 6 personnes

Ingrédients pour 4 pots de confiture :
- 1,5 kg d'abricots
- 2 citrons
- 800 g de sucre cristallisé

Vin conseillé
Cérons à 7 °C

1 Ouvrez les abricots en deux, retirez les noyaux et coupez chaque oreillon en trois. Pressez le jus des citrons. Mettez les abricots dans un grand saladier. Saupoudrez-les de sucre, arrosez du jus de citron et de 20 cl d'eau. Mélangez et laissez macérer 8 heures.

2 Versez le contenu du saladier dans une bassine à confiture et portez à ébullition. Aux premiers frémissements, retirez les abricots du sirop à l'aide d'une écumoire.

3 Poursuivez la cuisson du sirop en maintenant un léger frémissement pendant 10 minutes. Remettez alors les abricots et portez à ébullition. Laissez bouillir pendant 5 minutes en écumant bien.

4 Ébouillantez quatre pots à confiture. Répartissez la confiture dans les pots, mettez les couvercles et retournez immédiatement les pots. Gardez-les ainsi 24 heures avant de les retourner et de commencer à déguster.

Confiture de tomates

Préparation : 20 min - Cuisson : 40 min - Repos : 12 h - Difficulté : ★★ - Budget : ★

Pour 6 personnes

- 1,8 kg de tomates
- 1 citron
- 900 g de sucre cristallisé
- 200 g de gelée de pommes

Boisson conseillée
Thé de Ceylan

Astuce

Utilisez des tomates grappes bien mûres qui sont plus savoureuses et servez cette confiture avec des tartines de pain de campagne légèrement grillées.

Valeurs nutritionnelles
(pour une personne)
- Valeur énergétique : 749 kcal (3133 kJ)
- Protéines : 19,8 g
- Lipides : 0,6 g
- Glucides : 163,2 g

Menu
- Tartare de daurade et de saumon
- Petits sablés à la lavande
- Confiture de tomates

1 Pelez les tomates après les avoir plongées dans de l'eau bouillante. Épépinez-les, puis concassez-les grossièrement. Laissez-les s'égoutter dans une passoire pendant 1 heure.

2 Pressez le jus du citron. Mettez les tomates concassées, le sucre et le jus de citron dans une bassine à confiture et portez à frémissements. Retirez aussitôt du feu et couvrez d'une feuille de papier sulfurisé. Laissez reposer une nuit.

3 Le lendemain, versez la préparation au travers d'un tamis. Réservez la pulpe de tomates. Portez à ébullition le jus recueilli et faites cuire jusqu'à consistance d'un sirop.

4 Ajoutez alors la pulpe de tomates et la gelée de pommes. Portez à nouveau à ébullition en remuant et en écumant régulièrement. Laissez cuire ainsi environ 5 minutes.

5 Vérifiez « la nappe » (le mélange doit facilement enrober la cuillère en bois) et répartissez la confiture dans des pots préalablement ébouillantés. Fermez les pots et retournez-les aussitôt. Laissez-les refroidir complètement, puis remettez-les à l'endroit et réservez-les dans un endroit sec et frais.

Figues au lait d'amande

Préparation : 15 min - Cuisson : 5 min - Repos : 30 min - Difficulté : ★ - Budget : ★★★

Astuce

Vous pouvez remplacer les figues par des abricots ou des pêches dont les saveurs s'allient très bien avec le parfum de l'amande.

Pour 6 personnes

- 18 belles figues
- ½ l de lait
- 100 g d'amandes mondées et concassées
- 60 g de sucre en poudre
- 1 cuill. à soupe de sucre en poudre
- 30 g de beurre

Valeurs nutritionnelles
(pour une personne)
- Valeur énergétique : 344 kcal (1434 kJ)
- Protéines : 7,7 g
- Lipides : 15 g
- Glucides : 73,2 g

Menu
- Terrine d'artichaut au saumon
- Épaule d'agneau farcie aux tomates et au fenouil
- Figues au lait d'amande

Vin conseillé
Pacherenc du Vic Bilh moelleux à 7 °C

1 Versez le lait dans le bol d'un mixeur. Ajoutez les 60 g de sucre et les amandes concassées. Mixez jusqu'à obtention d'un mélange mousseux. Versez dans une carafe et laissez reposer 30 minutes. Filtrez et réservez au frais.

2 Coupez les figues en quatre sans aller jusqu'au bout de manière à les garder entières. Faites fondre le beurre dans une sauteuse et posez les figues dedans. Saupoudrez de la cuillère à soupe de sucre et faites cuire 5 minutes. Retirez du feu et laissez refroidir.

3 Au moment de servir, versez le lait d'amande dans des assiettes creuses. Posez les figues dedans et servez aussitôt.

Figues rôties au caramel

Préparation : 10 min - Cuisson : 20 min - Difficulté : ★★ - Budget : ★★★

Pour 6 personnes
- 18 figues blanches
- 75 g de noix de pécan
- 100 g de sucre roux
- 50 g de beurre

Vin conseillé
Jurançon moelleux à 7 °C

Astuce
Pour une sauce plus onctueuse, ajoutez une cuillère à soupe de mascarpone ou de crème fraîche épaisse dans la sauteuse après avoir retiré les figues et faites cuire 2 minutes en remuant. Mélangez bien et arrosez-en les figues.

Valeurs nutritionnelles
(pour une personne)
- Valeur énergétique : 340 kcal (1425 kJ)
- Protéines : 3,1 g
- Lipides : 15,8 g
- Glucides : 45,3 g

Menu
- Mille-feuilles de tomate au chèvre frais
- Rigatonis au chèvre frais
- Figues rôties au caramel

1 Lavez les figues et séchez-les. Coupez-les en quatre sans séparer les quartiers.

2 Faites fondre le beurre dans une sauteuse. Baissez le feu au minimum. Posez les figues dans le beurre fondu. Saupoudrez-les de sucre, puis ajoutez les noix de pécan. Faites cuire à feu doux, en retournant délicatement et régulièrement les figues jusqu'à ce qu'elles soient caramélisées.

3 Répartissez les figues dans six assiettes, arrosez-les de caramel de cuisson et ajoutez les noix de pécan.

4 Servez aussitôt, accompagné d'une boule de glace au caramel au beurre salé.

Fruits d'été au chocolat

Préparation : 20 min - Cuisson : 20 min - Difficulté : ★★ - Budget : ★★

Pour 6 personnes

- 400 g de chocolat
- 250 g de fraises
- 6 belles figues
- 3 kiwis
- ¼ l de lait
- 20 cl de crème liquide
- 100 g de sucre en poudre

Vin conseillé
Rasteau rancio à 17 °C

Astuce
Pour un goûter d'enfants, versez la préparation dans un saladier, coupez les fruits en gros morceaux et piquez-les sur des brochettes en bois. Les enfants dégusteront les brochettes de fruits en les plongeant dans le chocolat.

Valeurs nutritionnelles
(pour une personne)
- Valeur énergétique : 639 kcal (2676 kJ)
- Protéines : 8,9 g
- Lipides : 33,7 g
- Glucides : 73,2 g

Menu
- Bavarois de poivrons aux gambas
- Petits farcis de veau à la coriandre
- Fruits d'été au chocolat

1 Épluchez et coupez les kiwis en rondelles fines. Lavez, équeutez et coupez les fraises en quatre. Coupez les figues en quartiers.

2 Versez 10 cl d'eau dans une casserole. Ajoutez le sucre et mélangez jusqu'à dissolution. Portez à ébullition et laissez cuire à petits bouillons pendant 10 minutes.

3 Pendant ce temps, râpez le chocolat avec un économe dans un saladier. Versez la crème liquide et le lait dans une casserole et portez à ébullition. Aux premiers frémissements, versez le mélange sur le chocolat en mélangeant avec une spatule en bois. Versez ensuite le sirop de sucre et mélangez bien.

4 Répartissez la préparation au chocolat dans six coupes. Ajoutez les fruits et dégustez sans attendre.

Fruits rouges en gelée

Préparation : 25 min - Cuisson : 15 min - Réfrigération : 3 h - Difficulté : ★★ - Budget : ★★

Pour 6 personnes
- 250 g de myrtilles
- 250 g de fraises
- 250 g de framboises
- 200 g de groseilles
- Menthe

Pour la gelée :
- 150 g de sucre en poudre
- 12 feuilles de gélatine
- 5 cuill. à soupe de sirop de grenadine

Vin conseillé
Rivesaltes tuilé à 15 °C

Astuce
Pour démouler très facilement les fruits en gelée, trempez les ramequins quelques secondes dans de l'eau très chaude afin de faire légèrement fondre la gelée.

Valeurs nutritionnelles
(pour une personne)
- Valeur énergétique : 238 kcal (998 kJ)
- Protéines : 3 g
- Lipides : 0,8 g
- Glucides : 53,9 g

Menu
- Tarte aux légumes et à la ricotta
- Brochettes de bœuf aux deux poivrons
- Fruits rouges en gelée

1 Faites ramollir la gélatine dans de l'eau froide.

2 Versez le sucre dans une casserole. Ajoutez 1 l d'eau et mélangez afin de dissoudre le sucre. Ajoutez la grenadine et mettez sur feu moyen. Portez à ébullition et laissez bouillir pendant 10 minutes.

3 Égouttez la gélatine et essorez-la bien entre vos mains. Retirez la casserole du feu et faites-y fondre la gélatine en fouettant vivement.

4 Équeutez les fraises et coupez-les en deux. Égrainez les groseilles. Mélangez délicatement tous les fruits dans un saladier. Répartissez-les dans six ramequins, puis versez la gelée de grenadine par-dessus. Placez au frais pendant au moins 3 heures.

5 Au moment de servir, démoulez les fruits en gelée dans des petites assiettes. Décorez de feuilles de menthe et servez aussitôt.

Mille-feuilles aux framboises

Préparation : 40 min - Cuisson : 25 min - Difficulté : ★★★ - Budget : ★★

Astuce
Si vous voulez réaliser cette recette plus rapidement, remplacez la crème pâtissière par une chantilly additionnée d'une cuillère à café de vanille en poudre.

Valeurs nutritionnelles
(pour une personne)
- Valeur énergétique : 312 kcal (1307 kJ)
- Protéines : 13,6 g
- Lipides : 12 g
- Glucides : 36,4 g

Menu
- Charlotte aux poireaux et au chèvre
- Brochettes de lotte au parmesan et aux artichauts
- Mille-feuilles aux framboises

Pour 6 personnes
- 500 g de framboises
- 24 feuilles de brick
- ½ l de lait
- 3 jaunes d'œufs
- 20 g de beurre fondu
- 75 g de sucre en poudre
- 4 cuill. à soupe de sucre glace
- 1 cuill. à soupe rase de farine
- 50 g de pistaches non salées mondées et concassées

Vin conseillé
Crémant de Bourgogne rosé à 7 °C

1 Versez le lait dans une casserole et portez à ébullition. Pendant ce temps, fouettez les jaunes d'œufs avec le sucre. Ajoutez la farine et fouettez bien. Versez une petite louche de lait bouillant dans le mélange, en fouettant.

2 Reversez le tout dans la casserole de lait et faites cuire doucement jusqu'à épaississement. Versez la crème dans un saladier et laissez refroidir.

3 Préchauffez le four en position gril. Faites fondre le beurre. Badigeonnez-en les feuilles de brick, puis réunissez-les trois par trois. Découpez ensuite trois disques Ø 7 cm à l'intérieur de chaque trio de feuilles.

4 Posez-les en piles de trois sur la plaque du four recouverte de papier sulfurisé. Saupoudrez les feuilles de sucre glace à l'aide d'une petite passoire. Faites dorer en laissant la porte du four entrouverte et en surveillant sans arrêt. Faites refroidir hors du four.

5 Posez un disque de brick dans chaque assiette. Recouvrez d'une couche de crème, puis de framboises. Remettez un disque de brick et ainsi de suite sur trois couches. Terminez par un disque de brick et parsemez de pistaches concassées.

Desserts aux fruits

Pamplemousses à la menthe

Préparation : **15 min** - Pas de cuisson - Réfrigération : **1 h** - Difficulté : ★ - Budget : ★

Pour 6 personnes
- 6 pamplemousses roses
- 1 bouquet de menthe
- 75 g de sucre en poudre

Vin conseillé
Coteaux de l'Aubance à 9 °C

Astuce
Servez des tuiles aux amandes et aux noisettes avec la salade de pamplemousse.

Valeurs nutritionnelles
(pour une personne)
- Valeur énergétique : 158 kcal (659 kJ)
- Protéines : 1,3 g
- Lipides : 0 g
- Glucides : 37,5 g

Menu
- Cake aux aubergines et aux poivrons rouges
- Jambalaya
- Pamplemousses à la menthe

1 Pelez les pamplemousses à vif. Détachez les quartiers les uns des autres en passant la lame d'un couteau à dents entre les fines membranes les séparant. Travaillez au-dessus d'un saladier afin de récupérer le jus.

2 Lavez, séchez et effeuillez la menthe. Réservez quelques jolies feuilles entières pour la décoration et ciselez le reste.

3 Mettez les quartiers de pamplemousses, le jus récupéré, le sucre et la menthe ciselée dans un saladier. Mélangez bien et réservez au frais 1 heure au minimum.

4 Au moment de servir, répartissez la salade de pamplemousse dans des verres, décorez de feuilles de menthe et servez aussitôt.

Pastèque aux framboises

Préparation : 10 min - Cuisson : 5 min - Réfrigération : 1 h - Difficulté : ★ - Budget : ★

Astuce
Servez aussi les cubes de pastèque en mignardises à l'apéritif ou au dessert : découpez la pastèque en petits cubes, posez une seule framboise par-dessus et piquez le tout d'un pic en bois.

Valeurs nutritionnelles
(pour une personne)
- Valeur énergétique : 133 kcal (556 kJ)
- Protéines : 1,8 g
- Lipides : 1 g
- Glucides : 28,8 g

Menu
- Poivrons rôtis
- Tajine de poulet aux légumes
- Pastèque aux framboises

Pour 6 personnes
- 1 petite pastèque
- 350 g de framboises
- 50 g de sucre en poudre
- 1 feuille de gélatine
- 1 trait de sirop de grenadine
- 3 branches de basilic fin

Vin conseillé
Seyssel mousseux à 9 °C

1 Faites ramollir la feuille de gélatine dans de l'eau froide. Versez le sucre et 5 cl d'eau dans une casserole.

2 Portez à ébullition et laissez bouillir 5 minutes. Retirez du feu, ajoutez la grenadine, puis faites-y fondre la gélatine bien essorée, en remuant.

3 Épluchez et coupez la pastèque en cubes. Posez-les dans un plat. Posez quelques framboises sur chaque cube de pastèque. Arrosez ensuite les framboises d'un trait de sirop gélifié et placez au frais pendant 1 heure.

4 Au moment de servir, décorez les cubes de pastèque de petites feuilles de basilic.

Desserts aux fruits

Pêches poêlées à la crème

Préparation : 20 min - Cuisson : 10 min - Difficulté : ★★ - Budget : ★

Pour 6 personnes
- 6 pêches jaunes
- 200 g de sucre en poudre
- 200 g de crème fraîche épaisse
- 60 g de beurre
- 1 cuill. à café de vanille en poudre

Astuce
Utilisez une crème épaisse de très bonne qualité, de préférence pas allégée. Elle doit être bien froide pour contraster avec les pêches tièdes.

Valeurs nutritionnelles
(pour une personne)
- Valeur énergétique : 389 kcal (1627 kJ)
- Protéines : 1,5 g
- Lipides : 19,4 g
- Glucides : 50,8 g

Vin conseillé
Gaillac blanc mousseux à 9 °C

Menu
- Granité de poivron et de fenouil
- Petits farcis
- Pêches poêlées à la crème

1 Versez 150 g de sucre en poudre dans une casserole. Ajoutez une cuillère à soupe d'eau et placez sur feu doux. Faites cuire, sans jamais remuer, jusqu'à obtention d'un caramel ambré. Versez-le sur une feuille de papier sulfurisé et laissez-le durcir.

2 Pendant ce temps, épluchez, dénoyautez et coupez les pêches en quartiers. Faites fondre le beurre dans une poêle. Ajoutez les quartiers de pêches, puis saupoudrez du reste de sucre en poudre et de la vanille. Faites cuire à feu vif pendant 5 minutes, en retournant délicatement les quartiers de pêches à mi-cuisson.

3 Répartissez les pêches dans des coupes et laissez refroidir.

4 Fouettez vivement la crème fraîche au fouet à main et versez-la sur les pêches tièdes. Concassez finement le caramel et parsemez-en la crème fraîche. Servez sans attendre afin que les pêches restent tièdes.

Pêches rôties au thym

Préparation : 40 min - Cuisson : 1 h - Réfrigération : 2 h - Difficulté : ★★ - Budget : ★★

Astuce
Variez les parfums des sablés en remplaçant les noisettes par des amandes, des pistaches, de l'extrait de bergamote, des fleurs de lavande...

Valeurs nutritionnelles
(pour une personne)
- Valeur énergétique : 459 kcal (1922 kJ)
- Protéines : 4,1 g
- Lipides : 19,2 g
- Glucides : 57,2 g

Menu
- Tielles sétoises
- Verrines de légumes d'été
- Pêches rôties au thym

Pour 6 personnes
- 6 pêches
- 50 g de beurre
- 80 g de sucre en poudre
- 6 feuilles de basilic
- 3 brins de thym

Pour les sablés :
- 125 g de farine
- 65 g de sucre en poudre
- 1 œuf
- ¼ de sachet de levure
- 75 g de beurre mou
- 1 cuill. à soupe de noisettes finement concassées
- 1 pincée de sel

Vin conseillé
Alsace-Gewurztraminer moelleux à 11 °C

1 Préparez les sablés : mélangez la farine et le sucre. Creusez une fontaine, ajoutez le sel, la levure et le beurre. Travaillez jusqu'à obtention d'un mélange sableux. Ajoutez alors les noisettes concassées et l'œuf entier et travaillez à nouveau jusqu'à obtention d'une pâte. Faites une boule et laissez-la reposer 2 heures au frais.

2 Préchauffez le four th 6/7 (200 °C).

3 Étalez la pâte, découpez-y des petits sablés avec un emporte-pièce et posez-les sur une feuille de papier sulfurisé. Enfournez et faites cuire 12 minutes. Laissez refroidir sur une grille.

4 Baissez le four th 5 (150 °C). Pelez les pêches et posez-les dans un plat à four. Lavez, séchez et effeuillez le thym. Saupoudrez les pêches de sucre et parsemez de beurre et de thym. Versez un peu d'eau dans le fond du plat. Enfournez et faites cuire pendant 45 minutes environ, en arrosant régulièrement les pêches de leur jus de cuisson.

5 Sortez les pêches du four, posez-les dans des assiettes et arrosez-les d'un peu de jus de cuisson. Ajoutez les petits sablés et décorez de feuilles de basilic avant de servir.

Rhubarbe confite au sirop

Préparation : 15 min - Cuisson : 25 min - Réfrigération : 1 h - Difficulté : ★ - Budget : ★

Pour 6 personnes

- 1 kg de rhubarbe
- 500 g de sucre en poudre
- 2 gousses de vanille
- 3 clous de girofle
- 2 étoiles de badiane
- 2 bâtons de cannelle
- 6 grains de poivre

Vin conseillé
Muscat d'Alsace à 8 °C

Astuce

Vous pouvez aussi répartir les fruits et le sirop dans des bocaux, bien les fermer et les conserver plusieurs jours. Servez la rhubarbe confite en accompagnement d'un fromage blanc ou d'une crème.

Valeurs nutritionnelles
(pour une personne)
- Valeur énergétique : 340 kcal (1422 kJ)
- Protéines : 0 g
- Lipides : 0 g
- Glucides : 83,7 g

Menu
- Omelette aux légumes grillés
- Pommes de terre parfumées
- Rhubarbe confite au sirop

1 Versez le sucre en poudre dans une grande marmite. Ajoutez ½ l d'eau, les gousses de vanille fendues en deux dans la longueur, les bâtons de cannelle cassés en morceaux, ainsi que toutes les autres épices. Mélangez bien pour dissoudre le sucre, puis portez à ébullition. Laissez bouillir 5 minutes.

2 Pendant ce temps, lavez, épluchez et coupez la rhubarbe en petits tronçons.

3 Quand le sirop est prêt, ajoutez les tronçons de rhubarbe dans la marmite, baissez le feu et faites cuire pendant 20 minutes en remuant de temps en temps.

4 Retirez la marmite du feu et laissez refroidir.

5 Répartissez la rhubarbe et le sirop dans des verres. Laissez refroidir complètement et placez au frais au minimum 1 heure avant de servir.

Salade de fruits

Préparation : 15 min - Cuisson : 5 min - Difficulté : ★ - Budget : ★

Astuce
Accompagnez la salade de fruits de gingembre confit en vente dans les épiceries asiatiques et variez les parfums en réalisant cette recette avec les fruits d'été : nectarines-framboises, abricots-fraises…

Valeurs nutritionnelles
(pour une personne)
- Valeur énergétique : 131 kcal (550 kJ)
- Protéines : 1,8 g
- Lipides : 0,3 g
- Glucides : 29,9 g

Menu
- Hoummos
- Couscous de légumes
- Salade de fruits

Pour 6 personnes
- 350 g de fraises
- 5 oranges
- 3 tiges de menthe
- 75 g de sucre en poudre

Vin conseillé
Muscat de Beaumes de Venise à 9 °C

1 Pelez les oranges à vif. Détachez les quartiers les uns des autres en passant la lame d'un couteau à dents entre les fines membranes les séparant. Ôtez les membranes blanches épaisses et travaillez au-dessus d'un saladier de manière à récupérer le jus. Réservez les quartiers d'oranges au frais sous film alimentaire.

2 Versez le jus obtenu dans une casserole. Ajoutez si nécessaire un peu d'eau de façon à avoir 5 cl de liquide. Ajoutez le sucre en poudre et portez à ébullition. Laissez bouillir 3 minutes et retirez du feu. Laissez refroidir.

3 Lavez et équeutez les fraises. Coupez-les en rondelles. Lavez, séchez et effeuillez la menthe.

4 Dans un saladier, mélangez les quartiers d'oranges, les fraises et la menthe. Arrosez du sirop froid.

5 Placez au frais jusqu'au moment de servir.

Soupe de fraises

Préparation : 20 min - Cuisson : 20 min - Réfrigération : 2 h - Difficulté : ★ - Budget : ★★

Pour 6 personnes
- 500 g de fraises
- 1 citron
- 225 g de sucre en poudre
- 2 gousses de vanille
- 4 tiges de verveine

Vin conseillé
Saumur rosé mousseux à 11 °C

Astuce
Ne laissez jamais les fraises tremper dans l'eau pour les laver car elles perdraient tout leur parfum. Passez-les sous l'eau fraîche en les laissant dans la barquette : l'eau s'écoulera par les trous. Séchez-les ensuite délicatement dans du papier absorbant.

Valeurs nutritionnelles
(pour une personne)
- Valeur énergétique : 185 kcal (778 kJ)
- Protéines : 0,7 g
- Lipides : 0,2 g
- Glucides : 44,6 g

Menu
- Gambas à la persillade
- Risotto aux petits légumes et au poivre rose
- Soupe de fraises

1 Lavez, séchez, effeuillez et ciselez la verveine. Fendez les gousses de vanille en deux dans la longueur. Lavez le citron et prélevez le zeste, puis émincez-le. Pressez le jus.

2 Versez le sucre dans une casserole. Ajoutez 30 cl d'eau et le jus de citron et mélangez bien jusqu'à dissolution complète du sucre. Ajoutez la verveine, la vanille et le zeste de citron.

3 Placez sur feu doux et portez à ébullition. Baissez le feu et faites cuire à petits frémissements pendant 15 minutes.

4 Pendant ce temps, lavez et équeutez les fraises. Coupez-les en gros morceaux et répartissez-les dans des verres hauts.

5 Retirez le sirop du feu et laissez-le tiédir. Versez-le ensuite sur les fraises et placez au frais pendant au moins 2 heures. Servez la soupe de fraises bien froide.

Soupe de melon

Préparation : 15 min - Pas de cuisson - Réfrigération : 2 h - Difficulté : ★ - Budget : ★

Astuce
Pour une saveur plus exotique, remplacez le miel de lavande par une cuillère à soupe de sucre en poudre et une cuillère à soupe de pastis.

Valeurs nutritionnelles
(pour une personne)
- Valeur énergétique : 145 kcal (605 kJ)
- Protéines : 3,5 g
- Lipides : 0,5 g
- Glucides : 31 g

Menu
- Gaspacho au chorizo
- Paella
- Soupe de melon

Pour 6 personnes
- 3 melons
- 3 cuill. à soupe de miel de lavande
- 5 cl d'eau minérale
- 1 tige de menthe
- 6 jolies tiges de lavande

Vin conseillé
Loupiac à 7 °C

1 Ouvrez les melons en deux et épépinez-les. Prélevez la chair de deux des melons avec une cuillère à soupe et mettez-la dans le bol d'un mixeur. Ajoutez le miel et l'eau minérale. Mixez jusqu'à obtention d'une soupe épaisse. Versez la soupe dans un saladier.

2 Faites des billes de melon dans le troisième melon à l'aide d'une cuillère parisienne. Ajoutez-les dans la soupe de melon. Placez au frais pendant au moins 2 heures.

3 Répartissez la soupe dans des verres hauts et servez-la glacée, décorée de feuilles de menthe et d'une tige de lavande.

Soupe de roses aux fruits d'été

Préparation : 20 min - Cuisson : 20 min - Difficulté : ★★ - Budget : ★

Pour 6 personnes
- 1 kg d'oranges
- 5 roses rouges
- 350 g de fruits rouges variés (fraises des bois, mûres, groseilles…)
- 150 g de sucre en poudre

Vin conseillé
Cabernet d'Anjou demi-sec à 11 °C

Astuce
Décorez les soupes de roses de fleurs variées et colorées (pensées, capucines, pétales de roses de couleurs variées…) Et pour terminer, saupoudrez légèrement de sucre cristallisé de couleur.

Valeurs nutritionnelles
(pour une personne)
- Valeur énergétique : 192 kcal (801 kJ)
- Protéines : 2,4 g
- Lipides : 0,3 g
- Glucides : 44,1 g

Menu
- Mini-cakes aux olives, au thym et au romarin
- Rôti de veau farci au riz sauvage et aux myrtilles
- Soupe de roses aux fruits d'été

1 Détachez les pétales de roses des cœurs. Rincez et séchez très délicatement les pétales.

2 Versez le sucre dans une casserole. Ajoutez 15 cl d'eau et mélangez jusqu'à dissolution du sucre. Portez à ébullition, puis ajoutez les pétales de roses et laissez cuire à petits bouillons pendant 15 minutes. Retirez du feu, couvrez et laissez refroidir.

3 Pendant ce temps, pelez deux oranges à vif et coupez-les en rondelles fines. Réservez-les au frais sous film alimentaire.

4 Pressez le jus des autres oranges et versez-le dans un saladier. Ajoutez le sirop de rose en le versant au travers d'une passoire fine. Mélangez bien. Répartissez le jus d'orange à la rose dans des coupes, ajoutez les rondelles d'oranges et les fruits rouges.

5 Réservez au frais jusqu'au moment de servir.

Tulipes de chocolat aux fruits rouges

Préparation : 50 min - Cuisson : 10 min - Difficulté : ★★★ - Budget : ★★

Astuce
Utilisez des fruits rouges variés de type framboises, groseilles, mûres, cassis… Et pour plus d'onctuosité, remplacez le fromage blanc dans la crème vanillée par du mascarpone.

Valeurs nutritionnelles
(pour une personne)
- Valeur énergétique : 737 kcal (3085 kJ)
- Protéines : 16,7 g
- Lipides : 41,6 g
- Glucides : 71,6 g

Menu
- Boulettes de chèvre aromatisées
- Gratin de la mer
- Tulipes de chocolat aux fruits rouges

Pour 6 personnes
- 350 g de fruits rouges variés
- Sucre glace

Pour les tulipes :
- 3 blancs d'œufs
- 60 g de miel liquide
- 75 g de beurre
- 75 g de farine
- 200 g de chocolat noir
- 10 cl de crème liquide

Pour la crème vanille :
- 25 cl de crème liquide
- 25 cl de fromage blanc battu
- 2 blancs d'œufs
- 150 g de sucre semoule
- 1 sachet de sucre vanillé
- 1 cuill. à soupe de vanille en poudre

Vin conseillé
Sauternes à 7 °C

1 Préparez les tulipes : préchauffez le four th 6 (180 °C). Fouettez les blancs d'œufs et le miel jusqu'à ce que le mélange mousse. Tamisez la farine par-dessus, mélangez, puis ajoutez le beurre fondu. Faites six tas de pâte sur une plaque de cuisson beurrée en les espaçant bien, puis étalez-les ensuite en six disques Ø 10 cm environ. Faites cuire 10 minutes.

2 Sortez les biscuits du four et décollez-les à l'aide d'une spatule. Enfoncez-les aussitôt dans des bols ronds afin de leur donner une forme de tulipe. Laissez refroidir.

3 Râpez le chocolat dans une casserole, ajoutez la crème liquide et faites fondre à feu doux. Versez le chocolat dans les tulipes en les tournant dans tous les sens pour bien répartir le chocolat à l'intérieur. Laissez durcir au frais.

4 Préparez la crème vanille : montez la crème en chantilly en incorporant le sucre vanillé. Quand elle est bien ferme, incorporez délicatement le fromage blanc et la vanille en poudre. Gardez au frais. Montez les blancs en neige. Quand ils sont fermes, versez le sucre semoule sans cesser de fouetter. Incorporez-les à la crème.

5 Répartissez la crème dans les tulipes au chocolat, puis ajoutez les fruits rouges. Saupoudrez de sucre glace et réservez au frais jusqu'au moment de servir.

Tarte à la gelée de sauge

Préparation : 45 min - Cuisson : 1 h 10 - Réfrigération : 2 h - Difficulté : ★★ - Budget : ★

Pour 6 personnes

Pour la tarte :
- 500 g de pâte sablée
- 200 g de sucre en poudre
- 80 g de farine tamisée
- 1 sachet de sucre vanillé
- 6 œufs
- 1 l de lait
- 2 tiges de sauge
- 1 noisette de beurre pour le moule

Pour la gelée de sauge :
- 150 g de sucre en poudre
- 6 feuilles de gélatine
- 6 tiges de sauge
- 1 cuill. à soupe de colorant alimentaire vert

Vin conseillé
Clairette de Die à 7 °C

Astuce
La gelée peut aussi être aromatisée à la menthe, à la bergamote, au thym citron… Aromatisez du même parfum la préparation aux œufs.

Valeurs nutritionnelles
(pour une personne)
- Valeur énergétique : 773 kcal (3224 kJ)
- Protéines : 19,3 g
- Lipides : 24 g
- Glucides : 117,3 g

Menu
- Bavarois de poivrons aux gambas
- Souris d'agneau braisée au citron et au confit de tomates
- Tarte à la gelée de sauge

1 Préparez la tarte : ciselez finement la sauge et portez le lait à ébullition. Fouettez les œufs entiers avec le sucre et le sucre vanillé, puis ajoutez la farine. Versez le lait en filet dans le mélange aux œufs en fouettant sans arrêt. Ajoutez la sauge, mélangez et réservez.

2 Préchauffez le four th 5 (150 °C). Étalez la pâte sur un plan de travail fariné en lui laissant une certaine épaisseur. Garnissez-en un moule à tarte à bords hauts beurré. Piquez le fond avec une fourchette, puis versez-y la préparation aux œufs. Enfournez et faites cuire 50 minutes. Sortez la tarte du four, laissez-la refroidir, puis placez-la au frais pendant au moins 1 heure.

3 Préparez la gelée de sauge : faites ramollir les feuilles de gélatine dans de l'eau froide. Effeuillez et hachez la sauge. Mélangez le sucre avec 15 cl d'eau jusqu'à dissolution, ajoutez la sauge et portez à ébullition. Laissez cuire à petits bouillons 5 minutes. Retirez du feu, ajoutez la gélatine bien essorée en fouettant, puis le colorant.

4 Au travers d'une passoire, versez la gelée dans un plat sur au moins 1 cm d'épaisseur. Placez au frais pendant 1 heure.

5 Répartissez la gelée coupée en petits carrés sur la tarte avant de servir.

Tarte au chocolat et au caramel

Préparation : 45 min - Cuisson : 40 min - Réfrigération : 1 h 30 - Difficulté : ★★ - Budget : ★

Astuce
Cette tarte peut se préparer la veille. Réservez-la au frais jusqu'au lendemain et sortez-la du réfrigérateur 30 minutes avant de servir.

Valeurs nutritionnelles
(pour une personne)
- Valeur énergétique : 780 kcal (3268 kJ)
- Protéines : 7,6 g
- Lipides : 39,8 g
- Glucides : 95,5 g

Menu
- Fèves mijotées au chorizo
- Hachis de bœuf aux courgettes
- Tarte au chocolat et au caramel

Pour 6 personnes

Pour la pâte :
- 250 g de farine
- 100 g de beurre
- 1 cuill. à soupe de sucre roux
- 1 cuill. à café de cannelle en poudre
- 1 pincée de sel
- 2 cuill. à soupe de farine pour le moule et le plan de travail
- 1 noisette de beurre pour le moule

Pour la garniture :
- 300 g de chocolat noir
- 80 g de crème liquide
- 30 g de beurre
- 100 g de sucre en poudre

Vin conseillé
Vin jaune à 11 °C

1 Préparez la pâte : mettez la farine, le sucre roux, la cannelle et le sel dans un saladier. Ajoutez le beurre mou en parcelles et travaillez du bout des doigts jusqu'à obtention d'un mélange sableux. Ajoutez petit à petit un demi-verre d'eau et travaillez la pâte à la main jusqu'à ce qu'elle soit lisse. Formez une boule, couvrez-la d'un linge et laissez-la reposer au frais 30 minutes.

2 Préchauffez le four th 6 (180 °C). Beurrez et farinez un moule à tarte. Étalez la pâte sur un plan de travail fariné, puis garnissez-en le moule. Piquez la pâte, couvrez-la de papier sulfurisé et remplissez de haricots secs. Faites cuire 30 minutes.

3 Cassez le chocolat dans une jatte. Faites bouillir la crème, puis versez-la sur le chocolat en remuant jusqu'à obtention d'une crème lisse. Incorporez le beurre en petits morceaux et réservez au bain-marie.

4 Versez le sucre dans une casserole. Ajoutez une cuillère à soupe d'eau et placez sur feu doux. Faites cuire à feu moyen, sans jamais remuer, jusqu'à obtention d'un caramel ambré. Versez doucement le caramel dans le chocolat en fouettant sans arrêt, hors du feu.

5 Garnissez le fond de tarte de crème au chocolat et mettez au frais pendant au moins 1 heure.

Tarte aux fraises et au thym citron

Préparation : 40 min - Cuisson : 20 min - Réfrigération : 12 h - Difficulté : ★★ - Budget : ★

Pour 6 personnes

Pour la pâte :
- 220 g de farine
- 125 g de beurre
- 80 g de sucre glace
- 40 g de poudre d'amande
- 1 œuf

Pour la garniture :
- 500 g de fraises
- 250 g de mascarpone
- 50 g de sucre glace
- 4 branches de thym citron
- 50 g de gelée de fraises
- ½ citron
- 1 cuillère à soupe de sucre glace
- 1 noisette de beurre pour le moule

Vin conseillé
Crémant de Loire rosé à 11 °C

Astuce
Pour varier les parfums, vous pouvez remplacer le thym par de la menthe ou de la verveine.

Valeurs nutritionnelles
(pour une personne)
- Valeur énergétique : 687 kcal (2872 kJ)
- Protéines : 8,7 g
- Lipides : 42 g
- Glucides : 66,4 g

Menu
- Salade de la mer
- Thon caramélisé aux épices
- Tarte aux fraises et au thym citron

1 La veille, préparez la pâte : mettez la farine, le sucre glace, la poudre d'amande et le beurre ramolli dans le bol d'un mixeur. Faites tourner jusqu'à obtention d'un mélange sableux. Ajoutez alors l'œuf entier et mixez par à-coups jusqu'à formation d'une boule. Emballez la pâte dans du film alimentaire et placez-la au frais jusqu'au lendemain.

2 Le jour même, préchauffez le four th 7 (210 °C). Beurrez un moule à tarte. Étalez la pâte sur un plan de travail fariné. Piquez-la avec une fourchette et garnissez-en le moule, côté piqué en dessous. Enfournez et faites cuire 10 minutes. Baissez le four th 6 (180 °C) et poursuivez la cuisson 10 minutes. Sortez le fond de tarte du four et laissez-le refroidir.

3 Lavez et équeutez les fraises. Pressez le jus du citron. Dans un saladier, mélangez le mascarpone et le sucre glace au fouet à main. Faites légèrement chauffer la gelée de fraises avec le jus de citron. Lavez, séchez et effeuillez deux branches de thym citron.

4 Étalez la préparation au mascarpone sur le fond de tarte. Parsemez-la de feuilles de thym citron. Répartissez les fraises par-dessus et nappez de gelée de fraises. Saupoudrez de sucre glace et décorez de branches de thym citron.

Tarte aux quetsches

Préparation : 30 min - Cuisson : 35 min - Difficulté : ★★ - Budget : ★

Astuce

Mélangez les quetsches avec des mirabelles dénoyautées et saupoudrez le fond de tarte de poudre de noisette afin d'absorber le jus qui s'écoulera des fruits. Si vous ne trouvez pas de poudre de noisette, utilisez de la poudre d'amande.

Valeurs nutritionnelles
(pour une personne)
- Valeur énergétique : 777 kcal (3253 kJ)
- Protéines : 12 g
- Lipides : 51,1 g
- Glucides : 65 g

Menu
- Toasts aux figues et au fromage frais
- Calamars à la plancha
- Tarte aux quetsches

Pour 6 personnes
- 400 g de pâte brisée
- 400 g de quetsches
- 30 g de beurre
- 2 cuill. à soupe de sucre glace
- 1 cuill. à soupe de farine pour le plan de travail

Pour la crème de noisette :
- 200 g de poudre de noisette
- 20 cl de crème épaisse
- 3 œufs
- 150 g de sucre en poudre

Vin conseillé
Cadillac moelleux à 7 °C

1 Préchauffez le four th 7 (210 °C). Étalez la pâte sur le plan de travail fariné. Beurrez un moule à tarte et garnissez-le de pâte. Piquez le fond avec une fourchette. Recouvrez le fond de tarte de papier sulfurisé et remplissez-le de haricots secs. Enfournez et faites cuire 10 minutes.

2 Pendant ce temps, lavez les prunes et dénoyautez-les. Sortez le fond de tarte du four, retirez le papier sulfurisé et les haricots secs et laissez tiédir. Baissez le four th 6 (180 °C).

3 Dans un bol, mélangez la crème, le sucre, les œufs et la poudre de noisette. Versez la crème de noisette dans le fond de tarte et répartissez les prunes par-dessus. Enfournez et faites cuire 20 minutes.

4 Pendant ce temps, mélangez le sucre glace et deux cuillères à soupe d'eau.

5 Sortez la tarte du four en le laissant allumé. Badigeonnez-la de sucre glace allongé à l'eau et remettez au four 5 minutes. Sortez à nouveau la tarte du four, laissez-la refroidir, puis démoulez-la dans un plat. Servez froid.

Tarte aux raisins

Préparation : 35 min - Cuisson : 20 min - Réfrigération : 1 h - Difficulté : ★★ - Budget : ★

Pour 6 personnes

Pour la pâte :
- 250 g de farine
- 150 g de beurre
- 60 g de sucre en poudre
- 1 œuf
- 1 cuill. à café de vinaigre balsamique
- 1 noisette de beurre pour le moule
- 1 cuill. à soupe de farine pour le plan de travail

Pour la garniture :
- 225 g de crème pâtissière
- 350 g de raisins noirs et blancs

Vin conseillé
Alsace-Gewurztraminer moelleux à 11 °C

Astuce

Pour la crème pâtissière, faites bouillir 40 cl de lait avec une gousse de vanille. Travaillez 3 jaunes d'œufs avec 80 g de sucre, ajoutez 40 g de farine, et versez le lait bouillant sur le mélange en fouettant. Portez à ébullition en remuant. Parfumez la crème avec une cuillère à soupe de rhum.

Valeurs nutritionnelles
(pour une personne)
- Valeur énergétique : 508 kcal (2124 kJ)
- Protéines : 7,4 g
- Lipides : 25,7 g
- Glucides : 60,1 g

Menu
- Mille-feuilles de tomates à la tome fraîche
- Nouvelle moussaka
- Tarte aux raisins

1 Préparez la pâte : versez la farine sur le plan de travail. Ajoutez le beurre en parcelles et le sucre. Travaillez du bout des doigts jusqu'à obtention d'un mélange sableux. Creusez une fontaine au centre, mettez-y l'œuf et le vinaigre balsamique. Travaillez avec la paume de la main jusqu'à obtention d'une pâte homogène. Formez une boule, entourez-la de film alimentaire et placez-la au frais pendant 1 heure.

2 Préchauffez le four th 6/7 (200 °C). Beurrez un moule à tarte.

3 Étalez la pâte sur un plan de travail fariné. Piquez-la avec une fourchette et garnissez-en le moule à tarte. Recouvrez la pâte de papier sulfurisé et remplissez de haricots secs. Enfournez et faites cuire 20 minutes.

4 Pendant ce temps, plongez les grains de raisin 1 minute dans de l'eau bouillante. Égouttez et rafraîchissez-les, épluchez-les et coupez-les en deux. Retirez les pépins.

5 Sortez le fond de tarte du four et retirez les haricots et le papier sulfurisé. Laissez refroidir. Versez la crème pâtissière dans le fond de tarte, lissez, puis disposez les grains de raisin en alternant les couleurs. Réservez au frais jusqu'au moment de servir.

Tarte Tatin

Préparation : 25 min - Cuisson : 30 min - Difficulté : ★★ - Budget : ★

Astuce
Afin que le caramel coule bien sur les pommes, démoulez la tarte dès la sortie du four en faisant bien attention à ne pas vous brûler.

Pour 6 personnes
- 1 rouleau de pâte brisée
- 1 kg de pommes
- 200 g de sucre en poudre
- 100 g de beurre
- 1 cuill. à café de cannelle en poudre

Valeurs nutritionnelles
(pour une personne)
- Valeur énergétique : 474 kcal (1982 kJ)
- Protéines : 2,2 g
- Lipides : 20,9 g
- Glucides : 67,5 g

Menu
- Dips de crudités à la sauce aux anchois
- Petits farcis au bœuf
- Tarte Tatin

Vin conseillé
Sainte-Croix-du-Mont à 7 °C

1 Préchauffez le four th 7 (210 °C). Pelez les pommes et coupez-les en quartiers.

2 Versez le sucre dans un moule à manqué à bords hauts pouvant aller sur le feu. Ajoutez le beurre coupé en parcelles. Mettez le moule sur feu doux et faites cuire doucement jusqu'à obtention d'un caramel blond.

3 Posez alors les quartiers de pommes dans le caramel et faites-les cuire en les retournant régulièrement jusqu'à ce que les pommes soient tendres et entièrement enrobées de caramel.

4 Quand les pommes sont prêtes, saupoudrez-les de cannelle. Retirez le moule du feu et laissez refroidir quelques minutes. Posez alors la pâte sur les pommes et, à l'aide du manche d'une cuillère à soupe, rentrez les bords de la pâte entre le moule et les pommes.

5 Enfournez et faites cuire 25 à 30 minutes. La pâte doit être dorée. Sortez le moule du four. Posez un couvercle sur le moule et démoulez aussitôt dans un plat. Servez la tarte tiède avec de la crème épaisse.

Tartelettes au chocolat blanc

Préparation : 25 min - Cuisson : 20 min - Réfrigération : 1 h 30 - Difficulté : ★ - Budget : ★

Pour 6 personnes

Pour la pâte :
- 250 g de farine
- 100 g de beurre
- 1 cuill. à soupe de sucre en poudre
- 1 cuill. à café de cannelle en poudre
- 1 pincée de sel
- 1 noix de beurre pour les moules
- 3 cuill. à soupe de farine pour le plan de travail et les moules

Pour la garniture :
- 300 g de chocolat blanc
- 80 g de crème liquide
- 30 g de beurre
- 2 feuilles de gélatine

Pour la décoration :
- Cerises au marasquin (cerises en conserve)

Vin conseillé
Muscat de Frontignan à 7 °C

Astuce
Vous pouvez préparer les tartelettes la veille. Sortez-les du réfrigérateur 30 minutes avant de les servir pour qu'elles ne soient pas trop glacées.

Valeurs nutritionnelles
(pour une personne)
- Valeur énergétique : 640 kcal (2680 kJ)
- Protéines : 8,4 g
- Lipides : 38,4 g
- Glucides : 63,3 g

Menu
- Boulettes de chèvre aromatisées
- Côte de veau
- Tartelettes au chocolat blanc

---

1 Préparez la pâte : mélangez la farine, le sucre, la cannelle et le sel. Ajoutez le beurre mou en parcelles et travaillez du bout des doigts jusqu'à obtention d'un mélange sableux. Ajoutez alors petit à petit un demi-verre d'eau et travaillez la pâte avec la paume de la main jusqu'à ce qu'elle soit homogène et lisse. Formez une boule et couvrez-la d'un linge. Laissez-la reposer au frais pendant 30 minutes.

2 Préchauffez le four th 6 (180 °C). Beurrez et farinez douze mini-moules à tartelette. Étalez la pâte sur un plan de travail fariné, puis garnissez-en les moules. Piquez la pâte avec une fourchette, couvrez-la de papier sulfurisé, puis remplissez de haricots secs. Enfournez et faites cuire 15 minutes environ. Sortez les tartelettes du four et laissez-les refroidir.

3 Faites ramollir la gélatine dans de l'eau froide. Râpez le chocolat dans une jatte. Faites chauffer la crème. Retirez-la du feu et faites-y fondre la gélatine bien essorée, en fouettant. Versez la crème sur le chocolat en remuant jusqu'à obtenir une crème lisse. Incorporez alors le beurre en petits morceaux.

4 Versez la crème au chocolat dans les fonds de tartes et mettez-les au frais pendant 1 heure. Au moment de servir, décorez de cerises au marasquin.

Tartelettes au chocolat noir et aux framboises

Préparation : 30 min - Cuisson : 30 min - Réfrigération : 1 h - Repos : 30 min - Difficulté : ★★ - Budget : ★

Astuce
Râpez quelques carrés de chocolat blanc à l'aide d'un économe et parsemez les tartelettes de copeaux.

Valeurs nutritionnelles
(pour une personne)
- Valeur énergétique : 656 kcal (2744 kJ)
- Protéines : 7,9 g
- Lipides : 40,4 g
- Glucides : 63,2 g

Menu
- Salade de figues et de melon
- Onglet de veau au paprika
- Tartelettes au chocolat noir et aux framboises

Pour 6 personnes

Pour la pâte :
- 250 g de farine
- 100 g de beurre
- 1 cuill. à soupe de sucre en poudre
- 1 pincée de sel
- 2 cuill. à soupe de farine pour les moules et le plan de travail
- 1 noisette de beurre pour les moules

Pour la garniture :
- 300 g de chocolat noir
- 80 g de crème liquide
- 200 g de framboises
- 30 g de beurre

Vin conseillé
Banyuls rouge à 14 °C

1 Préparez la pâte : mettez la farine, le sucre et le sel dans un saladier. Ajoutez le beurre mou en parcelles et travaillez du bout des doigts jusqu'à obtention d'un mélange sableux. Ajoutez alors petit à petit un demi-verre d'eau et travaillez la pâte avec la paume de la main jusqu'à ce qu'elle soit homogène et lisse. Formez une boule et couvrez-la d'un linge. Laissez-la reposer au frais pendant 30 minutes.

2 Préchauffez le four th 6 (180 °C). Beurrez et farinez six petits moules à tartelette.

3 Étalez la pâte sur un plan de travail fariné, puis garnissez-en les moules. Piquez la pâte avec une fourchette, couvrez-la de papier sulfurisé et remplissez-la de haricots secs. Enfournez les fonds de tartelettes et faites-les cuire 25 minutes environ. Sortez-les du four, démoulez-les et laissez-les refroidir.

4 Cassez le chocolat dans une jatte. Faites bouillir la crème, puis versez-la sur le chocolat en remuant jusqu'à obtention d'une crème lisse. Incorporez alors le beurre en petits morceaux. Versez la crème au chocolat dans les fonds de tartelettes et mettez-les au frais pendant 1 heure.

5 Au moment de servir, ajoutez les framboises sur les tartelettes.

Tartelettes au citron

Préparation : 30 min - Cuisson : 30 min - Réfrigération : 12 h - Difficulté : ★★ - Budget : ★

Pour 6 personnes

- 450 g de pâte sablée
- 3 citrons non traités
- 6 œufs
- 300 g de sucre en poudre
- 80 g de beurre
- 1 noisette de beurre pour les moules
- 1 cuill. à soupe de farine pour le plan de travail

Astuce

Pour plus d'exotisme, remplacez les trois citrons jaunes par cinq citrons verts.

Valeurs nutritionnelles

(pour une personne)
- Valeur énergétique : 699 kcal (2924 kJ)
- Protéines : 14,3 g
- Lipides : 30,7 g
- Glucides : 89,1 g

Vin conseillé

Muscat de Lunel à 7 °C

Menu

- Salade Shangaï
- Bœuf pimenté
- Tartelettes au citron

1 Préchauffez le four th 7 (210 °C). Lavez soigneusement les citrons et séchez-les. Râpez finement le zeste et pressez le jus. Faites fondre le beurre. Fouettez les œufs entiers avec le sucre, puis ajoutez le zeste, le jus de citron et le beurre fondu.

2 Étalez la pâte sur un plan de travail fariné en lui laissant une certaine épaisseur. Piquez la pâte avec une fourchette et découpez-y six disques à la mesure des moules. Garnissez-en six petits moules à tartelette beurrés. Enfournez et faites cuire 10 minutes.

3 Sortez les fonds de tartelettes du four et baissez le four th 6 (180 °C). Versez la préparation dans les fonds de tartelettes et enfournez à nouveau. Faites cuire 20 minutes.

4 Sortez les tartelettes du four et laissez-les refroidir complètement avant de les mettre au frais jusqu'au lendemain. Accompagnez les tartelettes d'un sorbet aux fruits rouges.

Tartelettes aux abricots

Préparation : 35 min - Cuisson : 20 min - Repos : 30 min - Difficulté : ★★ - Budget : ★★

Astuce
Si les tartelettes colorent trop vite à la cuisson, couvrez-les de papier aluminium et poursuivez la cuisson.

Valeurs nutritionnelles
(pour une personne)
- Valeur énergétique : 612 kcal (2560 kJ)
- Protéines : 8,1 g
- Lipides : 42 g
- Glucides : 48,6 g

Menu
- Tuiles au parmesan
- Moules au curry
- Tartelettes aux abricots

Pour 6 personnes
- 450 g de pâte brisée
- 12 abricots bien mûrs
- 1 œuf
- 100 g de beurre
- 70 g de sucre en poudre
- 70 g de poudre d'amande
- 1 cuill. à café de maïzena
- 100 g de crème fraîche épaisse
- 1 cuill. à soupe de sucre cristal
- 1 cuill. à soupe de farine pour le plan de travail
- 1 noisette de beurre pour le moule
- Quelques violettes en sucre

Vin conseillé
Cérons à 7 °C

1 Préchauffez le four th 7 (210 °C). Étalez la pâte sur un plan de travail fariné. Beurrez six moules à tartelette. Garnissez-les de pâte et piquez les fonds avec une fourchette. Réservez au frais.

2 Mettez le beurre en parcelles, le sucre, la poudre d'amande, la maïzena, l'œuf entier et la crème fraîche dans le bol d'un mixeur. Faites tourner jusqu'à obtention d'une crème lisse.

3 Ouvrez les abricots en deux, retirez les noyaux, puis coupez les oreillons d'abricots en deux. Répartissez les morceaux d'abricots dans les fonds de tartelettes, puis versez la crème par-dessus. Saupoudrez de sucre cristal. Enfournez et faites cuire 20 minutes.

4 Sortez les tartelettes du four et laissez-les refroidir avant de les démouler.

5 Décorez les tartelettes de violettes en sucre et servez-les avec de la crème glacée à la vanille.

Tartelettes aux mûres et à la cannelle

Préparation : 35 min - Cuisson : 25 min - Réfrigération : 3 h - Difficulté : ★★ - Budget : ★

Pour 6 personnes

Pour la pâte :
- 250 g de farine
- 150 g de beurre mou
- 100 g de sucre en poudre
- 1 œuf
- 1 cuill. à soupe rase de cannelle en poudre
- 2 cuill. à soupe de farine pour le moule et le plan de travail
- 1 noisette de beurre pour le moule

Pour la garniture :
- 400 g de mûres
- 1 cuill. à café de cannelle en poudre
- 2 cuill. à soupe de sucre en poudre

Vin conseillé
Saussignac à 7 °C

Astuce

Vous pouvez servir les tartelettes tièdes ou froides. Accompagnez-les de crème fraîche épaisse dans laquelle vous aurez râpé finement le zeste d'un citron.

Valeurs nutritionnelles

(pour une personne)
- Valeur énergétique : 489 kcal (2045 kJ)
- Protéines : 6,3 g
- Lipides : 23,5 g
- Glucides : 61,5 g

Menu
- Jus de citron au gingembre
- Curry de porc à la tomate
- Tartelettes aux mûres et à la cannelle

1 Préparez la pâte : versez la farine sur le plan de travail. Ajoutez le sucre, la cannelle et le beurre en parcelles. Travaillez du bout des doigts jusqu'à obtention d'un mélange sableux. Creusez alors une fontaine au centre et cassez-y l'œuf. Travaillez la pâte avec la paume de la main jusqu'à obtention d'une boule homogène. Enroulez la pâte dans du film alimentaire et placez-la au frais pendant 3 heures.

2 Pendant ce temps, lavez délicatement les mûres et séchez-les. Beurrez et farinez six petits moules. Étalez la pâte sur épaisseur de 5 mm environ sur un plan de travail fariné. Préchauffez le four th 6 (180 °C).

3 Garnissez les moules de pâte et piquez les fonds avec une fourchette. Recouvrez la pâte de papier sulfurisé et remplissez de haricots secs. Enfournez et faites cuire « à blanc » pendant 10 minutes.

4 Sortez les fonds de tartelettes du four, retirez les haricots et le papier sulfurisé et laissez-les refroidir avant d'y répartir les mûres. Saupoudrez de sucre et de cannelle. Enfournez à nouveau et faites cuire 15 minutes.

5 Sortez les tartelettes du four et laissez-les tiédir avant de servir.

Tartelettes aux pêches et au citron

Préparation : 30 min - Cuisson : 20 min - Réfrigération : 15 min - Repos : 1 h - Difficulté : ★★ - Budget : ★

Astuce

Vous pouvez garnir les fonds de tartelettes de lemon curd (confiture de citron que vous trouverez dans les rayons épiceries fines des grandes surfaces) avant d'y mettre les pêches.

Valeurs nutritionnelles

(pour une personne)
- Valeur énergétique : 434 kcal (1817 kJ)
- Protéines : 5,3 g
- Lipides : 23,4 g
- Glucides : 49,3 g

Menu
- Mousse de courgettes au pesto
- Brochettes de lapin
- Tartelettes aux pêches et au citron

Pour 6 personnes

Pour la pâte :
- 120 g de beurre
- 50 g de sucre glace
- 50 g de poudre d'amande
- 150 g de farine
- 1 jaune d'œuf
- 4 cuill. à soupe d'eau
- 1 cuill. à soupe de farine pour le plan de travail

Pour la garniture :
- 5 pêches
- 2 citrons
- 3 cuill. à soupe de sucre en poudre
- 1 noisette de beurre pour les moules

Vin conseillé
Monbazillac à 7 °C

1 Lavez soigneusement les pêches et coupez-les en petits morceaux. Mettez-les dans un saladier. Lavez les citrons, puis prélevez le zeste et émincez-le finement. Pressez le jus. Ajoutez le zeste et le jus de citron aux pêches, saupoudrez de sucre et mélangez bien. Réservez au frais.

2 Préparez la pâte : mettez le beurre en morceaux, le sucre glace, la poudre d'amande et la farine dans le bol d'un mixeur. Faites tourner jusqu'à obtention d'un mélange sableux. Ajoutez alors l'œuf et l'eau et mixez par à-coups jusqu'à formation d'une boule. Enroulez la pâte dans du film alimentaire et placez-la au frais 15 minutes.

3 Préchauffez le four th 6/7 (200 °C). Beurrez six moules à tartelette. Étalez la pâte sur un plan de travail fariné. Garnissez les moules de pâte, recouvrez-les de papier sulfurisé et remplissez-les de haricots secs. Enfournez et faites cuire 20 minutes. Sortez les fonds de tartelettes du four et laissez-les refroidir.

4 Démoulez les fonds de tartelettes et remplissez-les de pêches au citron.

Tartelettes briochées aux abricots et aux amandes

Préparation : 40 min - Cuisson : 40 min - Repos : 2 h 15 - Difficulté : ★★★ - Budget : ★

Pour 6 personnes
- 6 abricots
- 50 g d'amandes effilées
- 30 g de poudre d'amande
- 110 g de farine
- 25 g de sucre semoule
- 1 sachet de levure de boulanger
- 1 œuf entier
- 1 jaune d'œuf
- 35 g de beurre
- 1 pincée de sel

Vin conseillé
Muscat de Rivesaltes à 7 °C

Astuce
Servez les tartelettes tièdes accompagnées d'une boule de glace ou de sorbet. Et si vous manquez de temps, pensez à commander la pâte à brioche chez votre boulanger.

Valeurs nutritionnelles
(pour une personne)
- Valeur énergétique : 242 kcal (1013 kJ)
- Protéines : 6,4 g
- Lipides : 14,1 g
- Glucides : 21,7 g

Menu
- Nems
- Travers de porc marinés aux cinq épices
- Tartelettes briochées aux abricots et aux amandes

1 Diluez la levure et une cuillère à café de farine dans 1 cl d'eau tiède. Couvrez d'un linge et laissez reposer 15 minutes dans un endroit chaud.

2 Tamisez la farine et le sel dans une jatte. Creusez une fontaine au centre et versez-y le sucre, la levure diluée, puis l'œuf entier et le jaune d'œuf. Mélangez au fouet en incorporant la farine petit à petit, puis pétrissez à la main jusqu'à obtention d'une pâte collante. Travaillez vigoureusement la pâte pendant 5 minutes en l'écrasant, en l'allongeant, puis en la rabattant. Formez une boule et aplatissez-la légèrement. Ajoutez le beurre en morceaux au centre du pâton. Pétrissez à nouveau en intégrant le beurre à la pâte. Mettez la pâte en boule dans un saladier fariné, couvrez d'un linge humide et laissez gonfler 2 heures à température ambiante.

3 Dénoyautez les abricots et coupez-les en quartiers fins. Préchauffez le four th 7 (210 °C).

4 Le temps de repos de la pâte terminé, travaillez-la de nouveau pendant 2 minutes et formez six petits pâtons. Posez les pâtons sur la plaque du four recouverte de papier sulfurisé. Écrasez-les légèrement, puis enfoncez-y les quartiers d'abricots.

5 Baissez le four th 6 (180 °C) et faites cuire 30 minutes. Parsemez d'amandes effilées et de poudre d'amande et poursuivez la cuisson 10 minutes.

Bavarois à la fraise

Préparation : 20 min - Cuisson : 5 min - Réfrigération : 24 h - Difficulté : ★★ - Budget : ★

Astuce
Prévoyez 250 g de fraises en plus et mixez-les avec du jus de citron. Arrosez légèrement les bavarois de ce coulis avant de les servir.

Pour 6 personnes
- 500 g de fraises
- 200 g de sucre semoule
- 40 g de sucre glace
- 5 feuilles de gélatine
- 30 cl de crème fraîche épaisse

Valeurs nutritionnelles
(pour une personne)
- Valeur énergétique : 354 kcal (1483 kJ)
- Protéines : 1,7 g
- Lipides : 17,1 g
- Glucides : 47,3 g

Menu
- Langoustines safranées aux pois gourmands
- Côte de veau
- Bavarois à la fraise

Vin conseillé
Rivesaltes tuilé à 15 °C

1 Lavez et équeutez les fraises. Réservez-en six pour la décoration. Passez le reste au mixeur pour les réduire en une purée fine. Faites ramollir les feuilles de gélatine dans de l'eau froide.

2 Versez le sucre semoule dans une casserole. Ajoutez 8 cl d'eau et portez à ébullition. Laissez bouillir 5 minutes, puis retirez du feu. Essorez la gélatine et faites-la fondre dans le sirop en fouettant.

3 Versez le sirop dans la purée de fraises et mélangez bien. Laissez refroidir, puis incorporez la crème fraîche épaisse et le sucre glace. Mélangez bien.

4 Chemisez un grand moule carré de papier sulfurisé. Versez-y la préparation et placez au frais pendant 24 heures.

5 Au moment de servir, trempez le moule quelques secondes dans de l'eau bouillante, puis démoulez le bavarois sur un plateau. Découpez-le en petits carrés avec un couteau à grande lame fine préalablement trempée dans de l'eau bouillante. Coupez les fraises réservées en fines lamelles. Disposez les petits bavarois dans un plat, décorez-les des lamelles de fraises et servez aussitôt.

Cake au citron et aux myrtilles

Préparation : 30 min - Cuisson : 40 min - Difficulté : ★★ - Budget : ★

Pour 6 personnes
- 150 g de myrtilles
- 250 g de farine
- 150 g de sucre en poudre
- 150 g de beurre mou
- 1 sachet de levure
- 2 citrons jaunes
- 4 œufs
- 30 cl de crème liquide
- 4 cuill. à soupe de sucre glace
- 1 cuill. à soupe de farine pour le moule
- 1 noisette de beurre pour le moule

Vin conseillé
Saumur blanc mousseux à 9 °C

Astuce
Préparez un glaçage en mélangeant 100 g de sucre glace avec le jus d'un citron et quelques gouttes de colorant alimentaire rouge. Versez le glaçage sur le gâteau et laissez durcir avant de servir.

Valeurs nutritionnelles
(pour une personne)
- Valeur énergétique : 702 kcal (2938 kJ)
- Protéines : 9,9 g
- Lipides : 40,9 g
- Glucides : 71,45

Menu
- Granité de poivron et de fenouil
- Thon à la créole
- Cake au citron et aux myrtilles

1 Préchauffez le four th 7 (210 °C). Râpez finement le zeste des citrons, puis pressez le jus. Réservez le tout. Fouettez le beurre et le sucre en poudre jusqu'à ce que le mélange soit crémeux. Ajoutez les œufs un par un, puis la farine et la levure, et enfin le zeste et le jus des citrons. Mélangez bien.

2 Beurrez et farinez un moule à cake. Remplissez-le de pâte. Enfournez et faites cuire 2 à 3 minutes, puis baissez le thermostat à 5/6 (170 °C). Faites cuire 35 minutes. Vérifiez la cuisson en piquant le cake avec un couteau. Il doit ressortir propre. Démoulez le cake dès la sortie du four et laissez-le refroidir sur une grille.

3 Pendant ce temps, mixez les myrtilles. Versez la purée obtenue dans un saladier. Versez la crème liquide dans une jatte et fouettez-la jusqu'à ce qu'elle ait la consistance d'une chantilly.

4 Ajoutez le sucre glace en continuant de fouetter. Incorporez très délicatement la chantilly dans la purée de myrtilles.

5 Coupez le cake en trois dans l'épaisseur. Garnissez chaque tranche de chantilly à la myrtille. Remontez le cake et placez-le au frais jusqu'au moment de servir.

Charlotte aux fruits rouges

Préparation : 30 min - Cuisson : 5 min - Réfrigération : 3 h - Difficulté : ★★★ - Budget : ★★

Astuce
Vous pouvez remplacer les biscuits à la cuillère par des biscuits roses de Reims. Dans ce cas, trempez-les plutôt dans un sirop aromatisé à la fraise ou à la framboise.

Valeurs nutritionnelles
(pour une personne)
- Valeur énergétique : 309 kcal (1291 kJ)
- Protéines : 4,6 g
- Lipides : 15,5 g
- Glucides : 36,8 g

Menu
- Tartare de daurade et de saumon
- Brochettes de bœuf à la sauce tzatziki
- Charlotte aux fruits rouges

Pour 6 personnes
- 400 g de fruits rouges variés (framboises, fraises, myrtilles, groseilles…)
- 20 biscuits à la cuillère
- 100 g de sucre semoule
- 75 g de sucre glace
- 30 cl de crème liquide
- 3 blancs d'œufs
- 3 feuilles de gélatine
- 2 cuill. à soupe d'extrait d'amande amère
- Quelques tiges de menthe

Vin conseillé
Crémant du Jura à 9 °C

1 Faites ramollir la gélatine dans de l'eau froide. Portez à ébullition le sucre semoule et 15 cl d'eau. Faites bouillir 5 minutes et retirez du feu. Ajoutez une cuillère à soupe d'extrait d'amande et laissez refroidir.

2 Chemisez un moule à cake de papier sulfurisé. Trempez ensuite les biscuits rapidement dans le sirop à l'amande et posez-les verticalement le long des parois du moule, en les serrant bien les uns contre les autres. Lavez et séchez les fruits.

3 Essorez bien la gélatine. Faites chauffer trois cuillères à soupe de crème liquide et faites-y fondre la gélatine hors du feu, en fouettant bien. Ajoutez le reste d'extrait d'amande.

4 Montez le reste de crème liquide en chantilly en y incorporant le sucre glace quand elle est ferme. Mélangez la crème gélifiée et la crème chantilly. Incorporez délicatement les fruits après en avoir réservé quelques-uns pour la décoration.

5 Montez les blancs en neige bien ferme et incorporez-les très délicatement à la préparation. Versez doucement la préparation dans le moule et placez au frais pendant au moins 3 heures. Au moment de servir, démoulez la charlotte et décorez-la de fruits frais et de feuilles de menthe.

Crousti-fondant au chocolat

Préparation : 20 min - Cuisson : 30 min - Difficulté : ★ - Budget : ★

Pour 6 personnes
- 250 g de chocolat à patisserie
- 100 g de beurre
- 150 g de sucre semoule
- 8 jaunes d'œufs
- 6 blancs d'œufs
- 10 g de farine
- 1 noisette de beurre pour le moule

Astuce
Pour gagner du temps, faites fondre le chocolat au micro-ondes trois fois 30 secondes à puissance maximale, en mélangeant bien entre chaque cuisson.

Valeurs nutritionnelles
(pour une personne)
- Valeur énergétique : 555 kcal (2322 kJ)
- Protéines : 11 g
- Lipides : 34,7 g
- Glucides : 48 g

Vin conseillé
Rasteau rancio à 17 °C

Menu
- Sandwich aux figues et à la mortadelle
- Verrines de légumes d'été
- Crousti-fondant au chocolat

1 Préchauffez le four th 5 (150 °C). Cassez le chocolat en morceaux. Mettez les morceaux de chocolat dans un saladier et ajoutez le beurre en parcelles. Faites fondre le tout au bain-marie.

2 Cassez les œufs en séparant les jaunes des blancs. Montez les blancs en neige. Lorsqu'ils sont fermes, ajoutez le sucre semoule et continuez de battre jusqu'à ce qu'ils soient très fermes.

3 Lissez le mélange chocolat/beurre et incorporez les jaunes d'œufs un par un, en fouettant bien entre chacun. Ajoutez enfin la farine. Incorporez délicatement les blancs en neige.

4 Chemisez le fond d'un moule de papier sulfurisé beurré et versez-y la pâte. Enfournez et faites cuire 30 minutes.

5 Sortez le crousti-fondant du four, démoulez-le sur une grille et laissez-le refroidir complètement avant de servir.

Fraisier

Préparation : 45 min - Cuisson : 40 min - Réfrigération : 1 h - Difficulté : ★★★ - Budget : ★★

Astuce
Si vous voulez gagner du temps, pensez à commander la génoise chez votre pâtissier.

Valeurs nutritionnelles
(pour une personne)
- Valeur énergétique : 1114 kcal (4663 kJ)
- Protéines : 13,7 g
- Lipides : 68,8 g
- Glucides : 105,5 g

Menu
- Caviar de poivrons "del piquillo"
- Lapin aux poivrons rouges
- Fraisier

Pour 6 personnes

Pour la génoise :
- 200 g de farine
- 150 g de beurre fondu
- 150 g de sucre semoule
- 5 œufs
- 1 sachet de levure
- 1 noix de beurre pour le moule
- Sel

Pour le fraisier :
- 600 g de fraises
- 200 g de sucre en poudre
- 75 cl de crème liquide
- 100 g de pâte d'amande rose
- 3 cuill. à soupe de liqueur de fraise
- 1 cuill. à soupe de farine pour le plan de travail

Vin conseillé
Montlouis sur Loire mousseux à 9 °C

1 Préparez la génoise : préchauffez le four th 6 (180 °C). Mélangez les jaunes d'œufs et le sucre et fouettez-les dans un bain-marie jusqu'à ce que le mélange blanchisse. Retirez du feu et fouettez jusqu'à refroidissement. Ajoutez la farine, la levure et une pincée de sel, mélangez, puis versez le beurre fondu en filet. Incorporez les blancs montés en neige. Versez dans un moule recouvert de papier sulfurisé beurré et faites cuire 30 minutes. Démoulez la génoise sur une grille.

2 Préparez le fraisier : réservez quelques fraises pour la décoration et coupez le reste en deux. Montez la crème en chantilly en ajoutant le sucre lorsque la crème est ferme.

3 Coupez la génoise en deux. Placez l'une des moitiés dans un moule. Imbibez-la de liqueur de fraise. Posez des demi-fraises à la verticale tout autour de la génoise, en appuyant la partie interne des fraises contre le moule. Recouvrez avec le reste de fraises, versez la chantilly et lissez bien. Recouvrez du deuxième disque de génoise et placez au frais 1 heure au minimum.

4 Étalez la pâte d'amande sur le plan de travail fariné et découpez-la en un disque de la taille du fraisier. Démoulez le fraisier, posez le disque de pâte d'amande par-dessus et décorez de lamelles de fraises.

Gâteau à la mousse au chocolat et à la vanille

Préparation : **1 h 15** - Cuisson : **40 min** - Réfrigération : **3 h** - Difficulté : ★★★ - Budget : ★★

Pour 6 personnes

Pour la mousse au chocolat :
- 200 g de chocolat
- 6 œufs
- 15 cl de crème liquide
- 80 g de sucre glace
- 1 pincée de sel

Pour la crème vanille :
- ½ l de lait
- 1 gousse de vanille
- 3 jaunes d'œufs
- 75 g de sucre en poudre
- 1 cuill. à soupe de farine

Pour la génoise :
- Ingrédients page 289

Vin conseillé
Banyuls rouge à 14 °C

Astuce
Si vous possédez un moule à fond amovible, utilisez-le pour monter le gâteau. Le démoulage sera ainsi plus facile.

Valeurs nutritionnelles
(pour une personne)
- Valeur énergétique : 973 kcal (4071 kJ)
- Protéines : 21,7 g
- Lipides : 53,1 g
- Glucides : 99 g

Menu
- Bavarois de poivrons aux gambas
- Piccatas de veau au fenouil
- Gâteau à la mousse au chocolat et à la vanille

---

1 Préparez la génoise (recette page 289) ou commandez-la chez votre pâtissier.

2 Préparez la crème vanille : portez à ébullition le lait et la gousse de vanille fendue en deux. Fouettez les jaunes d'œufs avec le sucre, puis ajoutez la farine. Versez un peu de lait bouillant en fouettant. Reversez le tout dans la casserole de lait et faites cuire doucement jusqu'à épaississement.

3 Préparez la mousse au chocolat : faites fondre le chocolat. Séparez les blancs des jaunes d'œufs. Mélangez le chocolat et les jaunes d'œufs. Fouettez la crème en la saupoudrant de sucre glace quand elle commence à monter. Incorporez délicatement la chantilly au chocolat. Montez les blancs en neige avec le sel et incorporez-les délicatement au chocolat. Réservez au frais.

4 Montez le gâteau : chemisez de film alimentaire un moule légèrement plus grand que la génoise, en laissant le film largement dépasser du moule. Retirez la croûte de la génoise, puis posez-la au centre du moule. Recouvrez-la de crème vanillée, lissez bien et versez ensuite la mousse au chocolat. Placez au frais pendant au moins 3 heures.

5 Démoulez le gâteau en le soulevant à l'aide du film alimentaire. Posez-le, puis glissez-le dans un plat.

Gâteau au fromage blanc et aux pêches

Préparation : 30 min - Cuisson : 40 min - Repos : 12 h - Difficulté : ★★ - Budget : ★

Astuce
Vous pouvez faire préalablement pocher les pêches dans un sirop léger. Laissez-les ensuite refroidir complètement dans le sirop avant de les utiliser.

Pour 6 personnes
- 500 g de fromage blanc à 40%
- 3 pêches
- 2 œufs
- 150 g de sucre en poudre
- 100 g de beurre
- 50 g de sucre vanillé
- 2 cuill. à soupe de fécule de pommes de terre
- 20 cl de crème fraîche épaisse
- 2 cuill. à soupe de copeaux de chocolat
- 1 noisette de beurre pour le moule

Valeurs nutritionnelles
(pour une personne)
- Valeur énergétique : 565 kcal (2362 kJ)
- Protéines : 10,1 g
- Lipides : 35 g
- Glucides : 50,5 g

Menu
- Salade Mississipi
- Croquettes de jambon au fromage
- Gâteau au fromage blanc et aux pêches

Vin conseillé
Vouvray mousseux à 9 °C

1 La veille, mettez le fromage blanc à égoutter dans une passoire tapissée de mousseline.

2 Le jour même, sortez le beurre du réfrigérateur et laissez-le ramollir à température ambiante. Séparez les blancs des jaunes d'œufs et réservez les blancs au réfrigérateur.

3 Dans une jatte, fouettez au fouet électrique le beurre ramolli, le sucre en poudre et le sucre vanillé, puis incorporez les jaunes d'œufs un à un. Fouettez jusqu'à ce que le mélange blanchisse. Ajoutez, toujours en fouettant, le fromage blanc, la crème fraîche et la fécule.

4 Épluchez et coupez les pêches en quartiers fins. Préchauffez le four th 6/7 (200 °C). Chemisez un moule à manqué de papier sulfurisé préalablement beurré.

5 Battez les blancs en neige très ferme et mélangez-les délicatement à la crème, puis versez la moitié de la préparation au fromage blanc dans le moule. Recouvrez de quartiers de pêches et finissez de remplir le moule de préparation au fromage blanc.

6 Enfournez et faites cuire 40 minutes. Sortez le gâteau du four et laissez-le refroidir complètement. Démoulez le gâteau dans un plat et servez-le parsemé de copeaux de chocolat.

Gâteau aux amandes

Préparation : 15 min - Cuisson : 30 min - Difficulté : ★ - Budget : ★

Pour 6 personnes
- 100 g de poudre d'amande
- 75 g d'amandes effilées
- 75 g d'écorce d'orange confite
- 120 g de sucre glace
- 3 œufs entiers
- 2 blancs d'œufs
- 40 g de farine
- 60 g de beurre
- 1 noisette de beurre pour le moule

Vin conseillé
Clairette de Die à 7 °C

Astuce
Ce gâteau peut se conserver quelques jours, bien emballé dans du papier aluminium et maintenu dans un endroit frais et sec.

Valeurs nutritionnelles
(pour une personne)
- Valeur énergétique : 377 kcal (1576 kJ)
- Protéines : 11,2 g
- Lipides : 20,1 g
- Glucides : 36,6 g

Menu
- Salade de thon aux olives
- Tian de tomates et de courgettes
- Gâteau aux amandes

1 Préchauffez le four th 7/8 (220 °C).

2 Coupez l'écorce d'orange en tout petits dés. Faites fondre le beurre et laissez-le refroidir.

3 Versez la poudre d'amande et le sucre glace dans le bol d'un mixeur. Ajoutez les blancs d'œufs et mixez jusqu'à obtention d'une pâte. Incorporez alors les œufs entiers, puis la farine, le beurre fondu et l'écorce d'orange, tout en continuant à mixer.

4 Beurrez un moule à manqué et versez-y la préparation. Enfournez et faites cuire 10 minutes. Baissez le th 6 (180 °C) et poursuivez la cuisson 15 minutes.

5 Démoulez le gâteau sur une grille et laissez-le refroidir. Faites griller les amandes effilées dans une poêle chauffée à blanc.

6 Mettez le gâteau dans un plat, parsemez-le d'amandes effilées grillées et servez aussitôt.

Gâteau aux framboises et à la crème

Préparation : 15 min - Cuisson : 40 min - Difficulté : ★ - Budget : ★

Astuce
La mesure des ingrédients se fait avec le pot de yaourt. Utilisez des yaourts nature classiques non aromatisés.

Valeurs nutritionnelles
(pour une personne)
- Valeur énergétique : 542 kcal (2270 kJ)
- Protéines : 10,7 g
- Lipides : 31,2 g
- Glucides : 53,1 g

Menu
- Salade niçoise
- Papillotes de dinde
- Gâteau aux framboises et à la crème

Pour 6 personnes
- 250 g de framboises
- 2 pots de yaourts
- 1 pot d'huile
- 4 pots de yaourt de sucre en poudre
- 6 pots de yaourt de farine
- 4 œufs
- 1 sachet de levure
- 20 cl de crème liquide
- 3 cuill. à soupe de sucre glace
- 1 noisette de beurre pour le moule

Vin conseillé
Muscat du Cap Corse à 9 °C

1 Préchauffez le four th 6 (180 °C).

2 Mélangez les yaourts et la levure. Ajoutez ensuite dans l'ordre et en remuant toujours, l'huile, le sucre, la farine et les œufs.

3 Beurrez un moule à manqué et versez-y la pâte. Enfournez et faites cuire 40 minutes. Vérifiez la cuisson avec la lame d'un couteau. Sortez le gâteau du four, laissez-le tiédir et démoulez-le sur une grille.

4 Montez la crème liquide en chantilly. Quand elle est bien ferme, incorporez le sucre glace en pluie sans cesser de fouetter.

5 Coupez le gâteau en morceaux et répartissez-les dans des assiettes. Ajoutez la crème chantilly et les framboises. Servez aussitôt.

Kouign amann

Préparation : 55 min - Cuisson : 30 min - Repos : 1 h 40 - Difficulté : ★★★ - Budget : ★

Pour 6 personnes

- 750 g de farine
- 525 g de sucre en poudre
- 600 g de beurre demi-sel
- 25 g de levure de boulanger
- 2 cuill. à soupe de farine pour le plat et le plan de travail
- 1 noisette de beurre pour le moule

Boisson conseillée
Cidre brut à 7 °C

Astuce
Vous pouvez conservez le Kouign amann deux jours, bien emballé dans du film alimentaire et placé dans un endroit sec.

Valeurs nutritionnelles
(pour une personne)
- Valeur énergétique : 1583 kcal (6622 kJ)
- Protéines : 12,5 g
- Lipides : 85,6 g
- Glucides : 185,6 g

Menu
- Tomates cerises farcies
- Assiette de la mer
- Kouign amann

1 Délayez la levure de boulanger dans 15 cl d'eau tiède. Versez la farine dans une jatte et creusez une fontaine au centre. Versez la levure délayée dans la fontaine et pétrissez jusqu'à obtention d'une pâte. Façonnez une boule et laissez-la reposer 20 minutes à température ambiante.

2 Aplatissez la pâte sur un plan de travail fariné. Posez par-dessus le beurre ramolli et étalez-le sur la pâte en laissant suffisamment de pâte autour pour pouvoir replier les bords par-dessus le beurre. Saupoudrez de 300 g de sucre en poudre. Enfermez le beurre et le sucre dans la pâte en repliant les bords par-dessus. Appuyez bien avec la paume de la main afin de former un rectangle plat et allongé. Repliez ce rectangle en trois et laissez reposer 20 minutes.

3 Étalez à nouveau la pâte en long rectangle et repliez-le à nouveau en trois. Laissez reposer 20 minutes. Recommencez cette opération encore deux fois.

4 Préchauffez le four th 6/7 (200 °C). Beurrez et farinez bien une grande tourtière. Posez le gâteau dedans et saupoudrez-le du sucre restant. Enfournez et faites cuire 30 minutes. Laissez refroidir.

5 Faites tiédir le Kouign amann quelques minutes dans un four très chaud avant de le servir.

Moelleux au chocolat

Préparation : 15 min - Cuisson : 15 min - Difficulté : ★ - Budget : ★

Astuce
Au moment du remplissage des moules, arrêtez à mi-hauteur et déposez deux carrés de chocolat blanc. Finissez de remplir les moules et enfournez.

Pour 6 personnes
- 240 g de chocolat à pâtisserie
- 135 g de sucre en poudre
- 100 g de beurre mou
- 45 g de farine
- 6 œufs
- 1 noisette de beurre pour les moules

Valeurs nutritionnelles
(pour une personne)
- Valeur énergétique : 544 kcal (2275 kJ)
- Protéines : 9,6 g
- Lipides : 33,5 g
- Glucides : 49,2 g

Menu
- Salade croquante au magret
- Courgettes farcies aux légumes
- Moelleux au chocolat

Vin conseillé
Maury rouge à 14 °C

1 Préchauffez le four th 6/7 (200 °C). Beurrez six petits moules à bords hauts.

2 Séparez les blancs des jaunes d'œufs et réservez les blancs au frais.

3 Faites fondre le chocolat au bain-marie avec le sucre. Quand il est fondu, retirez du feu et ajoutez les jaunes d'œufs en fouettant, puis le beurre et la farine.

4 Montez les blancs en neige et incorporez-les délicatement à la préparation. Versez la pâte dans les moules et enfournez. Faites cuire 10 minutes.

5 Sortez les moelleux du four et servez-les chauds, tièdes ou froids.

Petites charlottes à la rhubarbe et aux fraises

Préparation : 40 min - Cuisson : 20 min - Réfrigération : 2 h - Difficulté : ★★★ - Budget : ★★

Pour 6 personnes
- 200 g de fraises
- 200 g de rhubarbe
- 36 biscuits roses de Reims
- 20 cl de crème liquide
- 2 blancs d'œufs
- 150 g de sucre en poudre
- 3 feuilles de gélatine
- 3 cuill. à soupe de sirop de fraise
- 1 pincée de sel

Vin conseillé
Cabernet d'Anjou demi-sec à 11 °C

Astuce
Vous pouvez aussi couper les fraises en petits morceaux et les ajouter dans la compote de rhubarbe sans les avoir mixées.

Valeurs nutritionnelles
(pour une personne)
- Valeur énergétique : 416 kcal (1739 kJ)
- Protéines : 7,1 g
- Lipides : 12,6 g
- Glucides : 67,1 g

Menu
- Tomates cerises farcies
- Lasagnes
- Petites charlottes à la rhubarbe et aux fraises

1 Mouillez, puis chemisez de papier sulfurisé l'intérieur de six petits moules à charlotte. Mélangez le sirop de fraise à 5 cl d'eau. Trempez quelques secondes le côté plat des biscuits roses dans le sirop. Posez-les ensuite à la verticale contre les parois des moules, côté imbibé vers l'intérieur. Placez au frais.

2 Faites ramollir les feuilles de gélatine dans de l'eau froide. Coupez la rhubarbe en tronçons et saupoudrez-la de 50 g de sucre. Faites-la cuire 5 minutes en remuant. Ajoutez alors 5 cl d'eau et prolongez la cuisson 15 minutes. Mixez et prolongez la cuisson 2 minutes. Faites fondre la gélatine essorée dans la rhubarbe et réservez.

3 Lavez et équeutez les fraises. Mixez-les pour les réduire en purée, puis ajoutez-les à la rhubarbe. Mélangez bien.

4 Montez la crème en chantilly et ajoutez petit à petit le reste de sucre quand elle commence à prendre. Montez les blancs en neige très ferme avec le sel. Incorporez-les à la chantilly, puis incorporez la purée de fraises et de rhubarbe.

5 Remplissez les moules de mousse de fruits et placez au frais pendant au moins 2 heures. Au moment de servir, démoulez les charlottes et servez aussitôt.

Quatre-quarts aux fruits rouges

Préparation : 15 min - Cuisson : 10 min - Difficulté : ★★ - Budget : ★

Astuce
Si vous utilisez des petits moules individuels à la place des caissettes, prolongez la cuisson de 10 minutes environ. Vérifiez la fin de la cuisson en enfonçant la pointe d'un couteau dans les quatre-quarts.

Valeurs nutritionnelles
(pour une personne)
- Valeur énergétique : 267 kcal (1115 kJ)
- Protéines : 3,6 g
- Lipides : 15,7 g
- Glucides : 26,9 g

Menu
- Jus de citron au gingembre
- Confiture d'abricots
- Quatre-quarts aux fruits rouges

Pour 6 personnes
- 200 g de fruits rouges variés (myrtilles, framboises, groseilles…)
- 100 g de beurre
- 100 g de sucre en poudre
- 60 g de farine
- 2 œufs
- ½ cuill. à café de levure chimique
- 1 cuill. à café de vanille en poudre

Vin conseillé
Crémant de Loire rosé à 11 °C

1 Préchauffez le four th 6 (180 °C).

2 Coupez le beurre en morceaux dans une casserole et faites-le fondre à feu doux. Retirez du feu et laissez tiédir.

3 Fouettez les œufs entiers et le sucre en poudre jusqu'à ce que le mélange blanchisse. Incorporez la farine, la levure, la vanille et le beurre en fouettant sans arrêt jusqu'à obtention d'une pâte lisse.

4 Posez des petites caissettes en papier sur la plaque du four. Remplissez-les de pâte aux deux tiers. Ajoutez deux fruits dans chaque caissette en les enfonçant légèrement.

5 Enfournez. Baissez le four th 5/6 (160 °C) et faites cuire 10 minutes. Le temps de cuisson écoulé, sortez les quatre-quarts du four et laissez-les refroidir sur une grille.

Tiramisu aux fraises

Préparation : 20 min - Pas de cuisson - Réfrigération : 2 h - Difficulté : ★★ - Budget : ★★

Pour 6 personnes
- 500 g de petites fraises de type « Mara des bois »
- 500 g de mascarpone
- 150 g de sucre en poudre
- 24 biscuits à la cuillère
- 6 œufs
- 15 cl de liqueur de fraise

Vin conseillé
Crémant de Limoux à 7 °C

Astuce
Vous pouvez réaliser la même recette avec des framboises ou des mûres à la place des fraises. Remplacez alors la liqueur de fraise par de la liqueur de framboise ou de mûre.

Valeurs nutritionnelles
(pour une personne)
- Valeur énergétique : 729 kcal (3051 kJ)
- Protéines : 14,1 g
- Lipides : 43,9 g
- Glucides : 61 g

Menu
- Toasts aux figues et au fromage frais
- Palourdes rôties aux amandes
- Tiramisu aux fraises

1 Séparez les blancs des jaunes d'œufs. Fouettez les jaunes et le sucre jusqu'à ce que le mélange blanchisse. Ajoutez la mascarpone et battez jusqu'à obtention d'une crème lisse.

2 Montez les blancs en neige très ferme. Incorporez-les délicatement à la préparation au mascarpone. Gardez au frais.

3 Lavez, séchez et équeutez les fraises.

4 Mettez la liqueur de fraise dans une assiette creuse et allongez-la d'un peu d'eau. Trempez les biscuits dans la liqueur de fraise et garnissez-en le fond d'un plat rectangulaire. Recouvrez les biscuits d'une couche de crème, puis de fraises. Recommencez l'opération une fois. Terminez par une couche de fraises.

5 Recouvrez d'un film alimentaire et réservez au frais 2 heures minimum avant de servir.

Billes de melon et sorbet au citron vert

Préparation : 30 min - Cuisson : 15 min - Congélation : 3 h - Difficulté : ★★ - Budget : ★

Astuce
Pour multiplier les saveurs, prévoyez un melon de Cavaillon classique et un melon jaune.

Pour 6 personnes
- 2 melons
- 35 cl de jus de citron vert
- 200 g de sucre semoule
- 100 g de miel liquide
- 60 cl d'eau minérale
- 2 blancs d'œufs
- 100 g de sucre glace
- 6 tiges de menthe

Valeurs nutritionnelles
(pour une personne)
- Valeur énergétique : 334 kcal (1398 kJ)
- Protéines : 2,9 g
- Lipides : 0,2 g
- Glucides : 79 g

Menu
- Tarte aux légumes et à la ricotta
- Grillades tex-mex
- Billes de melon et sorbet au citron vert

Vin conseillé
Muscat de Beaumes de Venise à 9 °C

1 Versez le sucre semoule, le jus de citron, le miel et l'eau dans une casserole. Portez à ébullition en mélangeant jusqu'à dissolution complète du sucre. Baissez le feu et laissez cuire 10 minutes à tout petits bouillons. Retirez du feu et laissez refroidir. Versez dans un plat et faites prendre au congélateur en remuant toutes les 20 minutes à la fourchette.

2 Pendant ce temps, montez les blancs en neige très ferme. Quand ils sont bien fermes, ajoutez le sucre glace en continuant à fouetter.

3 Dès que le sorbet commence à prendre, incorporez-lui les blancs en neige, puis remettez au congélateur pendant 2 heures.

4 Ouvrez et épépinez les melons. A l'aide d'une cuillère parisienne, faites des billes de melon et mettez-les dans un saladier. Lavez, séchez et effeuillez la menthe. Réservez quelques jolies feuilles pour la décoration et hachez le reste. Ajoutez la menthe hachée dans le saladier de melon et mélangez.

5 Répartissez les billes de melon dans des verres. Ajoutez une belle boule de sorbet au citron vert, décorez de feuilles de menthe et servez aussitôt.

Charlotte meringuée au sorbet à la poire

Préparation : 35 min - Cuisson : 2 h 40 - Repos : 12 h - Congélation : 30 min - Difficulté : ★★★ - Budget : ★

Pour 6 personnes
- 1 l de sorbet à la poire
- 2 poires
- 4 blancs d'œufs
- 125 g de sucre en poudre
- 125 g de sucre glace
- 1 noisette de beurre pour la plaque

Vin conseillé
Crémant d'Alsace blanc à 7 °C

Astuce
Au moment de servir, saupoudrez les charlottes de noix de coco râpée et entourez-les d'un coulis de fruits rouges.

Valeurs nutritionnelles
(pour une personne)
- Valeur énergétique : 326 kcal (1366 kJ)
- Protéines : 4 g
- Lipides : 0 g
- Glucides : 76,3 g

Menu
- Coques au jambon et aux poivrons
- Calamars à la plancha
- Charlotte meringuée au sorbet à la poire

1 La veille, préchauffez le four th 3/4 (110 °C). Préparez les meringues : montez les blancs en neige avec deux cuillères à soupe de sucre en poudre. Quand ils sont fermes, versez le reste de sucre en pluie en continuant de fouetter. Tamisez ensuite le sucre glace et mélangez délicatement avec une spatule en bois.

2 Mettez la meringue dans une poche à douille lisse. Formez des meringues allongées de 8 cm de long environ sur une plaque à pâtisserie beurrée, en les espaçant bien. Faites cuire 10 minutes, baissez le four th 3 (90 °C) et poursuivez la cuisson pendant 2 heures 30. Éteignez le four, entrouvrez la porte et laissez les meringues refroidir à l'intérieur jusqu'au lendemain.

3 Le jour même, sortez le sorbet du congélateur pour le faire légèrement ramollir. Pelez et coupez les poires en tout petits dés.

4 Chemisez six moules individuels de film alimentaire. Posez des meringues tout autour des parois. Remplissez ensuite les moules de sorbet à mi-hauteur en tassant bien. Recouvrez de dés de poires et remettez une couche de sorbet. Placez au congélateur 30 minutes.

5 Démoulez les charlottes dans des assiettes et servez aussitôt.

Esquimaux aux fruits

Préparation : 30 min - Cuisson : 6 min - Congélation : 12 h - Difficulté : ★★ - Budget : ★

Astuce

Si vous n'avez pas de sorbetière, placez un saladier en inox ½ heure au congélateur. Versez-y ensuite le mélange, puis replacez 1 heure au congélateur. Mixez à grande vitesse et remettez 1 heure au congélateur. Renouvelez l'opération deux fois.

Valeurs nutritionnelles

(pour une personne)
- Valeur énergétique : 332 kcal (1389 kJ)
- Protéines : 1,7 g
- Lipides : 0,3 g
- Glucides : 79,2 g

Menu

- Mini-pizzas au chèvre frais
- Croquettes de jambon au fromage
- Esquimaux aux fruits

Pour 6 personnes

Pour le sorbet à la fraise :
- 400 g de fraises
- 100 g de sucre en poudre

Pour le sorbet à l'orange :
- 500 g de quartiers d'orange pelés à vif
- 100 g de sucre en poudre
- 10 g de glucose

Pour le sorbet au citron :
- 500 g de quartiers de citron pelés à vif
- 150 g de sucre en poudre
- 10 g de glucose

Vin conseillé
Crémant de Bourgogne blanc à 7 °C

1 Préparez le sorbet à la fraise : lavez et séchez les fraises. Équeutez-les et coupez-les en morceaux. Réduisez-les en purée au mixer. Mettez le sucre dans une casserole avec 6 cl d'eau. Portez à ébullition et laissez bouillir 2 minutes. Laissez refroidir. Mélangez le sirop et la purée de fraises. Réservez.

2 Préparez le sorbet à l'orange : mixez finement la pulpe d'orange. Versez le sucre dans une casserole, ajoutez 5 cl d'eau et portez à ébullition. Ajoutez le glucose et mélangez jusqu'à dissolution. Retirez du feu et laissez tiédir avant d'ajouter la pulpe d'orange, puis mélangez bien. Versez dans une sorbetière et turbinez. Lorsque la préparation est prise, réservez au congélateur.

3 Préparez le sorbet au citron en procédant de la même manière que le sorbet à l'orange.

4 Remplissez au fur et à mesure des moules à esquimaux avec les trois préparations. Placez au congélateur 10 minutes, puis enfoncez des bâtons dans les esquimaux et remettez au congélateur jusqu'au lendemain.

Gâteau de sorbets

Préparation : 45 min - Cuisson : 30 min - Congélation : 10 min - Difficulté : ★★★ - Budget : ★★

Pour 6 personnes

Pour la crème pâtissière :
- 1 l de lait
- 1 gousse de vanille
- 6 jaunes d'œufs
- 150 g de sucre
- 2 c. à s. rases de farine

Pour le biscuit :
- 115 g de beurre
- 175 g de farine
- 50 g de sucre en poudre
- 50 g de semoule fine
- 1 noisette de beurre pour le moule

Pour la garniture :
- ½ l de sorbet au cassis
- ½ l de sorbet au citron
- ½ l de sorbet à la fraise

Vin conseillé
Montlouis sur Loire mousseux à 9 °C

Astuce
Pour gagner du temps au moment de servir, pensez à découper les carrés de glace à l'avance et conservez-les au congélateur dans un bac fermé jusqu'au moment de les utiliser.

Valeurs nutritionnelles
(pour une personne)
- Valeur énergétique : 705 kcal (2949 kJ)
- Protéines : 12,8 g
- Lipides : 25,2 g
- Glucides : 104,4 g

Menu
- Flans de légumes
- Filets de rougets à la provençale
- Gâteau de sorbets

1 Préparez la crème pâtissière : portez le lait à ébullition avec la gousse de vanille coupée en deux. Fouettez les jaunes d'œufs avec le sucre. Ajoutez la farine et fouettez bien. Versez une petite louche de lait bouillant dans le mélange, en fouettant.

2 Reversez le tout dans la casserole de lait et faites cuire doucement jusqu'à épaississement. Versez la crème dans un saladier et laissez refroidir en remuant de temps en temps.

3 Préparez le biscuit : préchauffez le four th 6 (180 °C). Mélangez le sucre et le beurre du bout des doigts en ajoutant peu à peu la farine et la semoule. Pétrissez bien la pâte.

4 Beurrez un moule carré. Garnissez le moule de pâte en lui laissant une certaine épaisseur. Enfournez et faites cuire 20 minutes. Sortez du four et laissez refroidir complètement.

5 Montez le gâteau : étalez la crème pâtissière sur le biscuit. Démoulez les sorbets et coupez-les en petits carrés avec un couteau à grande lame. Posez-les sur la crème. Mettez le gâteau au congélateur 10 minutes pour faire durcir les sorbets et servez bien glacé.

Glace à la lavande

Préparation : 20 min - Cuisson : 5 min - Congélation : 2 h - Difficulté : ★ - Budget : ★

Astuce
Préparez les coupes de glace à l'avance et réservez-les au congélateur. Les coupes prendront ainsi un aspect glacé. Saupoudrez le tout de sucre glace avant de servir.

Valeurs nutritionnelles
(pour une personne)
- Valeur énergétique : 377 kcal (1576 kJ)
- Protéines : 6,9 g
- Lipides : 21,2 g
- Glucides : 38,5 g

Menu
- Mille-feuilles de tomates à la tome fraîche
- Côtelettes d'agneau caramélisées aux herbes
- Glace à la lavande

Pour 6 personnes
- ½ l de lait
- 25 cl de crème liquide
- 200 g de sucre en poudre
- 1 cuill. à soupe de fleurs de lavande
- 8 jaunes d'œufs

Vin conseillé
Bonnezeaux à 7 °C

1 Versez le lait, la crème, la moitié du sucre et les fleurs de lavande dans une casserole. Portez à ébullition. Retirez du feu et filtrez.

2 Fouettez les jaunes d'œufs avec le reste de sucre. Versez doucement le lait bouillant sur les jaunes en fouettant sans arrêt. Reversez le tout dans la casserole et faites épaissir à feu doux. Retirez du feu et laissez refroidir.

3 Versez la crème à la lavande dans une sorbetière et turbinez pendant environ 30 minutes. Versez dans un bac à glace et placez au congélateur pendant au moins 2 heures. Au moment de servir, faites des boules et mettez-les dans des coupes.

Glace à l'huile d'olive

Préparation : 20 min - Cuisson : 15 min - Congélation : 2 h - Difficulté : ★★ - Budget : ★

Pour 6 personnes
- 1 l de lait
- 6 pruneaux
- 10 jaunes d'œufs
- 250 g de sucre en poudre
- 250 g de crème liquide très froide
- 40 g d'huile d'olive
- 6 petites branches de romarin

Vin conseillé
Crémant de Limoux à 7 °C

Astuce
Utilisez une huile d'olive vierge première pression à froid de très bonne qualité pour que cette glace exprime pleinement le parfum de l'huile d'olive.

Valeurs nutritionnelles
(pour une personne)
- Valeur énergétique : 535 kcal (2241 kJ)
- Protéines : 10,5 g
- Lipides : 31 g
- Glucides : 52 g

Menu
- Terrines à la tomate et au chèvre frais
- Travers de porc marinés aux cinq épices
- Glace à l'huile d'olive

1 Versez le lait dans une casserole et faites-le chauffer doucement. Mélangez au fouet les jaunes d'œufs et le sucre. Versez le lait chaud sur le mélange, puis reversez le tout dans la casserole. Faites cuire à feu doux sans cesser de remuer jusqu'à obtention d'une crème anglaise. Laissez tiédir.

2 Fouettez la crème liquide jusqu'à ce qu'elle ait la consistance d'une chantilly et incorporez-la à la crème. Ajoutez l'huile d'olive et mélangez délicatement.

3 Coupez les pruneaux en tout petits morceaux et ajoutez-les à la préparation. Mélangez délicatement.

4 Faites turbiner 30 minutes, puis versez la préparation dans un bac à glace et placez au congélateur pendant au moins 2 heures.

5 Au moment de servir, répartissez la glace dans des coupes, décorez d'une branche de romarin et servez aussitôt.

Glace au citron et au cassis

Préparation : 30 min - Cuisson : 10 min - Congélation : 2 h - Difficulté : ★★ - Budget : ★

Astuce
Pour que les glaces reprennent une consistance moelleuse, sortez-les du congélateur une quinzaine de minutes avant de réaliser les boules.

Valeurs nutritionnelles
(pour une personne)
- Valeur énergétique : 451 kcal (1887 kJ)
- Protéines : 3,9 g
- Lipides : 24,1 g
- Glucides : 53,2 g

Menu
- Clafoutis aux légumes
- Galettes de poisson aux herbes
- Glace au citron et au cassis

Pour 6 personnes

Pour la glace au cassis :
- 20 cl d'eau minérale
- 90 g de sucre en poudre
- 15 cl de crème liquide très froide
- 300 g de cassis

Pour la glace au citron :
- 15 cl d'eau
- Le jus de 2 citrons
- 175 g de sucre en poudre
- 2 blancs d'œufs
- 30 cl de crème fraîche

Vin conseillé
Clairette de Die à 7 °C

1 Préparez la glace au cassis : versez l'eau minérale et le sucre dans une casserole. Portez à ébullition et laissez cuire 5 minutes à petits bouillons. Retirez du feu et laissez refroidir.

2 Lavez et séchez les cassis. Mettez-les dans le bol d'un mixeur avec le sirop refroidi. Mixez jusqu'à obtention d'une purée fine. Versez dans une sorbetière et turbinez pendant 30 minutes.

3 Fouettez la crème en chantilly. Incorporez-la délicatement à la glace et placez au congélateur.

4 Préparez la glace au citron : versez le jus de citron, l'eau et le sucre dans une casserole. Portez à ébullition et laissez cuire à petits bouillons 5 minutes. Retirez du feu et laissez tiédir.

5 Pendant ce temps, montez les blancs en neige. Incorporez-les ensuite au sirop tiède, puis ajoutez la crème. Mélangez et versez dans une sorbetière. Turbinez 30 minutes. Versez la glace dans un bac et placez au congélateur pendant 2 heures au minimum.

6 Au moment de servir, faites des boules de glace et servez avec des petits biscuits secs.

Granité à la grenadine et à l'orgeat

Préparation : 20 min - Cuisson : 25 min - Congélation : 2 h - Difficulté : ★★ - Budget : ★

Pour 6 personnes
- 1 quartier de pastèque
- 5 feuilles de gélatine

Pour le granité au sirop de grenadine :
- 175 g de sucre en poudre
- 30 cl d'eau minérale
- 5 cl de sirop de grenadine

Pour le granité au sirop d'orgeat :
- 175 g de sucre en poudre
- 30 cl d'eau minérale
- 5 cl de sirop d'orgeat

Vin conseillé
St-Péray pétillant à 9 °C

Astuce
Avant de servir, saupoudrez les granités de sucres cristallisés de couleurs différentes.

Valeurs nutritionnelles
(pour une personne)
- Valeur énergétique : 333 kcal (1395 kJ)
- Protéines : 1,1 g
- Lipides : 0,2 g
- Glucides : 80,4 g

Menu
- Cake aux aubergines et aux poivrons rouges
- Curry de porc à la tomate
- Granité à la grenadine et à l'orgeat

1 Préparez le granité au sirop de grenadine : versez le sucre et l'eau dans une casserole. Mélangez jusqu'à dissolution du sucre. Portez à ébullition et laissez bouillir 10 minutes. Retirez du feu, ajoutez le sirop de grenadine et laissez refroidir. Versez dans un plat. Placez au congélateur pendant 2 heures en mélangeant régulièrement à la fourchette pour éviter la cristallisation.

2 Préparez le granité au sirop d'orgeat de la même façon.

3 Préparez la gelée de pastèque : faites ramollir la gélatine dans de l'eau froide. Épluchez et épépinez la pastèque. Réservez une tranche au frais sous film alimentaire. Mixez le reste pour la réduire en purée. Versez-la dans une casserole et faites-la chauffer en remuant. Aux premiers frémissements, retirez du feu.

4 Essorez les feuilles de gélatine et faites-les fondre en remuant dans la purée de pastèque. Répartissez la préparation dans des verres hauts et placez au frais jusqu'au moment de servir.

5 Répartissez le granité au sirop de grenadine jusqu'à la moitié des verres. Recouvrez de granité au sirop d'orgeat et servez aussitôt décoré de lamelles de pastèque.

Granité de pêches

Préparation : 20 min - Cuisson : 15 min - Congélation : 2 h - Difficulté : ★★ - Budget : ★★

Astuce
Utilisez de préférence des pêches blanches, plus juteuses et plus savoureuses que les pêches jaunes. Cette recette peut aussi être préparée avec des pêches jaunes, des nectarines, des abricots...

Pour 6 personnes
- 1 kg de pêches blanches
- 2 citrons
- 300 g de framboises
- 150 g de sucre en poudre
- 1 cuill. à soupe de sucre en poudre

Valeurs nutritionnelles
(pour une personne)
- Valeur énergétique : 221 kcal (925 kJ)
- Protéines : 1,6 g
- Lipides : 0,3 g
- Glucides : 52,1 g

Menu
- Ricotta en rouleaux de printemps
- Porc à l'aigre-doux de poivrons
- Granité de pêches

Vin conseillé
Coteaux du Layon à 7 °C

1 Pelez les pêches et détaillez-les en petits quartiers. Réservez une douzaine de quartiers au frais sous film alimentaire. Coupez les autres en morceaux.

2 Versez les 150 g de sucre dans une casserole. Ajoutez ¼ l d'eau et portez à ébullition. Ajoutez les morceaux de pêches, mélangez et laissez cuire 10 minutes. Retirez du feu et laissez tiédir. Pressez le jus des citrons.

3 Versez les morceaux de pêches et leur sirop de cuisson dans le bol d'un mixeur. Ajoutez le jus de citron après en avoir réservé deux cuillères à soupe et faites tourner jusqu'à obtention d'une purée.

4 Versez la purée dans un bac à glace et placez au congélateur. Laissez prendre pendant 2 heures en mélangeant à la fourchette toutes les 20 minutes environ.

5 Écrasez grossièrement les framboises à la fourchette, ajoutez le sucre restant et le jus de citron réservé. Mélangez.

6 Répartissez les framboises et le granité dans des verres et servez aussitôt.

Parfait aux coquelicots

Préparation : 20 min - Cuisson : 5 min - Congélation : 2 h - Difficulté : ★★ - Budget : ★

Pour 6 personnes

- 40 cl d'eau
- 1 citron
- 230 g de sucre semoule
- 350 g de fromage blanc à 40% de matière grasse
- 1 cuill. à soupe de graines de pavot
- 1 cuill. à soupe de sirop de coquelicot
- Quelques pétales de coquelicots

Vin conseillé
Saumur blanc mousseux à 9 °C

Astuce
Accompagnez les parfaits d'une salade de fruits frais parsemée de graines de pavot et de citronnelle ciselée.

Valeurs nutritionnelles
(pour une personne)
- Valeur énergétique : 237 kcal (990 kJ)
- Protéines : 4,5 g
- Lipides : 4,7 g
- Glucides : 43,3 g

Menu
- Terrine à la brousse et aux légumes
- Lapin aux épices douces
- Parfait aux coquelicots

1 Râpez finement le zeste du citron, puis pressez le citron pour obtenir 2 cl de jus.

2 Dans une casserole, mélangez l'eau, le sirop de coquelicot et le sucre semoule et ajoutez ensuite le zeste de citron. Portez à ébullition, puis laissez refroidir.

3 Ajoutez le fromage blanc, les graines de pavot et le jus de citron en remuant bien jusqu'à ce que le mélange soit homogène. Versez dans une sorbetière et turbinez 30 minutes.

4 Pendant ce temps, chemisez six moules individuels de papier sulfurisé. Répartissez la glace dans les moules en tassant bien. Placez au congélateur pendant 2 heures.

5 Au moment de servir, démoulez les parfaits dans des assiettes, décorez de pétales de coquelicot et servez aussitôt.

Petites verrines glacées de fraises au sirop

Préparation : 30 min - Cuisson : 20 min - Congélation : 2 h - Difficulté : ★★ - Budget : ★★

Astuce

Accompagnez de sablés : mélangez un œuf, 125 g de sucre et un sachet de sucre vanillé. Ajoutez 200 g de farine, 125 g de beurre en parcelles et malaxez bien. Réalisez une boule et placez-la 1 heure au réfrigérateur. Étalez la pâte, découpez les sablés et faites cuire ¼ heure à th 6 (210 °C) en surveillant bien.

Valeurs nutritionnelles
(pour une personne)
- Valeur énergétique : 272 kcal (1138 kJ)
- Protéines : 1,2 g
- Lipides : 8 g
- Glucides : 47,8 g

Menu
- Sushis
- Porc sauté aux légumes
- Petites verrines glacées de fraises au sirop

Pour 6 personnes

Pour la glace :
- 20 cl d'eau minérale
- 90 g de sucre en poudre
- 15 cl de crème liquide très froide
- 300 g de fraises

Pour les fraises au sirop :
- 300 g de fraises
- 150 g de sucre en poudre
- 15 cl d'eau
- 3 gouttes d'extrait de bergamote

Vin conseillé
Vouvray mousseux à 9 °C

1 Préparez la glace : versez l'eau minérale et le sucre dans une casserole. Portez à ébullition et laissez cuire 5 minutes à petits bouillons. Retirez du feu et laissez refroidir.

2 Lavez, séchez et équeutez les fraises. Mettez-les dans le bol d'un mixeur avec le sirop refroidi. Mixez jusqu'à obtention d'une purée fine. Versez-la dans une sorbetière et turbinez pendant 30 minutes.

3 Fouettez la crème en chantilly. Incorporez-la délicatement à la glace et placez au congélateur pendant 2 heures.

4 Préparez les fraises au sirop : versez l'eau et l'extrait de bergamote dans une casserole. Ajoutez le sucre et mélangez bien. Portez à ébullition et laissez cuire 10 minutes à petits frémissements.

5 Pendant ce temps, lavez, équeutez et coupez les fraises en petits morceaux. Ajoutez dans le sirop et faites cuire 5 minutes en remuant délicatement. Retirez du feu, versez le tout dans un saladier et laissez refroidir.

6 Au moment de servir, réalisez des boules de glace et répartissez-les dans des verres hauts. Arrosez-les de fraises et de sirop et servez aussitôt.

Profruiteroles

Préparation : 35 min - Cuisson : 40 min - Difficulté : ★★ - Budget : ★★

Pour 6 personnes

Pour la pâte à choux :
- 150 g de farine
- 4 œufs
- 125 g de beurre
- 1 cuill. à soupe de sucre en poudre
- 2 pincées de sel

Pour la garniture :
- ¼ l de glace à la pistache
- ¼ l de glace à la fraise
- ¼ l de glace au cassis

Vin conseillé
Blanquette de Limoux à 7 °C

Astuce
Trempez le dessus des chapeaux des choux dans un sirop léger, puis dans des graines de sésame, des graines de pavot, du sucre cristallisé ou des vermicelles de chocolat. Laissez bien sécher avant de les remettre sur les choux.

Valeurs nutritionnelles
(pour une personne)
- Valeur énergétique : 516 kcal (2158 kJ)
- Protéines : 10,7 g
- Lipides : 27,7 g
- Glucides : 54,4 g

Menu
- Tomates farcies au chèvre frais et au thym
- Côtelettes d'agneau caramélisées aux herbes
- Profruiteroles

1 Préparez les choux : préchauffez le four th 7 (210 °C). Coupez le beurre en petits morceaux dans une casserole. Ajoutez le sucre, le sel, ¼ l d'eau et faites chauffer.

2 Hors du feu, ajoutez la farine d'un seul coup en fouettant. Remettez sur le feu et faites cuire en mélangeant vivement jusqu'à ce que la pâte se détache de la casserole.

3 Retirez la casserole du feu et incorporez les œufs entiers un par un en fouettant avec un batteur électrique.

4 Mettez la pâte dans une poche munie d'une douille lisse. Faites des petites boules de pâte sur une feuille de papier sulfurisé humidifié, en les espaçant bien car elles gonflent à la cuisson. Enfournez et faites cuire 30 minutes.

5 Sortez les choux du four et laissez-les refroidir sur une grille. Coupez les choux aux trois quarts de leur hauteur. Garnissez-les de glace et couvrez des chapeaux. Servez aussitôt.

Sorbet à la pêche et fromage blanc à la cannelle

Préparation : 20 min - Cuisson : 5 min - Congélation : 2 h - Difficulté : ★★ - Budget : ★★

Astuce
Arrosez les boules de glace d'un coulis de pêche et d'un trait de Muscat de Frontignan.

Pour 6 personnes
- 250 g de fromage blanc
- 80 g de sucre en poudre
- 1 cuill. à soupe de cannelle en poudre

Pour le sorbet à la pêche :
- 500 g de pêches
- 150 g de sucre en poudre
- 30 g de glucose
- Le jus de 2 citrons

Valeurs nutritionnelles
(pour une personne)
- Valeur énergétique : 257 kcal (1076 kJ)
- Protéines : 4 g
- Lipides : 1,4 g
- Glucides : 56,2 g

Menu
- Omelette aux légumes grillés
- Gratin de pommes de terre au thym
- Sorbet à la pêche et fromage blanc à la cannelle

Vin conseillé
Muscat de Frontignan à 7 °C

1 Préparez le sorbet : pelez les pêches et coupez-les en morceaux. Passez-les au mixeur pour les réduire en purée.

2 Versez le sucre dans une casserole, ajoutez 20 cl d'eau et portez à ébullition. Ajoutez le glucose et mélangez jusqu'à dissolution. Retirez la casserole du feu et versez le jus de citron en fouettant, puis ajoutez la purée de pêches. Mélangez bien.

3 Versez la préparation dans une sorbetière et turbinez. Quand le sorbet est pris, versez-le dans un bac à glace, couvrez et placez au congélateur pendant au moins 2 heures.

4 15 minutes avant de servir, sortez le sorbet du congélateur.

5 Mélangez le fromage blanc, le sucre et la cannelle. Répartissez-le dans des coupes. Ajoutez une ou deux boules de sorbet et servez aussitôt.

Trio de sorbets

Préparation : 1 h - Cuisson : 30 min - Réfrigération : 2 h - Difficulté : ★★★ - Budget : ★★

Pour 6 personnes
Sorbet orange/passion
- 1 kg d'oranges
- 2 fruits de la passion
- 175 g de sucre
- 10 g de glucose

Sorbet groseille/lavande
- 500 g de groseilles
- 1 cuill. à café de fleurs de lavande
- 200 g de sucre
- 20 g de glucose
- ½ citron

Sorbet cerise/rose :
- 500 g de cerises
- 150 g de sucre
- 30 g de glucose
- Le jus de 2 citrons
- 2 cuill. à soupe d'eau de rose

Vin conseillé
Crémant de Loire blanc à 9 °C

Astuce
Ajoutez le glucose dans le mélange en ébullition et mélangez jusqu'à dissolution complète avant de retirer du feu. Pour réaliser facilement les boules, sortez les sorbets du congélateur 15 minutes avant de servir.

Valeurs nutritionnelles
(pour une personne)
- Valeur énergétique : 503 kcal (2106 kJ)
- Protéines : 2,7 g
- Lipides : 0,5 g
- Glucides : 120 g

Menu
- Mousse de courgettes au pesto
- Cheeseburgers
- Trio de sorbets

1 Pour le sorbet orange/passion : hachez le zeste de deux oranges et portez-le à ébullition avec 8 cl d'eau et le sucre. Faites cuire à petit feu jusqu'à ce que le zeste soit confit. Laissez refroidir. Mixez ensemble la pulpe des oranges et des fruits de la passion. Ajoutez 10 cl d'eau au sirop de sucre et au zeste confit, portez à ébullition, puis ajoutez le glucose. Laissez tiédir avant d'incorporer la pulpe de fruits.

2 Pour le sorbet groseille/lavande : mixez les groseilles. Portez à ébullition le sucre, 20 cl d'eau et les fleurs de lavande, puis ajoutez le glucose. Laissez refroidir. Filtrez le sirop, puis ajoutez le jus de citron et les groseilles.

3 Pour le sorbet cerise/rose : mixez les cerises après les avoir dénoyautées, puis passez-les au tamis pour n'en récolter que la pulpe. Ajoutez l'eau de rose. Portez à ébullition le sucre avec 20 cl d'eau, puis ajoutez le glucose. Hors du feu, versez le jus de citron en fouettant, puis ajoutez la purée de cerises.

4 Versez chaque préparation séparément dans une sorbetière et turbinez 30 minutes. Mettez chaque sorbet dans un bac, couvrez et placez au congélateur pendant au moins 2 heures. Décorez les boules de sorbets de feuilles de menthe et de citronnelle.

Barquettes de chocolat aux framboises

Préparation : 10 min - Cuisson : 5 min - Réfrigération : 12 h - Difficulté : ★ - Budget : ★

Astuce
Pour vous faciliter la tâche, commencez par disposer les barquettes sur un plateau avant de les remplir. Vous pourrez ainsi les transporter plus facilement jusqu'au réfrigérateur.

Valeurs nutritionnelles
(pour une personne)
- Valeur énergétique : 502 kcal (2102 kJ)
- Protéines : 4,5 g
- Lipides : 39,3 g
- Glucides : 29,8 g

Menu
- Langoustines safranées aux pois gourmands
- Rôti de veau farci au riz sauvage et aux myrtilles
- Barquettes de chocolat aux framboises

Pour 6 personnes
- 300 g de chocolat noir
- 50 g de beurre
- 30 cl de crème fraîche épaisse
- 200 g de framboises

Vin conseillé
Blanquette de Limoux à 7 °C

1 Versez la crème dans une casserole et faites-la chauffer doucement. Râpez le chocolat dans un saladier. Ajoutez le beurre en parcelles.

2 Aux premiers frémissements de la crème, versez-la sur le chocolat et le beurre et faites fondre le chocolat en remuant.

3 Versez un demi-centimètre de préparation au chocolat dans des petites barquettes en papier sulfurisé et laissez reposer 5 minutes, puis posez une framboise dans chaque barquette, en l'enfonçant très légèrement dans le chocolat.

4 Placez au frais pendant 12 heures avant de servir au café.

Biscuits aux framboises

Préparation : 35 min - Cuisson : 45 min - Difficulté : ★★ - Budget : ★

Pour 6 personnes
- 3 œufs
- 100 g de sucre en poudre
- 100 g de farine
- ½ sachet de levure
- 100 g de beurre
- 1 pincée de sel
- 1 noisette de beurre pour le moule

Pour la garniture :
- 150 g de framboises
- 80 g de pignons de pin
- 3 cuill. à soupe de gelée de framboises
- 1 citron
- Sucre glace

Vin conseillé
Saumur rosé mousseux à 11 °C

Astuce
Vous pouvez aussi répartir les framboises dans le fond du moule beurré, verser ensuite la pâte par-dessus et parsemer de pignons, avant d'enfourner.

Valeurs nutritionnelles
(pour une personne)
- Valeur énergétique : 386 kcal (1615 kJ)
- Protéines : 8,4 g
- Lipides : 23 g
- Glucides : 35,2 g

Menu
- Nems
- Magret de canard laqué
- Biscuits aux framboises

1 Préchauffez le four th 6 (180 °C). Faites fondre le beurre et laissez-le tiédir. Cassez les œufs entiers dans un saladier avec le sucre et placez le saladier dans un bain-marie. Fouettez sans arrêt jusqu'à ce que le mélange double de volume et soit bien blanc. Retirez du bain-marie et continuez à fouetter jusqu'à complet refroidissement.

2 Tamisez la farine, le sel et la levure au-dessus du saladier et mélangez très délicatement avec une spatule en bois. Incorporez alors doucement le beurre fondu.

3 Chemisez un grand moule rectangulaire de papier sulfurisé beurré. Versez-y la pâte et enfournez. Faites cuire 30 minutes. Sortez le biscuit du four, démoulez-le sur une grille et laissez refroidir.

4 Pendant ce temps, pressez le citron et versez le jus dans une casserole. Ajoutez la gelée de framboises et faites chauffer doucement.

5 Imbibez le biscuit de gelée de framboises au citron, puis découpez-le en petits rectangles. Disposez-les dans un plat. Posez les framboises sur les biscuits et parsemez de pignons. Servez saupoudré de sucre glace.

Financiers aux pistaches et aux amandes

Préparation : 20 min - Cuisson : 20 min - Difficulté : ★★ - Budget : ★★

Astuce
Les financiers accompagnent parfaitement les crèmes ou les mousses au chocolat. Vous pouvez aussi les parsemer de pépites de chocolat, de fruits rouges, de pistaches concassées...

Valeurs nutritionnelles
(pour une personne)
- Valeur énergétique : 637 kcal (2667 kJ)
- Protéines : 9,1 g
- Lipides : 44,8 g
- Glucides : 47,7 g

Menu
- Tartare de daurade et de saumon
- Cannellonis végétariens
- Financiers aux pistaches et aux amandes

Pour 6 personnes
- 6 blancs d'œufs
- 200 g de beurre
- 200 g de sucre glace
- 80 g de farine
- 20 g de poudre d'amande
- 60 g de poudre de pistache
- 80 g d'amandes effilées
- 1 cuill. à soupe de farine pour les moules
- 1 noisette de beurre pour les moules

Vin conseillé
Muscat de Rivesaltes à 7 °C

1 Préchauffez le four th 6 (180 °C). Faites fondre le beurre jusqu'à ce qu'il prenne une couleur ambrée. Retirez-le du feu et laissez-le tiédir.

2 Fouettez les blancs au fouet à main jusqu'à ce qu'ils soient bien mousseux. Ajoutez le sucre glace en pluie et mélangez bien. Incorporez ensuite la poudre d'amande, la poudre de pistache et la farine tamisée. Mélangez bien avec une spatule en bois.

3 Versez le beurre tiédi dans la préparation au travers d'une petite passoire. Remuez doucement jusqu'à obtention d'une pâte lisse et sans grumeaux.

4 Beurrez et farinez des petits moules à financiers rectangulaires ou ronds. Remplissez-les aux trois quarts de pâte. Parsemez d'amandes effilées. Posez les moules sur la grille du four et enfournez. Faites cuire 15 minutes.

5 Sortez les financiers, démoulez-les sur une grille et servez-les tièdes ou froids avec une crème anglaise parfumée à la vanille.

Macarons aux framboises

Préparation : 1 h - Cuisson : 30 min - Difficulté : ★★★ - Budget : ★

Pour 6 personnes

Pour les macarons :
- 150 g de farine
- 150 g de poudre d'amande
- 150 g de sucre en poudre
- 150 g de beurre
- 6 blancs d'œufs
- 1 cuill. à soupe d'eau de rose
- 3 gouttes de colorant alimentaire rouge

Pour la garniture :
- ¼ l de lait
- 2 jaunes d'œufs
- 20 g de farine
- 100 g de framboises
- 100 g de beurre ramolli
- 100 g de sucre en poudre

Vin conseillé
Rivesaltes tuilé à 15 °C

Astuce

Pour bien réussir le mélange de la crème aux framboises avec le beurre, les deux préparations doivent être tièdes à une température identique.

Valeurs nutritionnelles
(pour une personne)
- Valeur énergétique : 787 kcal (3295 kJ)
- Protéines : 14,9 g
- Lipides : 48,7 g
- Glucides : 70 g

Menu
- Salade de la mer
- Brochettes de St-Jacques au lard fumé
- Macarons aux framboises

1 Préparez les macarons : mélangez la farine, le sucre et la poudre d'amande. Incorporez le beurre ramolli, l'eau de rose et le colorant alimentaire. Fouettez les blancs en neige et incorporez-les également.

2 Préchauffez le four th 6 (180 °C). À l'aide d'une douille, faites des petits tas de pâte sur une plaque recouverte de papier sulfurisé. Badigeonnez la surface à l'aide d'un pinceau trempé dans de l'eau, en appuyant légèrement. Faites cuire 12 minutes. Versez un demi-verre d'eau froide entre la plaque et le papier sulfurisé. Après 3 minutes, décollez les biscuits. Recommencez jusqu'à épuisement de la pâte.

3 Préparez la garniture : portez le lait à ébullition. Fouettez les jaunes d'œufs avec la moitié du sucre. Ajoutez la farine, puis versez le lait chaud en fouettant sans arrêt. Transvasez le mélange dans la casserole et faites cuire jusqu'à épaississement. Laissez la crème refroidir en remuant régulièrement.

4 Mixez les framboises et passez-les au tamis. Fouettez le beurre ramolli avec le reste de sucre. Ajoutez la purée de framboises à la crème, incorporez le beurre et mélangez bien.

5 A l'aide d'une poche à douille lisse, garnissez la moitié des macarons de crème et recouvrez d'un deuxième macaron en pressant doucement. Gardez au frais jusqu'au moment de servir.

Madeleines à la fleur d'oranger

Préparation : 10 min - Cuisson : 10 min - Difficulté : ★★ - Budget : ★

Astuce
Pour fariner très légèrement les moules, utilisez une passoire très fine et secouez-la au dessus des moules. Si vous réalisez les madeleines dans des moules traditionnels à madeleines, augmentez le deuxième temps de cuisson de 2 minutes environ.

Valeurs nutritionnelles
(pour une personne)
- Valeur énergétique : 299 kcal (1250 kJ)
- Protéines : 3,4 g
- Lipides : 21,1 g
- Glucides : 23 g

Menu
- Moules gratinées à la tomate et au basilic
- Verrines de légumes d'été
- Madeleines à la fleur d'oranger

Pour 6 personnes
- 125 g de beurre
- 3 œufs
- 130 g de sucre en poudre
- 150 g de farine
- ½ sachet de levure
- 1 cuill. à soupe d'eau de fleur d'oranger
- 1 pincée de sel
- 1 cuill. à soupe de farine pour les moules
- 1 noisette de beurre pour les moules

Vin conseillé
Muscat de Beaumes de Venise à 9 °C

1 Faites fondre le beurre et laissez-le refroidir. Préchauffez le four th 7/8 (220 °C).

2 Fouettez les œufs avec le sucre et le sel. Ajoutez la farine, la levure, l'eau de fleur d'oranger et le beurre fondu. Mélangez bien.

3 Beurrez et farinez des petites moules et remplissez-les de pâte. Enfournez et faites cuire 5 minutes, puis baissez le four th 6/7 (200 °C) et poursuivez la cuisson 5 minutes.

4 Démoulez les madeleines sur une grille et laissez-les refroidir avant de servir.

Mini-babas au rhum

Préparation : 40 min - Cuisson : 30 min - Repos : 1 h 55 - Difficulté : ★★★ - Budget : ★

Pour 6 personnes

Pour les babas :
- 10 g de levure de boulanger
- 90 g de beurre
- 165 g de farine
- 2 œufs
- 20 g de sucre en poudre
- Sel
- 1 cuill. à soupe de farine pour les moules
- 1 noisette de beurre pour les moules

Pour le sirop :
- 200 g de sucre en poudre
- 40 cl d'eau
- 1 cuill. à soupe de rhum

Vin conseillé
Loupiac à 7 °C

Astuce

Au moment de servir, montez 20 cl de crème en chantilly. Ajoutez une cuillère à soupe de sucre glace quand la chantilly est bien ferme. Garnissez les babas de crème fouettée et décorez de petits fruits rouges.

Valeurs nutritionnelles
(pour une personne)
- Valeur énergétique : 405 kcal (1696 kJ)
- Protéines : 5,1 g
- Lipides : 15,7 g
- Glucides : 59,6 g

Menu
- Gambas à la persillade
- Tian de tomates et de courgettes
- Mini-babas au rhum

1 Émiettez et délayez la levure de boulanger dans un peu d'eau tiède. Laissez fondre 10 minutes. Coupez le beurre en petits morceaux et laissez-le ramollir.

2 Tamisez la farine et le sel dans une jatte. Creusez une fontaine au centre. Battez les œufs et versez-les dans la fontaine avec le sucre et la levure. Pétrissez bien jusqu'à obtention d'une pâte lisse et élastique. Posez les morceaux de beurre ramolli par-dessus, couvrez d'un linge et laissez reposer pendant 45 minutes dans un endroit chaud.

3 Beurrez et farinez des tout petits moules. Pétrissez à nouveau la pâte pour y introduire le beurre, puis répartissez-la dans les moules en ne les remplissant qu'à mi-hauteur. Laissez gonfler 1 heure.

4 Préchauffez le four th 6/7 (200 °C). Enfournez les moules et faites cuire 15 minutes. Sortez les babas du four, démoulez-les aussitôt sur une grille et laissez-les refroidir.

5 Préparez le sirop : versez le sucre et l'eau dans une casserole et portez à ébullition. Baissez le feu et laissez cuire à petits frémissements pendant 15 minutes. Retirez du feu et ajoutez le rhum. Placez alors aussitôt les babas dans des petites assiettes légèrement creuses et arrosez-les généreusement de sirop au rhum.

Mini-cakes à la fraise

Préparation : 20 min - Cuisson : 20 min - Difficulté : ★★ - Budget : ★

Astuce
Remplissez les moules de pâte aux deux tiers de leur hauteur, enfoncez une petite fraise au centre de la pâte, puis remplissez le reste des moules. Réalisez des mini-cakes avec tous les fruits d'été.

Valeurs nutritionnelles
(pour une personne)
- Valeur énergétique : 298 kcal (1248 kJ)
- Protéines : 2,3 g
- Lipides : 23,7 g
- Glucides : 18,1 g

Menu
- Salade croquante au magret
- Gratin d'aubergines à l'italienne
- Mini-cakes à la fraise

Pour 6 personnes
- 120 g de fraises
- 150 g de beurre
- 100 g de sucre en poudre
- 225 g de farine
- ½ sachet de levure
- 2 œufs
- 5 cl de rhum
- 1 pincée de sel
- 1 noisette de beurre pour les moules
- 1 cuill. à soupe de farine pour les moules

Vin conseillé
Monbazillac à 7 °C

1 Préchauffez le four th 7 (210 °C). Lavez et équeutez les fraises. Coupez-les en tout petits morceaux.

2 Travaillez le beurre à la spatule jusqu'à ce qu'il prenne une consistance crémeuse. Ajoutez alors le sucre et le sel. Continuez à mélanger jusqu'à ce que la préparation soit onctueuse.

3 Incorporez les œufs un par un, puis la farine d'un seul coup. Mélangez bien. Ajoutez les morceaux de fraises et mélangez délicatement.

4 Répartissez la pâte dans des petits moules beurrés et farinés. Enfournez et faites cuire 10 minutes, puis baissez le four th 5 (150 °C) et poursuivez la cuisson 10 minutes.

5 Démoulez dès la sortie du four et laissez refroidir sur une grille. Servez tiède ou froid.

Petits moelleux à la noix de coco

Préparation : 20 min - Cuisson : 15 min - Difficulté : ★★ - Budget : ★

Pour 6 personnes

- 4 œufs
- 100 g de sucre en poudre
- 100 g de farine
- 100 g de noix de coco râpée
- 50 g d'amandes effilées
- 5 cl de rhum blanc
- 1 cuill. à soupe de farine pour les moules
- 1 noisette de beurre pour les moules

Vin conseillé
Côtes du Jura mousseux à 7 °C

Astuce
Pour une variante tendance, arrosez les moelleux d'un trait de jus de citron au basilic haché, juste avant de servir.

Valeurs nutritionnelles
(pour une personne)
- Valeur énergétique : 342 kcal (1430 kJ)
- Protéines : 8,5 g
- Lipides : 19,9 g
- Glucides : 31,2 g

Menu
- Dips de crudités à la sauce aux anchois
- Curry antillais aux fruits de mer
- Petits moelleux à la noix de coco

1 Préchauffez le four th 6 (180 °C). Beurrez et farinez des petits moules individuels.

2 Séparez les blancs des jaunes d'œufs. Fouettez les jaunes avec le sucre jusqu'à ce que le mélange blanchisse. Ajoutez 80 g de noix de coco râpée et le rhum, puis mélangez bien.

3 Montez les blancs en neige et incorporez-les aux jaunes d'œufs. Tamisez la farine sur la pâte et mélangez délicatement.

4 Répartissez la pâte dans les moules. Parsemez d'amandes effilées et du reste de noix de coco râpée. Enfournez et faites cuire 15 minutes.

5 À la sortie du four, démoulez immédiatement les petits moelleux sur une grille et laissez-les refroidir. Servez-les tièdes ou froids.

Petits sablés à la lavande

Préparation : 20 min - Cuisson : 15 min - Réfrigération : 12 h - Difficulté : ★ - Budget : ★

Astuce

Les sablés se gardent très bien pendant plusieurs jours, enfermés dans une boîte en métal et maintenus dans un endroit sec et frais. Variez les parfums de vos sablés en fonction des plats : cannelle, bergamote...

Valeurs nutritionnelles

(pour une personne)
- Valeur énergétique : 369 kcal (1545 kJ)
- Protéines : 4,7 g
- Lipides : 18,5 g
- Glucides : 44,9 g

Menu
- Salade de figues et de melon
- Risotto aux petits légumes et au poivre rose
- Petits sablés à la lavande

Pour 6 personnes
- 120 g de beurre salé
- 1 œuf
- 1 jaune d'œuf
- 120 g de sucre en poudre
- 190 g de farine
- 2 sachets de levure
- 1 cuill. à soupe de fleurs de lavande
- 1 cuill. à soupe de farine pour le plan de travail

Boisson conseillée
Café ou Thé parfumé

1 Fouettez le sucre, l'œuf et le jaune d'œuf jusqu'à ce que le mélange soit mousseux. Ajoutez le beurre ramolli, la farine, la levure et enfin les fleurs de lavande. Pétrissez bien et faites une boule. Emballez-la dans du film alimentaire et mettez-la au frais jusqu'au lendemain.

2 Le jour même, préchauffez le four th 6 (180 °C).

3 Étalez la pâte sur un plan de travail fariné sur une épaisseur de 1 cm. Découpez-y des ronds à l'aide d'un emporte-pièce et posez-les sur la plaque du four recouverte de papier sulfurisé. Enfournez et faites cuire 15 minutes.

4 Sortez les sablés du four et laissez-les refroidir sur une grille. Servez-les à l'heure du thé.

Index

Difficulté :
★ Très facile
★★ Facile
★★★ Difficile

Budget :
★ Pas cher
★★ Abordable
★★★ Cher

Les entrées

	Temps de préparation	Temps de cuisson	Repos réfrig.	Difficulté	Budget	Vin	Page
Apéritifs							
Boulettes de chèvre aromatisées	15 min			★	★	Chablis à 9 °C	6
Canapés de crevettes au guacamole	20 min			★★	★★	Cheverny blanc à 9 °C	7
Canapés de saumon au chèvre frais	15 min			★	★★	Bandol blanc à 9 °C	8
Cocktail Morning	5 min			★	★★		9
Dips de crudités à la sauce aux anchois	15 min			★	★	Anjou blanc sec à 9 °C	10
Hoummos	10 min	10 min		★★	★	Rosé de Provence à 9 °C	11
Jus de citron au gingembre	10 min	2 min	15 min	★	★		12
Mini-cakes aux olives, au thym et au romarin	15 min	25 min		★	★	Cassis blanc à 9 °C	13
Omelette roulée au jambon	15 min	6 min		★★	★	Anjou rouge à 12 °C	14
Toasts à l'avocat et au crabe	10 min	5 min		★	★★	Santenay blanc à 13 °C	15
Toasts aux figues et au fromage frais	15 min			★	★★	Cassis blanc à 9 °C	16
Tomates cerises farcies	30 min			★★	★	Bourgogne-Aligoté à 9 °C	17
Trio de cocktails	10 min			★	★★		18
Tuiles au parmesan	5 min	10 min		★	★	Coteaux du Languedoc blanc à 11 °C	19
Verrines de fruits frais	20 min			★	★★		20
Soupes, gaspachos							
Consommé froid de roquette	15 min	10 min	2 h	★	★	Muscadet-Sèvre et Maine à 9 °C	21
Crème de poivrons	20 min	40 min	2 h	★★	★	Coteaux du Languedoc blanc à 11 °C	22
Crème glacée de carottes et de tomates	30 min	35 min	2 h	★	★	Rully blanc à 9 °C	23
Gaspacho au chorizo	30 min	5 min	2 h	★★	★	Tavel à 9 °C	24
Soupe de poisson	20 min	25 min		★★	★★	Côtes de Provence blanc à 9 °C	25
Velouté glacé de petits pois	20 min	30 min	2 h	★	★	Bourgogne-Aligoté à 9 °C	26

Les entrées

	Temps de préparation	Temps de cuisson	Repos réfrig.	Difficulté	Budget	Vin	Page
Fajitas, crêpes							
Fajitas	30 min	1 h 05	12 h	★★	★★	Bordeaux rouge à 15 °C	27
Fajitas au tartare d'avocat	20 min	20 min		★	★	Minervois blanc à 9 °C	28
Ricotta en rouleaux de printemps	35 min			★★	★	Mâcon blanc à 11 °C	29
Tacos	20 min	20 min		★	★★	St-Chinian rouge à 15 °C	30
Feuilletés, bricks							
Brick à l'œuf	15 min	10 min		★★	★	Touraine rouge à 15 °C	31
Brick gratinée aux petits légumes	30 min	40 min		★★	★	Côtes du Rhône rouge à 15 °C	32
Croustillants de saumon au gingembre	20 min	15 min	30 min	★	★★	Entre-deux-Mers à 9 °C	33
Mille-feuilles de tomate au chèvre frais	40 min	40 min	1 h	★★	★	Bordeaux blanc sec à 9 °C	34
Nems	30 min	20 min		★★	★	Chardonnay à 9 °C	35
Flans, clafoutis							
Clafoutis au saumon fumé et à l'aneth	20 min	30 min		★	★★	Graves blanc à 9 °C	36
Clafoutis aux courgettes	20 min	35 min		★★	★	Corbières blanc à 13 °C	37
Clafoutis aux légumes	25 min	1 h 10		★	★	Bandol rosé à 9 °C	38
Clafoutis aux olives et aux anchois	15 min	20 min		★	★	Minervois blanc à 9 °C	39
Flan au parmesan et aux oignons confits	15 min	1 h 05		★★	★	Anjou blanc sec à 9 °C	40
Flans aux poivrons et aux courgettes	30 min	45 min		★★	★	Bordeaux blanc sec à 9 °C	41
Flans de légumes	40 min	55 min		★	★	Pouilly Fumé à 12 °C	42
Tartes, quiches							
Mini-pizzas au chèvre frais	15 min	10 min		★	★★	Bourgogne blanc à 9 °C	43
Quiches aux légumes	30 min	1 h 10		★★	★★	Corbières rosé à 9 °C	44
Tarte à la brousse et aux herbes	15 min	25 min		★	★	Graves blanc à 9 °C	45
Tarte au thon	15 min	35 min		★	★	Côtes de Provence rosé à 9 °C	46
Tarte aux légumes et à la ricotta	15 min	30 min		★	★	Alsace-Pinot blanc à 9 °C	47
Tarte Tatin aux courgettes	20 min	35 min		★★	★	Bandol rosé à 9 °C	48
Tartelettes à la tomate et au thym	15 min	20 min		★	★	Sauvignon à 9 °C	49
Tartelettes aux aubergines	30 min	45 min		★	★	Anjou rouge à 12 °C	50
Tielles sétoises	40 min	1 h 15	2 h	★★	★★	Alsace-Riesling à 9 °C	51

Les entrées

Terrines, cakes, pains

	Temps de préparation	Temps de cuisson	Repos réfrig.	Difficulté	Budget	Vin	Page
Brioche de chorizo aux olives	40 min	45 min	2 h 15	★★★	★	Cassis blanc à 9 °C	52
Cake à la feta et aux olives	15 min	40 min		★	★	St-Véran à 12 °C	53
Cake au chèvre et à la courgette	20 min	50 min		★	★	Cheverny blanc à 9 °C	54
Cake aux aubergines et aux poivrons rouges	45 min	1 h 35		★★	★	Saumur-Champigny à 16 °C	55
Pain de poisson	35 min	55 min		★★	★★	Coteaux du Languedoc blanc à 11 °C	56
Pâté en croûte	20 min	40 min		★★	★★	Cahors rouge à 15 °C	57
Terrine à la brousse et aux légumes	30 min	15 min	2 h	★★	★★	Muscadet-Sèvre et Maine à 9 °C	58
Terrine d'artichaut au saumon	40 min	30 min	2 h	★★	★★	Alsace-Sylvaner à 9 °C	59
Terrines à la tomate et au chèvre frais	20 min		1 h	★★	★	Chablis à 9 °C	60

Légumes

	Temps de préparation	Temps de cuisson	Repos réfrig.	Difficulté	Budget	Vin	Page
Bavarois de poivrons aux gambas	30 min	30 min	2 h	★★	★★	Cassis blanc à 9 °C	61
Carpaccio de légumes	20 min		30 min	★★	★	Anjou-Villages à 12 °C	62
Caviar de poivrons "del piquillo"	10 min			★	★	Vin de pays d'Oc blanc à 9 °C	63
Charlotte aux poireaux et au chèvre	30 min	45 min	2 h	★★	★	Menetou-Salon blanc à 9 °C	64
Fèves mijotées au chorizo	20 min	25 min		★	★★	Coteaux du Languedoc blanc à 11 °C	65
Granité de poivron et de fenouil	30 min	30 min	6 h	★★	★	Rivesaltes tuilé à 15 °C	66
Mille-feuilles de tomates à la tome fraîche	15 min			★	★	Cheverny blanc à 9 °C	67
Mousse de courgettes au pesto	20 min	10 min	1 h	★★	★	Tavel à 9 °C	68
Poivrons rôtis	15 min	30 min		★	★	Minervois rosé à 9 °C	69
Roulades de jambon cru aux légumes	20 min		30 min	★	★	Bellet rosé à 9 °C	70
Tagliatelles de courgettes au basilic	15 min	5 min		★	★	St-Joseph blanc à 13 °C	71
Tomates farcies au chèvre frais et au thym	10 min			★★	★	Montagny à 9 °C	72

Œufs

	Temps de préparation	Temps de cuisson	Repos réfrig.	Difficulté	Budget	Vin	Page
Brouillade de tomates	10 min	5 min		★★	★	Anjou rouge à 12 °C	73
Frittata aux poivrons	20 min	25 min		★	★	St-Chinian rouge à 15 °C	74
Œufs brouillés au comté	20 min	5 min		★★	★	Alsace-Pinot blanc à 9 °C	75
Omelette aux légumes grillés	20 min	40 min		★★	★★	Buzet rouge à 16 °C	76

Les entrées

	Temps de préparation	Temps de cuisson	Repos réfrig.	Difficulté	Budget	Vin	Page
Omelette roulée au jambon et aux herbes fraîches	10 min	5 min		★★	★	Côtes de Provence blanc à 9 °C	77
Sandwich d'omelette au concombre et au curry	15 min	15 min		★	★	Bergerac blanc à 9 °C	78
Poissons, crustacés							
Coques au jambon et aux poivrons	15 min	15 min		★	★★	Coteaux du Languedoc blanc à 11 °C	79
Coquilles St-Jacques rôties au beurre salé	5 min	7 min		★	★★★	Entre-deux-Mers à 9 °C	80
Gambas à la persillade	10 min	7 min		★	★★★	Sancerre blanc à 11 °C	81
Langoustines safranées aux pois gourmands	25 min	35 min		★★	★★★	Pouilly Fumé à 12 °C	82
Moules gratinées à la tomate et au basilic	25 min	20 min		★★	★★	Graves blanc à 9 °C	83
Salade de la mer	15 min		20 min	★	★★★	Chablis à 9 °C	84
Salade de poulpes	20 min	20 min	1 h	★★	★★	Bordeaux blanc sec à 9 °C	85
Sushis	30 min	15 min		★★★	★★	Anjou blanc sec à 9 °C	86
Tartare de daurade et de saumon	20 min		20 min	★	★★★	Alsace-Riesling à 9 °C	87
Verrines de saumon au guacamole	20 min		20 min	★★	★★	Touraine blanc à 9 °C	88
Salades							
Méli-mélo de melons	15 min			★	★	Monbazillac à 7 °C	89
Salade aux tomates séchées	10 min			★	★	Côtes du Rhône rouge à 15 °C	90
Salade créole	25 min	10 min		★	★	Graves blanc à 9 °C	91
Salade croquante au magret	20 min	25 min		★	★★	Madiran à 16 °C	92
Salade de crudités	25 min	30 min		★	★	Les Baux de Provence rosé à 9 °C	93
Salade de figues et de melon	10 min			★	★★	Cabernet d'Anjou demi-sec à 11 °C	94
Salade de penne au thon	15 min	10 min		★	★	Côtes du Roussillon rosé à 9 °C	95
Salade de thon aux olives	20 min	3 min	1 h	★	★	Lirac rosé à 10 °C	96
Salade italienne	10 min	5 min	1 h	★	★	Saumur-Champigny à 16 °C	97
Salade Mississipi	15 min	20 min		★	★	Morgon à 13 °C	98
Salade niçoise	15 min	25 min		★	★	Palette rosé à 9 °C	99
Salade Shangaï	20 min	15 min		★★	★★	Sauvignon à 9 °C	100
Taboulé	20 min	10 min	1 h	★	★	Bandol rosé à 9 °C	101

Les entrées

Sandwichs, tartines

	Temps de préparation	Temps de cuisson	Repos réfrig.	Difficulté	Budget	Vin	Page
Club sandwich au poulet	20 min	25 min		★	★	Bordeaux rouge à 15 °C	102
Kefta kebab	40 min	50 min		★★	★★	Bergerac rouge à 16 °C	103
Pita à la ratatouille	20 min	1 h		★	★	Côtes de Provence rosé à 9 °C	104
Sandwich au saumon	10 min			★	★★	Anjou blanc sec à 9 °C	105
Sandwich au thon	20 min			★	★	Bourgogne-Aligoté à 9 °C	106
Sandwich aux figues et à la mortadelle	10 min			★	★	Bourgogne-Passe-Tout-Grains rouge à 15 °C	107
Tartines à la dinde et aux légumes grillés	40 min	20 min	1 h	★★	★	Minervois blanc à 9 °C	108
Tartines au fromage de chèvre et à la coppa	5 min			★	★	Chablis à 9 °C	109

Les plats

Fruits de mer

	Temps de préparation	Temps de cuisson	Repos réfrig.	Difficulté	Budget	Vin	Page
Brochettes de St-Jacques au lard fumé	15 min	10 min		★★	★★★	Alsace-Tokay-Pinot gris à 11 °C	112
Couscous de la mer	45 min	1 h		★★	★★★	Coteaux du Languedoc blanc à 11 °C	113
Curry antillais aux fruits de mer	30 min	25 min	30 min	★★	★★★	Condrieu à 11 °C	114
Gratin de la mer	45 min	50 min		★★	★★	Touraine blanc à 9 °C	115
Moules au curry	25 min	20 min		★★	★	Bordeaux blanc sec à 9 °C	116
Palourdes rôties aux amandes	20 min	15 min		★★	★★★	Muscadet-Sèvre et Maine à 9 °C	117

Poissons

	Temps de préparation	Temps de cuisson	Repos réfrig.	Difficulté	Budget	Vin	Page
Assiette de la mer	40 min	1 h 05		★★	★★★	Chablis à 9 °C	118
Brochettes de lotte au parmesan et aux artichauts	25 min	1 h 15		★★	★★★	Bourgogne blanc à 9 °C	119
Brochettes de saumon aux courgettes et à l'ananas	20 min	25 min	30 min	★	★★	Graves blanc à 9 °C	120
Calamars à la plancha	15 min	25 min		★★	★	St-Véran à 12 °C	121
Filets de rougets à la provençale	30 min	1 h 25		★★	★★★	Coteaux varois en Provence rosé à 9 °C	122
Filets de thon aux petits légumes	20 min	25 min	30 min	★★	★★★	Coteaux du Languedoc rosé à 9 °C	123
Galettes de poisson aux herbes	25 min	55 min		★★	★	Alsace-Sylvaner à 9 °C	124

Les plats

	Temps de préparation	Temps de cuisson	Repos réfrig.	Difficulté	Budget	Vin	Page
Gratin de sardines	15 min	15 min		★	★	Muscadet-Sèvre et Maine à 9 °C	125
Nuggets de colin	15 min	30 min	10 min	★★	★	Anjou blanc sec à 9 °C	126
Papillotes de saumon aux asperges	15 min	30 min		★	★★	Bouzeron à 9 °C	127
Sardines en tempura	15 min	20 min		★★	★	Sauvignon à 9 °C	128
Tajine de poissons en ratatouille	35 min	1 h 20		★★	★★★	Coteaux du Languedoc blanc à 11 °C	129
Thon à la créole	35 min	1 h 30		★★	★★	Minervois blanc à 9 °C	130
Thon caramélisé aux épices	15 min	5 min	30 min	★	★★	Cassis blanc à 9 °C	131
Agneau							
Colombo d'agneau à la fondue d'aubergines	20 min	1 h 25		★★	★★	Chinon rouge à 16 °C	132
Côtelettes d'agneau caramélisées aux herbes	10 min	20 min	30 min	★	★★	Fitou à 16 °C	133
Épaule d'agneau farcie aux tomates et au fenouil	25 min	1 h 50		★★	★★	St-Chinian rouge à 15 °C	134
Navarin d'agneau	30 min	1 h 10		★★	★★	Côtes du Rhône-Villages rouge à 15 °C	135
Nouvelle moussaka	30 min	1 h 10		★★	★★	Fitou à 16 °C	136
Souris d'agneau braisée au citron et au confit de tomates	1 h	2 h 30		★★★	★★★	Côtes de Castillon à 15 °C	137
Tajine d'agneau aux fruits secs	20 min	1 h 30		★	★★★	Minervois rosé à 9 °C	138
Tomates farcies à l'agneau confit	25 min	2 h		★★	★★	Buzet rouge à 16 °C	139
Bœuf							
Bœuf pimenté	20 min	10 min	1 h	★★	★★	Côtes de Saint-Mont rouge à 15 °C	140
Brochettes de bœuf à la sauce tzatziki	25 min	10 min	1 h	★★	★★	Vin de pays d'Oc rouge à 16 °C	141
Brochettes de bœuf aux deux poivrons	15 min	10 min	1 h	★	★★	Bourgogne-Pinot noir à 13 °C	142
Brochettes de kefta	15 min	10 min		★★	★★	Juliénas à 13 °C	143
Carpaccio de bœuf	25 min		1 h	★★★	★★	Bordeaux-Côtes de Francs rouge à 15 °C	144
Cheeseburgers	10 min	5 min		★	★	Bordeaux Supérieur rouge à 15 °C	145
Hachis de bœuf aux courgettes	20 min	35 min		★★★	★★	Beaujolais-Villages rouge à 11 °C	146
Petits farcis au bœuf	25 min	1 h 30		★★	★★	St-Nicolas de Bourgueil rouge à 15 °C	147
Tartare de bœuf au parmesan	15 min			★★	★★	Coteaux du Tricastin rouge à 14 °C	148

Les plats

	Temps de préparation	Temps de cuisson	Repos réfrig.	Difficulté	Budget	Vin	Page
Porc							
Brochettes de porc haché	25 min	10 min	30 min	★★	★	Coteaux d'Aix-en-Provence rosé à 9 °C	149
Croquettes de jambon au fromage	25 min	35 min		★★	★	Saumur rouge à 14 °C	150
Curry de porc à la tomate	20 min	30 min		★★	★★	Pauillac à 16 °C	151
Grillades tex-mex	10 min	20 min	2 h	★	★★	Fronton rouge à 15 °C	152
Porc à l'aigre-doux de poivrons	25 min	1 h 30		★★	★★	Alsace-Pinot noir à 13 °C	153
Porc au miel et au gingembre	15 min	35 min	1 h	★	★	Costières de Nîmes rouge à 16 °C	154
Porc sauté aux légumes	20 min	30 min		★★	★★	Anjou-Gamay à 12 °C	155
Travers de porc caramélisés	20 min	50 min	1 h	★★	★	Corbières rouge à 17 °C	156
Travers de porc marinés aux cinq épices	15 min	45 min	1 h	★	★	Costières de Nîmes rosé à 9 °C	157
Veau							
Blanquette de veau	40 min	1 h 50		★★★	★★★	Anjou blanc sec à 9 °C	158
Côte de veau	15 min	20 min		★★	★★★	Alsace-Tokay-Pinot blanc à 11 °C	159
Onglet de veau au paprika	10 min	1 h 15		★	★★	Côte de Beaune rouge à 14 °C	160
Petits farcis de veau à la coriandre	30 min	55 min		★★	★★	Mâcon-Villages à 12 °C	161
Piccatas de veau au fenouil	30 min	15 min		★★★	★★	Bourgogne blanc à 9 °C	162
Rôti de veau farci au riz sauvage et aux myrtilles	30 min	1 h 15		★★★	★★	Beaujolais-Villages rouge à 11 °C	163
Lapin							
Brochettes de lapin	20 min	15 min	20 min	★	★	Morgon à 13 °C	164
Lapin au romarin	10 min	1 h 15		★★	★	Vin de pays d'Oc blanc à 9 °C	165
Lapin aux épices douces	15 min	1 h 15		★★	★	Gaillac rouge à 16 °C	166
Lapin aux poivrons rouges	20 min	2 h 10	12 h	★★	★	Bordeaux Supérieur rouge à 15 °C	167
Volailles							
Brochettes de poulet tandoori	20 min	40 min	12 h	★★	★	Collioure rosé à 11 °C	168
Colombo de poulet	15 min	1 h 05		★	★	Bordeaux rouge à 15 °C	169
Cordon-bleu aux pois gourmands	30 min	40 min		★★	★★	Faugères rouge à 16 °C	170
Curry de poulet	15 min	50 min		★	★	Gaillac rouge à 16 °C	171

Les plats	Temps de préparation	Temps de cuisson	Repos réfrig.	Difficulté	Budget	Vin	Page
Filets de poulet aux poivrons et aux tomates	30 min	50 min		★★	★	Bourgueil rouge à 15 °C	172
Magret de canard laqué	20 min	20 min		★★★	★★★	Buzet rouge à 16 °C	173
Papillotes de dinde	30 min	35 min		★★	★	Saumur blanc sec à 9 °C	174
Poulet antillais à la noix de coco	20 min	50 min	1 h	★	★	Alsace-Gewurztraminer à 11 °C	175
Poulet tikka massala	10 min	40 min		★	★	Bordeaux Côtes de Blaye rouge à 15 °C	176
Tajine de poulet aux légumes	35 min	1 h 45		★★	★★	Lussac-Saint-Émilion à 15 °C	177
Légumes							
Beignets de fleurs de courgettes	10 min	10 min	30 min	★★	★★	Palette rosé à 9 °C	178
Beignets de poivrons et d'aubergines	30 min	40 min		★★	★	Saumur rouge à 14 °C	179
Courgettes farcies au chèvre et à la sauge	20 min	40 min		★★	★	Alsace-Pinot blanc à 9 °C	180
Courgettes farcies aux légumes	25 min	55 min		★★	★	Mâcon-Villages à 12 °C	181
Couscous de légumes	30 min	1 h 10		★★	★★	Tavel à 9 °C	182
Crumble de tomates	20 min	45 min		★★	★	Anjou-Villages à 12 °C	183
Fenouils braisés au lard fumé et à l'estragon	15 min	50 min		★★	★	Pouilly Fumé à 12 °C	184
Gratin d'aubergines à l'italienne	25 min	1 h 10		★★	★	Coteaux varois en Provence rosé à 9 °C	185
Gratin de pommes de terre au thym	25 min	1 h 35	15 min	★	★	St-Chinian rosé à 9 °C	186
Hachis de pommes de terre aux poivrons	15 min	30 min		★	★	Bergerac rouge à 16 °C	187
Mijoté de légumes aux pois chiches	20 min	35 min		★★	★	Fitou à 16 °C	188
Mille-feuilles de légumes croustillants	30 min	25 min		★★★	★	Bourgogne-Aligoté à 9 °C	189
Petits farcis	30 min	45 min		★★★	★	Cabernet d'Anjou demi-sec à 11 °C	190
Pois chiches au lard et aux poivrons	20 min	3 h 20	12 h	★	★	Gigondas rouge à 15 °C	191
Pommes de terre parfumées	10 min	20 min		★	★	Fronsac à 16 °C	192
Tatin de tomates au romarin	20 min	45 min		★★★	★	Les Baux de Provence rosé à 9 °C	193
Tian de tomates et de courgettes	15 min	1 h		★	★	Bandol rosé à 9 °C	194
Timbale de haricots verts et de fèves	45 min	35 min		★★★	★	Cassis blanc à 9 °C	195
Verrines de légumes d'été	20 min	35 min	1 h	★	★	Côtes de Provence rosé à 9 °C	196
Verrines de tomates séchées	15 min	3 h 10		★	★	Minervois rosé à 9 °C	197

Les plats

	Temps de préparation	Temps de cuisson	Repos réfrig.	Difficulté	Budget	Vin	Page
Pâtes							
Cannellonis végétariens	25 min	35 min		★★	★	Patrimonio blanc à 9 °C	198
Fettuccini à la crème d'ail	15 min	25 min		★	★	Minervois blanc à 9 °C	199
Lasagnes	15 min	50 min		★	★	Coteaux du Lyonnais rouge à 13 °C	200
Mille-feuille de légumes	40 min	45 min		★★	★	Lirac rosé à 10 °C	201
Nouilles sautées à la ciboule	10 min	10 min		★	★	Menetou-Salon blanc à 9 °C	202
Pâtes au jambon et au fenouil	15 min	40 min		★	★	Côtes de Provence rosé à 9 °C	203
Rigatonis au chèvre frais	40 min	30 min		★★★	★	Sauvignon à 9 °C	204
Spaghettis à la grecque	20 min	40 min		★★	★	Cheverny blanc à 9 °C	205
Spaghettis à la sauce tapenade	15 min	25 min		★	★	Coteaux d'Aix-en-Provence rosé à 9 °C	206
Tagliatelles aux moules	30 min	35 min		★★	★	Montagny à 9 °C	207
Riz							
Jambalaya	40 min	1 h		★★	★★	Tavel à 9 °C	208
Paella	30 min	1 h 20		★★	★★	Minervois rosé à 9 °C	209
Petits gâteaux de riz aux légumes	20 min	1 h 10		★★	★	Rosé de Loire à 11 °C	210
Risotto à l'encre de seiche	15 min	45 min		★★	★★	Jurançon sec à 9 °C	211
Risotto aux asperges	20 min	45 min		★★	★★	Alsace-Sylvaner à 9 °C	212
Risotto aux petits légumes et au poivre rose	20 min	1 h		★★	★★	Vin de pays d'Oc blanc à 9 °C	213
Riz au safran	20 min	35 min		★★	★	Coteaux du Languedoc blanc à 11 °C	214
Riz aux crevettes	20 min	25 min		★	★★	Alsace-Riesling à 9 °C	215

Les desserts

	Temps de préparation	Temps de cuisson	Repos réfrig.	Difficulté	Budget	Vin	Page
Flans, crèmes, mousses							
Blancs-mangers coco pamplemousse	30 min	5 min	2 h	★	★	Côtes du Jura mousseux à 7 °C	218
Crèmes à la cardamome	20 min	45 min	2 h	★★	★	Monbazillac à 7 °C	219
Crèmes à l'anis	15 min	5 min	12 h	★★	★	Muscat de Mireval à 7 °C	220
Crèmes aux œufs	15 min	50 min	2 h	★	★	Rosé d'Anjou pétillant à 11 °C	221
Crèmes vanille à la réglisse	30 min	35 min	12 h	★★	★	Saussignac à 7 °C	222
Duo de gelée et de mousse de cerises	40 min	20 min	2 h 15	★★	★★	Cabernet d'Anjou demi-sec à 11 °C	223
Flan à la vanille	20 min	55 min	1 h	★★	★	Saumur blanc mousseux à 9 °C	224
Mousse au chocolat	20 min	5 min	2 h	★	★	Banyuls rouge à 14 °C	225
Mousses d'amande à l'eau de rose	25 min	2 min	2 h	★★	★	Muscat de Rivesaltes à 7 °C	226
Mousses de fruits rouges	15 min	2 min	2 h	★★	★★	Rosette à 7 °C	227
Petits pots de crème au thé	30 min	40 min	2 h	★★	★	Maury blanc à 15 °C	228
Clafoutis, gratins, crumbles							
Clafoutis aux abricots	15 min	40 min		★	★	Muscat de Mireval à 7 °C	229
Clafoutis aux amandes et aux cassis	15 min	40 min		★★	★★	Saumur rosé mousseux à 11 °C	230
Clafoutis aux cerises	10 min	40 min		★	★	Muscat d'Alsace à 8 °C	231
Clafoutis aux pruneaux	10 min	40 min		★	★	Vouvray mousseux à 9 °C	232
Crumble aux fraises	20 min	30 min		★	★	Crémant de Loire rosé à 11 °C	233
Crumble aux pommes	20 min	20 min		★	★	Loupiac à 7 °C	234
Gratin à la rhubarbe	40 min	55 min		★★★	★★	Alsace-Gewurztraminer moelleux à 11 °C	235
Gratin de figues	10 min	10 min		★	★★	Muscat de Beaumes de Venise à 9 °C	236
Gratin de fruits d'été	15 min	30 min		★	★	Pacherenc du Vic Bilh moelleux à 7 °C	237
Gratin de fruits rouges vanillés	20 min	20 min		★★	★★	Cabernet d'Anjou moelleux à 11 °C	238
Pain perdu aux framboises	15 min	20 min		★★	★	Crémant de Bourgogne rosé à 7 °C	239
Sabayon aux nectarines	20 min	20 min		★★★	★	Coteaux de l'Aubance à 9 °C	240
Sabayon aux raisins	15 min	15 min		★★★	★	Blanquette de Limoux à 7 °C	241

Les desserts

	Temps de préparation	Temps de cuisson	Repos réfrig.	Difficulté	Budget	Vin	Page
Beignets, crêpes, gaufres							
Beignets aux quetsches	25 min	15 min	30 min	★★★	★	Haut Montravel liquoreux à 7 °C	242
Chichi frégi	10 min	20 min	1 h	★	★	Côtes de Bergerac blanc à 7 °C	243
Crêpes	15 min	20 min	1 h	★★	★	Cidre brut à 7 °C	244
Donuts à la marmelade de fruits rouges	45 min	30 min	1 h 30	★★★	★★	Monbazillac à 7 °C	245
Gaufres au coulis de framboise	20 min	35 min		★★	★	Rivesaltes tuilé à 15 °C	246
Oreillettes	20 min	10 min	2 h	★★	★	Sauternes à 7 °C	247
Pancakes	20 min	20 min		★★	★	Crémant de Loire blanc à 9 °C	248
Desserts aux fruits							
Abricots à la lavande	5 min	15 min		★	★	Coteaux du Layon à 7 °C	249
Aspic de melon aux fraises	30 min	10 min	2 h	★★★	★★	Muscat de Frontignan à 7 °C	250
Biscuits aux fraises et crème à la rose	20 min			★★	★★	Muscat de Rivesaltes à 7 °C	251
Brochettes de pêches rôties	10 min	30 min		★	★	Muscat de St-Jean-de-Minervois à 7 °C	252
Cigares aux abricots	20 min	25 min		★★	★	Muscat du Cap Corse à 9 °C	253
Compotée de rhubarbe aux framboises	15 min	20 min		★	★★	Crémant de Loire rosé à 11 °C	254
Confiture d'abricots	20 min	20 min	8 h	★	★	Cérons à 7 °C	255
Confiture de tomates	20 min	40 min	12 h	★★	★	Thé de Ceylan	256
Figues au lait d'amande	15 min	5 min	30 min	★	★★★	Pacherenc du Vic Bilh moelleux à 7 °C	257
Figues rôties au caramel	10 min	20 min		★★	★★★	Jurançon moelleux à 7 °C	258
Fruits d'été au chocolat	20 min	20 min		★★	★★	Rasteau rancio à 17 °C	259
Fruits rouges en gelée	25 min	15 min	3 h	★★	★★	Rivesaltes tuilé à 15 °C	260
Mille-feuilles aux framboises	40 min	25 min		★★★	★★	Crémant de Bourgogne rosé à 7 °C	261
Pamplemousses à la menthe	15 min		1 h	★	★	Coteaux de l'Aubance à 9 °C	262
Pastèque aux framboises	10 min	5 min	1 h	★	★	Seyssel mousseux à 9 °C	263
Pêches poêlées à la crème	20 min	10 min		★★	★	Gaillac blanc mousseux à 9 °C	264
Pêches rôties au thym	40 min	1 h	2 h	★★	★★	Alsace-Gewurztraminer moelleux à 11 °C	265
Rhubarbe confite au sirop	15 min	25 min	1 h	★	★	Muscat d'Alsace à 8 °C	266
Salade de fruits	15 min	5 min		★	★	Muscat de Beaumes de Venise à 9 °C	267
Soupe de fraises	20 min	20 min	2 h	★	★★	Saumur rosé mousseux à 11 °C	268

Les desserts

	Temps de préparation	Temps de cuisson	Repos réfrig.	Difficulté	Budget	Vin	Page
Soupe de melon	15 min		2 h	★	★	Loupiac à 7 °C	269
Soupe de roses aux fruits d'été	20 min	20 min		★★	★	Cabernet d'Anjou demi-sec à 11 °C	270
Tulipes de chocolat aux fruits rouges	50 min	10 min		★★★	★★	Sauternes à 7 °C	271
Tartes							
Tarte à la gelée de sauge	45 min	1 h 10	2 h	★★	★	Clairette de Die à 7 °C	272
Tarte au chocolat et au caramel	45 min	40 min	1 h 30	★★	★	Vin jaune à 11 °C	273
Tarte aux fraises et au thym citron	40 min	20 min	12 h	★★	★	Crémant de Loire rosé à 11 °C	274
Tarte aux quetsches	30 min	35 min		★★	★	Cadillac moelleux à 7 °C	275
Tarte aux raisins	35 min	20 min	1 h	★★	★	Alsace-Gewurztraminer moelleux à 11 °C	276
Tarte Tatin	25 min	30 min		★★	★	Sainte-Croix-du-Mont à 7 °C	277
Tartelettes au chocolat blanc	25 min	20 min	1 h 30	★	★	Muscat de Frontignan à 7 °C	278
Tartelettes au chocolat noir et aux framboises	30 min	30 min	1 h 30	★★	★	Banyuls rouge à 14 °C	279
Tartelettes au citron	30 min	30 min	12 h	★★	★	Muscat de Lunel à 7 °C	280
Tartelettes aux abricots	35 min	20 min	30 min	★★	★★	Cérons à 7 °C	281
Tartelettes aux mûres et à la cannelle	35 min	25 min	3 h	★★	★	Saussignac à 7 °C	282
Tartelettes aux pêches et au citron	30 min	20 min	1 h 15	★★	★	Monbazillac à 7 °C	283
Tartelettes briochées aux abricots et aux amandes	40 min	40 min	2 h 15	★★★	★	Muscat de Rivesaltes à 7 °C	284
Gâteaux							
Bavarois à la fraise	20 min	5 min	24 h	★★	★	Rivesaltes tuilé à 15 °C	285
Cake au citron et aux myrtilles	30 min	40 min		★★	★	Saumur blanc mousseux à 9 °C	286
Charlotte aux fruits rouges	30 min	5 min	3 h	★★★	★★	Crémant du Jura à 9 °C	287
Crousti-fondant au chocolat	20 min	30 min		★	★	Rasteau rancio à 17 °C	288
Fraisier	45 min	40 min	1 h	★★★	★★	Montlouis sur Loire mousseux à 9 °C	289
Gâteau à la mousse au chocolat et à la vanille	1 h 15	40 min	3 h	★★★	★★	Banyuls rouge à 14 °C	290
Gâteau au fromage blanc et aux pêches	30 min	40 min	12 h	★★	★	Vouvray mousseux à 9 °C	291
Gâteau aux amandes	15 min	30 min		★	★	Clairette de Die à 7 °C	292
Gâteau aux framboises et à la crème	15 min	40 min		★	★	Muscat du Cap Corse à 9 °C	293
Kouign amann	55 min	30 min	1 h 40	★★★	★	Cidre brut à 7 °C	294

Les desserts

	Temps de préparation	Temps de cuisson	Repos réfrig.	Difficulté	Budget	Vin	Page
Moelleux au chocolat	15 min	15 min		★	★	Maury rouge à 14 °C	295
Petites charlottes à la rhubarbe et aux fraises	40 min	20 min	2 h	★★★	★★	Cabernet d'Anjou demi-sec à 11 °C	296
Quatre-quarts aux fruits rouges	15 min	10 min		★★	★	Crémant de Loire rosé à 11 °C	297
Tiramisu aux fraises	20 min		2 h	★★	★★	Crémant de Limoux à 7 °C	298
Glaces, granités							
Billes de melon et sorbet au citron vert	30 min	15 min	3 h	★★	★	Muscat de Beaumes de Venise à 9 °C	299
Charlotte meringuée au sorbet à la poire	35 min	2 h 40	12 h 30	★★★	★	Crémant d'Alsace blanc à 7 °C	300
Esquimaux aux fruits	30 min	6 min	12 h	★★	★	Crémant de Bourgogne blanc à 7 °C	301
Gâteau de sorbets	45 min	30 min	10 min	★★★	★★	Montlouis sur Loire mousseux à 9 °C	302
Glace à la lavande	20 min	5 min	2 h	★	★	Bonnezeaux à 7 °C	303
Glace à l'huile d'olive	20 min	15 min	2 h	★★	★	Crémant de Limoux à 7 °C	304
Glace au citron et au cassis	30 min	10 min	2 h	★★	★	Clairette de Die à 7 °C	305
Granité à la grenadine et à l'orgeat	20 min	25 min	2 h	★★	★	St-Péray pétillant à 9 °C	306
Granité de pêches	20 min	15 min	2 h	★★	★★	Coteaux du Layon à 7 °C	307
Parfait aux coquelicots	20 min	5 min	2 h	★★	★	Saumur blanc mousseux à 9 °C	308
Petites verrines glacées de fraises au sirop	30 min	20 min	2 h	★★	★★	Vouvray mousseux à 9 °C	309
Profruiteroles	35 min	40 min		★★	★★	Blanquette de Limoux à 7 °C	310
Sorbet à la pêche et fromage blanc à la cannelle	20 min	5 min	2 h	★★	★★	Muscat de Frontignan à 7 °C	311
Trio de sorbets	1 h	30 min	2 h	★★★	★★	Crémant de Loire blanc à 9 °C	312
Petits gâteaux, biscuits							
Barquettes de chocolat aux framboises	10 min	5 min	12 h	★	★	Blanquette de Limoux à 7 °C	313
Biscuits aux framboises	35 min	45 min		★★	★	Saumur rosé mousseux à 11 °C	314
Financiers aux pistaches et aux amandes	20 min	20 min		★★	★★	Muscat de Rivesaltes à 7 °C	315
Macarons aux framboises	1 h	30 min		★★★	★	Rivesaltes tuilé à 15 °C	316
Madeleines à la fleur d'oranger	10 min	10 min		★★	★	Muscat de Beaumes de Venise à 9 °C	317
Mini-babas au rhum	40 min	30 min	1 h 55	★★★	★	Loupiac à 7 °C	318
Mini-cakes à la fraise	20 min	20 min		★★	★	Monbazillac à 7 °C	319
Petits moelleux à la noix de coco	20 min	15 min		★★	★	Côtes du Jura mousseux à 7 °C	320
Petits sablés à la lavande	20 min	15 min	12 h	★	★	Café ou thé parfumé	321

© **2008, Éditions Clorophyl**

Textes des recettes – Crédits iconographiques : Agence Sucré Salé

Photographes : Asset, Bagros, Bertherat, Bilic, Bono, Boulay-Paquin, Caillaut, Caste, Descordes, Desgrieux, Fleurent, Garcia, Guedes, Hall, Hammond, Husenot, Kettenhofen, Lawton, Leduc, Leser, Mallet, Marielle, Nicoloso, Norris, Paquin, Poisson d'avril, Roulier-Pardo, Roulier-Turiot, Ryman, Timespace, Veigas, Viel et Winkelmann.

Conception et adaptation : Idées Book

Informations nutritionnelles : Céline Lahogue, diététicienne à Rennes

Création et mise en page : a linea infographie et création

Code Éditeur : 2-35086
Dépôt légal : Janvier 2008
Imprimé et relié en France